"十三五"职业教育国家规划教材 修订版

 普通高等教育"十一五"国家级规划教材

管理学基础

第3版

主 编 王 龙 刘 曦

副主编 黎茂金 陈 玲 薛成英 刘如意

参 编 谢锐琼 王 伟 杨永博 任 蕊 李铁光

机械工业出版社

本书是根据高等职业教育的特点，融合作者多年的教学经验和研究成果推出的一本教材。全书分为管理与管理者、管理理论的演进与发展、决策、计划、组织、组织文化、领导、激励、沟通、控制共10个单元，各单元均以知识导图和单元引例开篇，中间穿插小案例、管理故事、阅读材料、课堂讨论，单元末附有同步练习与测试、管理实战案例分析、大学生模拟公司系列实训、管理技能自我测试等。

以本书的框架结构为基础，编者开发了配套在线开放课程、二维码资源，为教师与学员提供了丰富的课程教学资源、自主学习资源和在线学习沟通平台。本书可作为高等职业教育财经商贸类专业教材，也可作为企业和政府部门管理能力提升培训教材，还可供管理工作人员学习参考。

图书在版编目（CIP）数据

管理学基础 / 王龙，刘曦主编． -- 3 版． -- 北京：
机械工业出版社，2025.8（2025.9重印）． -- ISBN 978-7
-111-78740-2

Ⅰ．C93

中国国家版本馆 CIP 数据核字第 2025F1T420 号

机械工业出版社（北京市百万庄大街 22 号　邮政编码 100037）
策划编辑：孔文梅　　　　　责任编辑：孔文梅　乔　晨
责任校对：韩佳欣　陈　越　　封面设计：鞠　杨
责任印制：任维东
三河市航远印刷有限公司印刷
2025 年 9 月第 3 版第 2 次印刷
184mm×260mm • 13.75 印张 • 319 千字
标准书号：ISBN 978-7-111-78740-2
定价：49.90 元

电话服务　　　　　　　　　　网络服务
客服电话：010-88361066　　　机　工　官　网：www.cmpbook.com
　　　　　010-88379833　　　机　工　官　博：weibo.com/cmp1952
　　　　　010-68326294　　　金　书　网：www.golden-book.com
封底无防伪标均为盗版　　机工教育服务网：www.cmpedu.com

前 言

管理学作为人类近现代史上发展最为迅猛的学科之一,对社会经济发展产生了极为深远与重大的影响。它不仅巧妙地将科学性与艺术性融合在一起,更是一门极具实践价值的学问。掌握管理学的精髓,不仅能够为个人的职业生涯带来无尽的裨益,更能在复杂多变的社会经济环境中,为个人及组织提供有力的导航与支持,引领其迈向成功与繁荣的彼岸。

一、本书的编写原则与特色

1. "培根铸魂、能力为本、终身发展"的编写理念

本书在编写过程中,始终坚持正确的方向和价值引领。在借鉴国外先进管理理论与知识的基础上,融入了丰富的中国管理思想与实践成果,充分体现了马克思主义中国化时代化的最新理论成果,彰显了中国特色。深入贯彻国务院《国家职业教育改革实施方案》的精神,落实高等职业教育"能力为本、就业导向、终身发展"的教学理念。以市场对人才的需求为导向,在内容设计上,注重职业性、实践性、开放性和创新性的要求,突出基层管理岗位综合管理技能的培养。此外,我们融合了思政教育、职业关键能力和创新创业能力的培养,为学生可持续发展奠定坚实的基础。

2. "124"模块化的职业教育特色的内容体系设计

以培养基层管理岗位综合管理技能为主线,构建了"一条主线""两大基础""四大关键能力"的模块化内容体系。"一条主线"是以基层管理岗位综合管理技能的培养为主线,"两大基础"是指管理基础知识、管理思想和理论,这是培养管理技能的基础与前提。"四大关键能力"即计划与决策的能力、组织与人事的能力、领导与沟通的能力、控制与执行力。这是教材的主体与重心。"四大关键能力"按管理工作过程"计划—组织—领导—控制"的顺序排序,以确保内容的连贯性和逻辑性。本书内容以"必需、够用"为原则,注重体现管理领域里前沿管理理论与实践,在四大关键能力的学习模块中将管理学经典教学内容与最新的管理理论和实践相融合。同时,融入双创能力培养与竞赛指导。

3．践行"学习者为中心"，力求生活化、简单化、生动化

各单元编写体例均采用知识导图、单元引例开篇，中间穿插小案例、管理故事、阅读材料，单元末附有同步练习与测试、管理技能训练等。在编写时，尽可能多地采用图示法和生动的、有典型意义的本土案例、传统文化经典案例，以使概念、原理、方法变得生动、易于接受，将理论知识生活化，复杂问题简单化，以激发学生的学习与探究兴趣，突出实践能力培养。

4．注重融媒体教材开发，建设丰富数字化教学资源

建设了互联网+新形态教材，在书侧配备了27个教学重点、难点微课二维码，阅读材料。以本书的框架结构为基础，编者开发了"管理学基础与实务"超星学银在线开放课程（网址：https://www.xueyinonline.com/detail/244920154），整合慕课、微课、讨论、课后自测、技能训练与测试、管理电子书、参考文献链接等优质资源，可以满足教师翻转课堂、线上线下混合式教学，以及学生移动、泛在、碎片化学习等信息时代的教学与学习新需求，实现了信息技术与教育出版的充分融合。

二、本书的目标定位与内容选取

根据教育部职业教育国家教学标准体系专业教学标准，管理学基础是高等职业院校财经商贸类专业的专业基础课，是一门"管理基本技能平台"课程。本书以培养学生的创新创业精神为灵魂，以培养基层管理岗位综合管理技能为根本，同时融入政治认同、家国情怀、管理伦理及职业素质的全面培养。

本书编写寓价值观引导于知识传授和能力培养之中，培养学生具备良好的职业道德、职业精神和职业素养，使其具备现代管理理念和竞争意识，具有创新创业精神和可持续发展能力。通过案例，尤其是本土优秀管理案例和中华民族传统管理智慧案例的选择，强化学生的政治认同、家国情怀和"四个自信"。

本书由王龙、刘曦任主编，黎茂金、陈玲、薛成英、刘如意任副主编，谢锐琼、王伟、杨永博、任蕊、李铁光参编，由王龙统稿定稿。编写人员的分工情况如下：单元1、2、8由王龙、刘如意、谢锐琼编写，单元3、4、6由刘曦、薛成英编写，单元5、10由黎茂金编写，单元7、9由陈玲编写，王伟、杨永博、任蕊、李铁光（企业）参加了本书的案例、习题、实训项目等的编写工作。

在本书的编写过程中，我们参阅了相关的管理学教材，吸收、借鉴并引用了国内外学者的理论成果、相关资料、案例等，在此一并表示诚挚的感谢。由于编者水平有限，加之管理科学在不断发展，书中难免存在不完善之处，敬请读者批评指正。

本书配有线上课程、课程标准、电子课件、教案、实训指导书、微课等教师用配套教学资源，凡使用本书作为教材的教师可登录机械工业出版社教育服务网www.cmpedu.com下载。咨询可致电：010-88379375，服务QQ：945379158。

编 者

二维码索引

序号	名称	二维码	页码	序号	名称	二维码	页码
1	泰勒与科学管理理论		029	8	领导特质理论		132
2	决策基础知识		049	9	勒温的领导方式理论		132
3	头脑风暴法		052	10	强化理论		158
4	组织环境分析		055	11	沟通概述		170
5	目标的设定		072	12	人际沟通的基本方式		173
6	目标管理		073	13	聆听的技术		178
7	组织文化建设		120	14	控制基础知识		188

目 录

前 言

二维码索引

单元 1 管理与管理者 / 001
1.1 管理认知 / 002
1.2 管理者与管理技能 / 006
1.3 管理的基本原理与方法 / 013
同步练习与测试 / 018
管理技能训练 / 018

单元 2 管理理论的演进与发展 / 023
2.1 中外早期管理思想 / 024
2.2 古典管理理论 / 028
2.3 行为科学理论 / 033
2.4 现代管理理论 / 037
同步练习与测试 / 042
管理技能训练 / 043

单元 3 决策 / 047
3.1 决策类型与程序 / 049
3.2 环境与问题分析 / 054
3.3 决策技术与方法 / 059
同步练习与测试 / 065
管理技能训练 / 066

单元 4 计划 / 069
4.1 目标制定 / 070
4.2 计划编制 / 076
同步练习与测试 / 083
管理技能训练 / 084

单元 5 组织 / 087
5.1 组织设计 / 089
5.2 人员配备 / 099
5.3 组织协调 / 104
同步练习与测试 / 109
管理技能训练 / 111

单元 6　组织文化 / 114

6.1　组织文化认知 / 115
6.2　组织文化建设 / 119
同步练习与测试 / 122
管理技能训练 / 123

单元 7　领导 / 126

7.1　领导与权力 / 128
7.2　领导理论 / 131
7.3　领导实务 / 138
同步练习与测试 / 140
管理技能训练 / 142

单元 8　激励 / 146

8.1　激励认知 / 148
8.2　激励理论 / 151
8.3　激励实务 / 159
同步练习与测试 / 163
管理技能训练 / 164

单元 9　沟通 / 168

9.1　沟通认知 / 169
9.2　沟通的类型 / 173
9.3　沟通的障碍与改善 / 175
同步练习与测试 / 179
管理技能训练 / 180

单元 10　控制 / 185

10.1　理解控制 / 187
10.2　控制的过程 / 194
10.3　控制方法与技术 / 200
同步练习与测试 / 205
管理技能训练 / 206

参考文献 / 209

单元 1

管理与管理者

学习目标

素养目标

1．激发热爱祖国、热爱人民的情感，增强民族自豪感和归属感。
2．理解并遵守管理伦理原则，培养高尚的职业道德。

知识目标

1．掌握管理的含义和管理的四大职能。
2．掌握管理者的分类、角色与技能。
3．掌握管理的基本原理与方法。

能力目标

1．理解并能解释说明管理的概念、四大职能。
2．认知并能有意识培养自己的管理素质与技能。
3．理解并能初步运用管理原理方法分析与解决实际问题。

知识导图

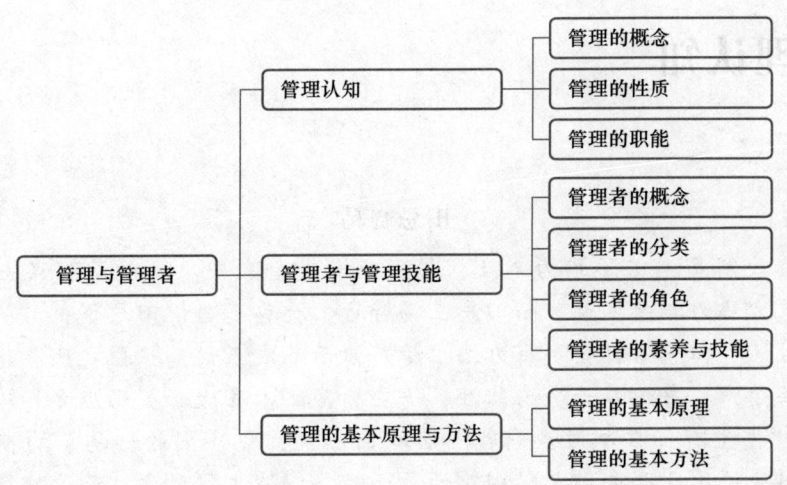

单元引例

源远流长的管理

随着人类社会的进步和生产力水平的提高，人类协作劳动的规模、范围越来越大，管理活动日益发展，各种朴素的管理思想也随之诞生。在工业文明尚未兴起之时，中外便已诞生了许多至今仍令人叹为观止的宏大工程。

国外有古埃及的金字塔，其中最大的一座由230万块石头组成，每块石头平均重达2.5吨，最重的超15吨。当时的统治者每年动用10万人，耗时20年时间才将其建成。

中国则有春秋战国时期始建的万里长城、隋朝开挖的大运河等。这些巨大的工程都需要大规模的协作劳动而完成，因而也体现了管理的重要性。另外，在中国历史上，还有不少体现科学管理思想的例子，如唐朝刘晏的漕运改革堪称创举。他实行了有偿劳动制，将漕运分为几段，按各段水情招聘船工，使用船只；并将大米由散装改为袋装，既方便搬运，又便于失事后打捞。这项改革使当时南方大米运抵京都西安的时间由原来的八九个月缩短到40天左右。又如"一举而三役济"，说的是宋朝当朝宰相丁谓受命重建被焚的宫殿，采取了挖街取土烧砖、引沟水用于船运的措施，并在完工后用废旧砖、土填沟以恢复原街道，可谓"一举多得"。

尽管古代社会尚未形成系统的管理理论，但仍不乏具有真知灼见的管理思想。如春秋时越国大夫范蠡曾运用"货不停滞，币不息流"和"旱则资舟，水则资车"的待乏原则三致千金。司马迁曾提出"善者因之，其次利道之，其次教诲之，其次整齐之，最下者与之争"的经济管理思想。《孙子兵法》中体现的管理思想更是广为流传，在日本甚至成为管理者的必读之书，"知己知彼，百战不殆""知可以战与不可以战者胜，识众寡之用者胜"等至理名言，至今仍是为竞争取胜的优秀管理思想。

请思考：从唐朝刘晏的漕运改革、宋朝丁谓的"一举而三役济"到春秋时范蠡的待乏原则，以及《孙子兵法》中的管理思想，我们可以学到哪些对现代管理有益的经验和原则？

1.1 管理认知

案例导入

田忌赛马

齐威王喜欢赛马，田忌马力不及，屡次败而失金。一次，田忌引谋士孙膑同观赛马，孙膑见双方马力相差不大，而田忌三场皆负，就私下告诉田忌说："明日再赛，我可以让你获胜。"田忌信孙膑定有办法，于是请示齐威王说："臣之比赛屡屡失败。明日再赛愿倾家荡产，每棚以千金为赌注，一决输赢。"齐威王笑而应允。次日赛场，田忌问孙膑："先生有什么制胜诀窍？"孙膑回答说："齐国的好马，均在齐王的马厩里，而你想与他依次比赛取胜是很困难的。而我能以战术取胜之。三次比赛有上、中、下之别。若以你之下等马，对他的上等马；以你之上等马，对他的中等马；以你之中等马，对他的下等马。这样虽输一场，但可赢两场。"田忌依计，果然赢得千金。

请思考：孙膑是如何通过策略调整帮助田忌赢得赛马的？对现代企业管理有何启示？

知识精讲

1.1.1 管理的概念

"管理"，自古有之。可以说，凡是有人群的地方，就有管理。然而，由于管理的广泛性、复杂性及研究的侧重点不同，对于什么是管理，迄今为止，人们的理解并不完全一致。具有代表性的观点有以下几种。

泰勒认为："管理就是要确切地知道要别人干什么，并设法使他们用最好、最经济的方法去干。"

亨利·法约尔认为："管理就是实行计划、组织、指挥、协调和控制。"

赫伯特·西蒙认为："管理就是决策。"

玛丽·帕克·福莱特认为："管理是通过其他人来完成工作的艺术。"

孔茨和韦里克认为："管理就是设计和保持一种良好的环境，使人们在群体里高效地完成既定目标。"

归纳各种论述，我们认为，管理就是在一定的环境下，对组织所拥有的资源进行有效的计划、组织、领导和控制，通过组织资源的优化配置，以有效实现组织目标的活动。这一表述包含了以下几个观点。

（1）管理的目的是实现组织的目标。

（2）管理工作要通过综合运用组织中的各种资源来实现组织目标。

（3）管理工作的过程是由一系列相互关联、连续进行的活动所构成的，这些活动包括计划、组织、领导、控制等，它们成为管理的基本职能。

（4）管理的本质是协调。协调就是使个人的努力与组织的预期目标相一致。每一项管理的职能、每一次管理的决策都要进行协调。

（5）管理工作是在一定的环境条件下进行的，有效的管理必须充分考虑组织内外的特定环境条件。组织中的作业与管理活动如图1-1所示。

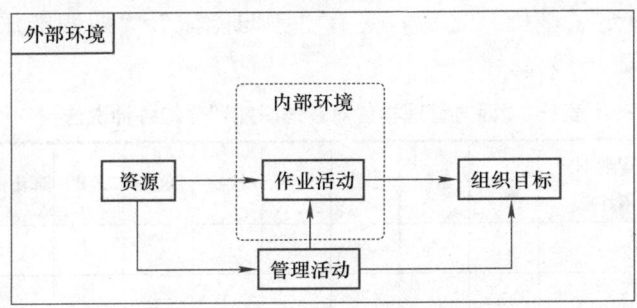

图1-1 组织中的作业与管理活动

1.1.2 管理的性质

1. 管理的科学性

管理作为一个实践活动过程，其间存在着一系列的客观规律。人们通过长期的管理实践，不断地收集、归纳、整理经验，提出一些管理思想，并抽象总结出一系列反映管理活动过程中客观规律的管理理论和一般方法。人们利用这些理论和方法指导自己的管理实践，又用管理活动的结果验证管理过程中使用的管理理论和方法的准确性，从而使管理的理论得到丰富。因此，管理是一门科学，它能以客观规律和方法为指导，有效分析并解决管理中的问题。

2. 管理的艺术性

管理的艺术性强调的是管理的实践性、灵活性和创造性。管理者在管理实践中，必须因地制宜地将管理知识与具体管理活动相结合，同时还要有灵活的技巧。这种艺术性要求管理者具备审时度势、因地制宜、因势利导的能力。

3. 管理的创新性

管理的创新性是指管理本身是一种不断变革、不断创新的社会活动。我国古代杰出的思想家管子非常强调管理的创新精神，"不慕古、不留今、与时变、与俗化"是对其创新思想的高度概括。通过管理的变革，推动社会和经济的发展。在一定条件下，管理还可以创造新的生产力。

> **即问即答**
>
> 管理既是科学，又是艺术，你同意吗？为什么？

1.1.3 管理的职能

管理的职能也就是管理的职责和权限，就是管理者为了实现有效管理所必须具备的功能，或者说是管理者在履行其职责时应当完成的工作。考察管理职能，要回答两个问题：一要回答管理是要干什么？二要回答管理的既定目标是如何达到的？

管理活动具有哪些最基本的职能？至今仍有许多观点。最早系统地提出管理各种具体职能的是法国的亨利·法约尔。他认为管理具有计划、组织、指挥、协调和控制五种职能，为后人的研究奠定了基础。之后，又有"三职能派""四职能派""六职能派"或"七职能派"等（见表1-1）。

表1-1　西方管理学者对管理职能划分的各种说法

年份	人名 职能划分	计划	组织	指挥	协调	控制	激励	人事	调集资源	沟通	决策	创新
1916	法约尔	△	△	△	△	△						
1934	戴维斯	△	△			△						
1937	古利克	△	△					△		△		

（续）

年份	人名	计划	组织	指挥	协调	控制	激励	人事	调集资源	沟通	决策	创新
1947	布朗	△	△	△		△	△		△			
1947	布雷克	△		△	△	△						
1949	厄威克	△	△			△						
1951	纽曼	△	△			△		△				
1955	孔茨和奥唐奈	△	△			△		△				
1964	艾伦	△	△			△						
1964	梅西	△	△			△	△					
1966	希克斯	△	△			△	△			△		△
1970	海曼和斯科特	△	△			△						
1972	特里	△	△	△		△						

注：1. △表示各学者主张的对管理职能的划分。
  2. 计划包括预测，指挥包括命令、指导，控制包括预算，激励包括鼓励、促进，沟通包括报告。

我国管理学者对管理职能的划分也很不一致，有人赞同法约尔的五职能，有人主张计划、组织、控制三职能，还有人认为可概括为组织一职能。本教材划分的管理职能是：计划、组织、领导、控制，如图1-2所示。

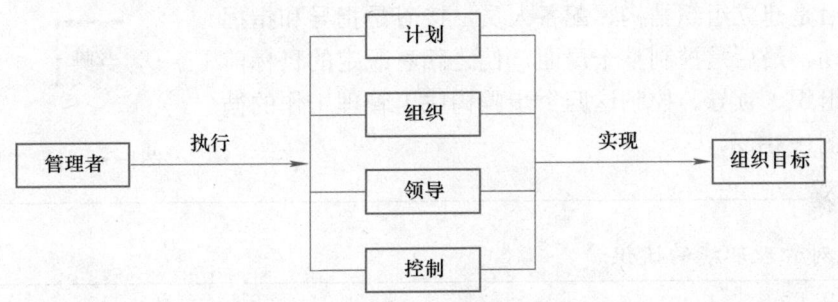

图1-2　管理的四项基本职能

1．计划

计划是未来行动的方案，包括未来行动所要达到的目标及相应的措施。管理的计划职能可以决定实现组织总体目标、各部门目标、各阶段性目标的行动方案。"凡事预则立，不预则废。"反映了古人对计划重要性的认识。计划是人类行为特有的职能，正如马克思所说："最蹩脚的建筑师从一开始就比最灵巧的蜜蜂高明的地方，是他在用蜂蜡建筑蜂房以前，已经在自己的头脑中把它建成了。"建筑师在头脑中建筑房屋的过程就是一个计划过程。

2．组织

组织是指设计和维持一整套职位系统，使人们在从事集体活动中合理分工合作，以完成共同目标的过程。组织的主要内容包括：根据组织目标，在任务分工的基础上设置组织部门；根据各部门的任务性质和管理要求，确定各部门的工作标准、职权、职责；制定各部门之间的关系、联系方式和规范等。

3. 领导

领导是指挥、带领和感召部下去实现目标的过程。配备在组织机构中各个岗位上的人员，由于各自的个人目标、需求、偏好、性格、素质、价值观及工作职责等方面存在很大差异，在相互合作中必然会产生各种矛盾和冲突，因此就需要有权威的领导者指导人们的行为，沟通人们之间的信息，增强相互的理解，统一人们的思想和行动，激励每个成员自觉地为实现组织目标共同努力。领导是一门艺术，它贯穿于整个管理活动中。管理者必须懂得如何调动和保护人的积极性，了解个体和群体的行为规律和沟通方式，掌握有关的领导理论和模式。

4. 控制

控制是促使组织活动按照计划规定的要求开展的过程。控制是用一定的计划、标准对组织活动各方面的实际情况进行检查，发现差距，分析原因，采取措施，予以纠正，保证工作按原计划顺利进行；或者根据实际情况变化，对计划做出适当调整，使其更符合实际。控制职能和计划职能密不可分，计划是控制的前提，为控制提供目标和标准，控制是实现计划的手段，控制系统越完善，管理者实现组织的目标就越容易。

以上管理的各项职能，构成了管理者要发挥作用的四项基本工作。这些工作或职能，从理论上讲，是按一定的顺序发生的。简言之，对管理人员来说，合乎常理的第一步工作是制订计划，然后是建立组织结构、配备人员，接着是指导和指挥员工付诸行动，最后是控制整个局面，使之朝着既定的目标前进。计划、组织、领导、控制这四个步骤构成了管理工作的循环过程，如图1-3所示。

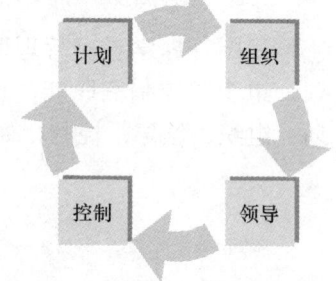

图1-3　管理工作的循环过程

> **课堂讨论**
>
> 谈谈你对管理职能的认识。

1.2 管理者与管理技能

> **案例导入**
>
> **优秀管理者张瑞敏**
>
> 张瑞敏作为海尔集团的创始人、原董事局主席和首席执行官，以其卓越的领导力和管理才能，带领海尔集团从濒临倒闭的困境中走出来，逐步发展成为全球知名的跨国企业集团。他的事迹和成就不仅为海尔集团树立了榜样，也为全球企业管理提供了宝贵的经验和启示。
>
> **一、临危受命，扭转局面**
>
> 1984年，张瑞敏接任了当时已经资不抵债、濒临倒闭的青岛电冰箱总厂厂长。面对

企业的困境，他果断采取了措施，通过严格的质量管理和创新的企业文化，成功扭转了企业的颓势。他在全厂员工面前砸毁76台不合格的冰箱，这一举动不仅震惊了员工，也向外界传递了海尔对质量的严格把控和追求卓越的理念。

二、创新驱动，引领发展

张瑞敏始终将创新作为企业发展的核心动力。他提出的"人单合一"管理模式，强调员工与用户需求的直接对接，激发了员工的创造力和主动性。这一模式不仅让海尔能够快速响应市场变化，还使得每位员工都成了企业创新的参与者和推动者。在他的领导下，海尔迅速崛起，成为中国家电行业的佼佼者，并逐步走向全球市场。

三、国际化布局，拓展市场

张瑞敏具有敏锐的市场洞察力和战略眼光。他意识到，只有走出去，才能实现海尔的全球化。因此，他带领团队积极探索国际市场，通过收购和合作，迅速在欧美市场站稳脚跟。例如，2005年海尔收购了美国的GE家电业务，这一举动不仅提升了海尔的品牌影响力，也为其后续的国际化战略奠定了坚实基础。

四、以人为本，构建企业文化

张瑞敏深知企业的核心竞争力在于人。他致力于构建积极向上的企业文化，倡导"以人为本"的管理理念。他鼓励员工参与决策，推动企业内部的民主氛围，并强调员工的价值和创造力。这种"以人为本"的企业文化，让海尔在竞争激烈的市场中始终保持领先地位。

五、迎接挑战，抓住机遇

在全球经济动荡和市场竞争日益激烈的背景下，海尔也曾面临诸多挑战。张瑞敏始终保持冷静和乐观的态度，认为危机是转型的机会。在新冠疫情期间，海尔迅速调整战略，推出了一系列智能家居产品，满足了消费者对健康和便利的需求。这种灵活应变的能力，使得海尔在逆境中依然能够保持增长。

六、荣誉与认可

张瑞敏的管理成就和创新实践得到了全球管理学界及企业界的高度认可。他先后应邀到哈佛大学、南加州大学、瑞士洛桑国际管理学院等世界一流学府发表演讲，分享企业兼并重组、财务管理、企业文化建设等方面的成功经验。世界一流战略大师加里·哈默评价张瑞敏为"互联网时代CEO的代表"，"竞争战略之父"迈克尔·波特评价其为"杰出的战略思想家"。此外，张瑞敏还获得了"改革先锋"荣誉称号，入选了美国《财富》杂志"全球50大管理思想家"榜单。

请思考：作为海尔的创始人和领导者，张瑞敏在海尔的发展过程中扮演了哪些关键角色？他的管理理念和实践对现代企业管理者的角色和职责有何启示？

知识精讲

1.2.1 管理者的概念

管理者是指在组织中担任领导、指挥和协调角色的人员，他们以实现组织的目标为目的，负责计划、组织、领导和控制工作。管理者是组织的心脏，其工作绩效的好坏直接关系到组织的兴衰成败。

1.2.2 管理者的分类

1. 管理者的层次分类

（1）高层管理者。

高层管理者是指负责制定组织的发展战略和行动计划，有权分配组织拥有的一切资源的管理人员。西方企业中的CEO（首席执行官）、COO（首席运营官）、CFO（首席财务官），我国工商组织中的经理、厂长等，都属于高层管理者。组织的兴衰存亡取决于高层管理者对环境的分析判断、目标的选择和资源运用的决策。高层管理者还代表组织协调与其他组织的关系，并对组织所造成的社会影响负责。

（2）中层管理者。

中层管理者是指负责制定具体的计划以及有关细节和程序，贯彻执行高层管理者做出的决策和计划的管理人员。大型组织的地区经理、分部负责人、生产主管等，都属于中层管理者。中层管理者不直接指挥、协调一线人员的活动，他们主要是将高层管理者的决策和指示传达给基层管理者，同时将基层管理者的意见和要求反馈到高层管理部门，是联系高层管理者和基层管理者的桥梁和纽带。中层管理者还负责协调和控制基层生产活动，保证完成各项任务，实现组织目标。

（3）基层管理者。

基层管理者即一线管理人员，他们的主要职责是传达上级的计划、指示，直接分配每一个成员的工作任务，随时协调下属的活动，控制工作进度，解答下属提出的问题，反映下属的要求。工厂的班组长就属于基层管理者。基层管理者工作的好坏直接关系到组织的计划能否落实、目标能否实现，所以他们在组织中起着十分重要的作用。管理者层次分类图如图1-4所示。

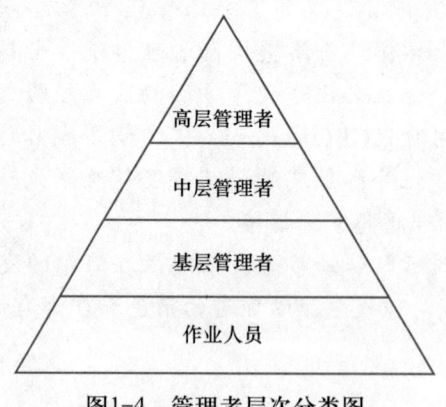

图1-4 管理者层次分类图

2. 管理者的领域分类

按其所从事管理工作的领域，管理者可以分为综合管理者和专业管理者两大类。

（1）综合管理者。

综合管理者是指负责管理整个组织或组织中某个事业部全部活动的管理者。对于一个小型组织来说，企业的总经理就是综合管理者，他要统管该组织的生产、经营、人事、财务等主要业务活动。但对于大型组织而言，组织多是按事业部设立的，组织的权力层层下授，高层管理者无法统管组织的各个层面和环节。此时，该组织的综合管理者的范围就大大拓宽，既包括企业的总经理，也包括组织中各分公司经理或事业部经理等。

（2）专业管理者。

专业管理者也称为职能管理者，指负责组织中某一专门管理职能的管理者。根据这些管理者专业领域性质的不同，可以具体划分为研发部门管理者、生产部门管理者、营销部门管理者、财务部门管理者、人事（人力资源）部门管理者等。管理者的领域分类如图1-5所示。

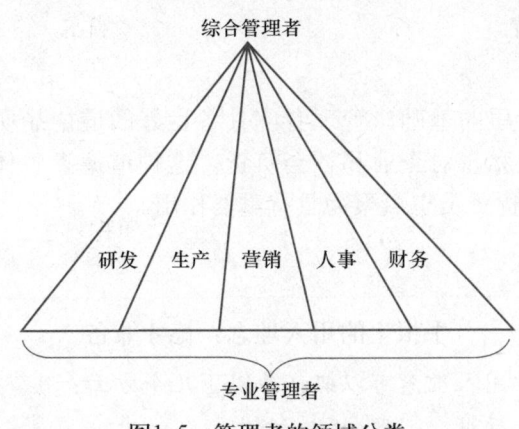

图1-5　管理者的领域分类

1.2.3　管理者的角色

所谓管理者的角色是指特定的管理行为类型。20世纪60年代末，亨利·明茨伯格通过对总经理的工作研究发现，管理者所从事的都是大量变动的短期工作，通常要担当3大类10种内容不同但却高度相关的角色。管理者的角色见表1-2。

表1-2　管理者的角色

类别	角色	工作内容
人际关系类	挂名首脑	执行有仪式感或象征性的工作
	联络者	建立内部和外部的信息网络
	领导者	指挥、激励、协调群体的工作
信息类	监听者	搜寻、接收和筛选信息
	传播者	传递信息给他人
	发言人	通过演讲、报告、电视、广播等向外部提供信息
决策类	企业家	制订计划、建立秩序
	混乱驾驭者	处理危机、解决内部冲突
	资源分配者	决定资源分配的对象和数量等
	谈判者	代表部门或公司进行谈判

明茨伯格的角色划分理论得到了后继研究者的有力支持。一般来说，不论是在何种类型的组织中，还是在组织的哪个层次上，管理者都可能扮演或履行不同的角色。但研究发

现，管理者角色强调的重点会随组织的层次不同而变化，如信息传播者、挂名首脑、谈判者、联络者和发言人的角色主要表现在组织的高层管理者身上，而领导者的角色在基层管理者身上表现得更加显著。

1.2.4 管理者的素养与技能

从管理者的职能和角色可以看出，管理者所承担的任务是多方面的、复杂的，因而管理者的素质和技能是多维度且综合的，涵盖了品德、知识、能力、身心等多个方面。

1. 管理者的素质修养

（1）品德素质。

品德素质是管理者素质的基础。管理者应具备良好的道德品质，遵循社会伦理和职业道德，以身作则，公正无私，对企业和社会负责。这种道德素质体现在管理者的日常行为中，对于塑造企业文化、提升员工凝聚力具有重要作用。

> **阅读材料**
>
> 牛根生的用人理念：德才兼备
>
> 蒙牛创始人牛根生的用人理念可以概括为以下几个方面：
>
> 一、德才兼备的用人标准
>
> 牛根生强调，一个优秀的管理者或员工必须同时具备"德"和"才"。他提出了著名的"四有"原则："有德有才，破格重用；有德无才，培养使用；有才无德，限制录用；无才无德，坚决不用。"这一原则体现了蒙牛对人才品德和才能的双重重视。
>
> （1）德：牛根生认为，一个人的道德品质是其在职场成功的关键。他期望员工具备诚信、正直、勤奋和责任心等品质，这些品质能够帮助员工在同事和上级关系中赢得信任和尊重，从而为企业做出更大的贡献。
>
> （2）才：除了品德，牛根生也非常看重一个人的才能。他认为，一个人的才能决定了他在职场中的发展潜力和成就。因此，他鼓励员工不断学习和提升自己的专业技能和知识水平，以应对不断变化的市场环境和企业需求。
>
> 二、举贤避亲的用人制度
>
> 在蒙牛，牛根生始终坚持"举贤避亲"的用人制度。他约法三章，所有管理层成员的直系亲属一律不能进入公司，这一制度在蒙牛得到了严格的执行，没有一位蒙牛高管的亲属在公司内任职，牛根生自己也不例外。这一制度有助于确保公司内部的公平和公正，避免亲情关系对用人决策产生负面影响。
>
> 三、使用即最大的培养
>
> 牛根生坚信"使用即最大的培养"。他认为，通过给予员工实际的工作机会和挑战，能够激发他们的潜力和创造力，从而促进他们的成长和发展。因此，在蒙牛，牛根生大胆任用年轻有为的人才，如年仅32岁的杨文俊就被任命为液体奶公司总经理。这一理念有助于打破论资排辈的传统观念，让有能力的人才脱颖而出。

四、注重企业文化的塑造

牛根生非常重视企业文化的塑造和传承。他认为，企业文化是企业发展的灵魂和基石，能够引领员工的思想和行为，推动企业的持续发展。因此，在蒙牛，他倡导"先做人，后做事"的企业文化，强调员工要具备高尚的品德和正确的价值观。同时，他还提出了"四个98%"的理念，即"经营的98%是人性""矛盾的98%是误解""资源的98%是整合"和"品牌的98%是文化"，这些理念都体现了蒙牛对企业文化的深刻理解和高度重视。

（2）知识素质。

管理者须具备良好的社会综合知识、专业理论和业务技能，包括政治法律、经济学、管理学、心理学、社会学以及工程技术等方面的知识。掌握国家路线方针政策和法律法规，以把握法制方向；理解经济规律和管理趋势，掌握基本管理理论方法；运用心理学、社会学知识调适心理，协调人际关系，调动员工积极性；同时，还需了解掌握相关专业领域的技术与方法，成为内行管理者。

（3）心理素质。

心理素质是管理者在面对压力和挑战时保持冷静和积极心态的能力。管理者应具备良好的心理素质，包括自信、坚韧、耐心、冷静、乐观等。这些心理素质有助于管理者在面对困难时保持冷静和理智，从而更好地解决问题和应对挑战。

阅读材料

史玉柱的创业沉浮史

史玉柱，作为巨人集团的创始人，他的创业历程堪称商界传奇，完美诠释了从著名创业者到著名失败者，再到著名东山再起者的华丽转身。

1989年从深圳大学软科学管理系研究生毕业后，史玉柱毅然决定下海创业。1991年在广东省珠海市创办了珠海巨人高科技集团，开始了他的创业之旅。他凭借敏锐的市场洞察力和出色的商业头脑，迅速在汉卡市场取得了成功，使巨人集团在短时间内成为中国计算机行业的佼佼者。1994年，史玉柱开始涉足保健品领域，推出了"脑黄金"产品，并因此声名大噪。

然而，好景不长，巨人集团的辉煌并未持续太久。1994年，史玉柱决定投资建造巨人大厦，由于决策失误和管理不善，巨人集团的资金链断裂，导致巨人大厦烂尾，公司负债累累。史玉柱因此从一位成功的创业者变成了著名的失败者，背负着2.5亿元的巨额债务，面临着前所未有的困境。

面对失败，史玉柱没有选择逃避或放弃，他深刻反思了自己失败的原因，调整了经营策略，转战保健品市场。1997年，史玉柱推出了"脑白金"保健品，通过精准的市场定位和创新的营销手段，使"脑白金"迅速占领了市场，成为送礼的热门选择。这次成功不仅让史玉柱还清了债务，还为他的东山再起奠定了坚实的基础。

此后，史玉柱又进军网游行业，发布了民族网游《征途》，再次取得了巨大的成功。

> 凭借独特的盈利模式和社交动力学,该游戏吸引了大量玩家,使巨人网络成为中国网游行业的领军企业。2007年,巨人网络成功登陆美国纽约证券交易所,成为当时在美国发行规模最大的中国民营企业。史玉柱还涉足金融、投资等领域,担任多家公司的董事或实际控制人。至此,史玉柱完成了从失败者到成功者的华丽蜕变。
> 　　史玉柱的创业历程充满了坎坷与挫折,但他凭借坚韧不拔的精神、良好的抗挫折能力、敏锐的市场洞察力和卓越的领导能力,最终缔造了自己的商业帝国。他的成就不仅体现在财富上,更在于他那种永不言败、敢于挑战自我的企业家精神。

　　(4) 身体素质。

　　管理者的身体素质是其高效工作与展现领导力的基础。良好的身体素质,如强健的体魄、充沛的精力和良好的心理调适能力,使管理者能够应对高强度的工作压力,保持清晰的思维,并有效激励团队。管理者可以通过定期锻炼、健康饮食和充足睡眠提升体能、增强抗压能力,从而在复杂多变的工作环境中保持冷静与高效。身体素质的优劣,不仅关乎管理者个人的健康,更会直接影响到团队的士气与整体绩效。

　　2. 管理者的技能要求

　　(1) 概念技能。

　　概念技能是指管理者对事物的洞察、判断、理解和处理各种全局性的复杂关系的能力。管理者对复杂环境和管理问题的观察、分析能力;对全局性的、战略性的、长远性的重大问题处理与决断的能力;对突发性紧急处境的应变能力等。其核心是一种观察力和思维力。

　　(2) 技术技能。

　　技术技能是指管理者掌握与运用某一专业领域内的知识、技术和方法的能力。它包括某一专业领域内的专业知识和经验、技术和技巧、程序和方法、操作与工具运用熟练程度等。如生产车间主任,就要熟悉各种设备的性能、使用方法、操作程序,各种材料的用途、加工工序,各种成品或半成品的指标要求等。技术技能对基层管理者来说尤为重要,因为他们大部分时间都是从事训练下属的工作或回答下属相关具体工作方面的问题,因而必须知道该如何去做下属所做的各种工作。

　　(3) 人际技能。

　　人际技能是指管理者与上下、左右的人打交道的能力,包括联络、处理和协调组织内外人际关系的能力,激励和诱导组织内人员的积极性和创造性的能力,正确地指导和指挥组织成员开展工作的能力。首先,人际技能要求管理者能了解别人的信念、思考方式、感情、个性以及每个人对自己、对工作、对集体的态度,并且认识到别人的信念、态度、观点与自己的不一样是很正常的,可以承认和接受不同的观点和信念。其次,人际技能要求管理者能够敏锐地察觉别人的需要和动机,并判断组织成员的可能行为及其后果,以便采取一定的措施,使组织成员的个人目标与组织目标最大限度地保持一致。再次,人际技能要求管理者掌握评价、奖励员工的一些技术和方法,最大限度地调动员工的积极性和创造性。许多研究表明,人际技能是一种重要技能,对各层管理者都具有同等重要的意义。

总之，一个成功的管理者必须具有上述三种技能。但是，不同层次的管理者在技能的掌握方面存在显著差异。例如，高层管理者对技术技能要求就要比基层管理者低一些，而对概念技能的要求要高于中层和基层管理者。管理者层次与技能的掌握程度要求如图1-6所示。

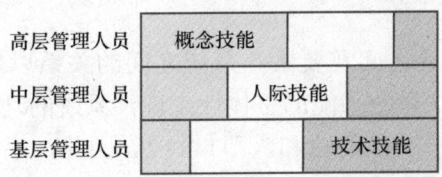

图1-6 管理者层次与技能的掌握程度要求

1.3 管理的基本原理与方法

案例导入

阿斯旺水坝的灾难

20世纪20年代初竣工的埃及阿斯旺水坝，是世界上数一数二的大规模水坝。表面上看，这座水坝给埃及人民带来了廉价的电力，有效抑制了水旱灾害，灌溉了农田。实际上，这座水坝的修建却破坏了尼罗河流域的生态平衡，造成了一系列灾难：由于尼罗河的泥沙和有机物沉积到水库底部，导致尼罗河两岸的绿洲失去肥源——淤泥，土壤日益盐渍化；由于尼罗河河口供沙不足，河口三角洲平原向内陆收缩，导致工厂、港口、国防工事有跌入地中海的危险；由于缺乏来自内陆的盐分和有机物，致使沙丁鱼的年收获量减少1.8万吨；由于大坝的阻隔，尼罗河下游的活水变成相对静止的"湖泊"，为血吸虫和疟蚊的繁殖提供了条件，致使血吸虫病在水库一带流行。埃及造此大坝所带来的灾难性后果，使人们深深地感叹：任何决策都是牵一发而动全身的！

请思考：在决策建造阿斯旺水坝项目过程中忽视了哪些关键因素，才导致了后续生态平衡的破坏和一系列灾难性后果？

知识精讲

1.3.1 管理的基本原理

管理原理是对管理工作的实质内容进行科学分析、总结而形成的基本真理，它是对现实管理现象的抽象和概括，是客观规律的体现和管理实践经验的总结，因而对一切管理活动都具有普遍的指导意义。

1. 系统原理

所谓系统，是指由若干相互联系、相互作用的要素组成，并在一定环境中具有特定功能的有机整体。管理的系统原理是把管理组织或管理过程视为一个系统，进行系统分析和系统优化，实现优化组织设计和优化管理的理论。管理的系统原理主要包括整体性原理、动态性原理和开放性原理。

（1）整体性原理。

整体性原理是指系统要素之间及要素与系统之间的关系以整体为主进行协调，局部服从整体，使整体效果最优。从系统功能的整体性来说，系统的功能不等于要素功能的简单相加，而是往往要大于各个部分功能的总和，即1+1>2。因此，系统要素的功能必须服从系统整体的功能，否则就会削弱整体功能，从而也就失去了系统功能。掌握系统整体性原理，实际上就是要求我们从整体着眼，从部分着手，统筹考虑，各方协调，达到整体的最优化。

（2）动态性原理。

系统作为一个运动着的有机体，其稳定状态是相对的，运动状态则是绝对的。系统不仅作为一个功能实体而存在，而且还作为一种运动而存在。系统内部的联系是一种运动，系统与环境的相互作用也是一种运动。掌握系统动态性原理，研究系统的动态规律，可以使我们预见系统的发展趋势，树立超前的观念，减少偏差，掌握主动权，使系统向所期望的目标顺利发展。

（3）开放性原理。

严格地说，完全封闭的系统是不存在的。任何有机系统都是耗散结构系统，系统只有与外界不断交流物质、能量和信息，才能维持其生命。并且，只有当系统从外部获得的能量大于系统内部消耗散失的能量时，系统才能克服熵而不断壮大。所以，对外开放是系统的生命。在管理工作中，从开放性原理出发，要求我们充分估计外部对本系统的种种影响，努力从开放中扩大本系统从外部吸收的物质、能量和信息。

2．人本原理

人本原理就是管理应"以人为中心"，尊重人、依靠人、为了人、发展人，这是做好管理工作的根本。从"物本管理"到"人本管理"，是20世纪末管理理论发展的主要特点。

（1）员工是企业的主体。

管理者一定要正确地认识人、尊重人、依靠人，要坚决摒弃传统管理中把人视为机器附属物的错误思想，树立"贵人贱物"的理念。在这种理念的指导下，强调企业应适度分权，让员工参与管理，发挥职工代表大会及其他各种委员会的作用，激发企业员工的主人翁精神，使其为了共同的目标而自觉地努力奋斗，从而达到较高的工作效率。企业实行股权分散化和大众化，吸引更多的员工关心和参与企业的管理工作，这就是人本原理的具体应用。

（2）管理者应重视满足员工的合理需要。

组织行为学认为，需要是人的行为动力的源泉。人的需要可以分为生理需要、安全需要、社交需要、尊重需要、自我实现需要等多方面，满足员工的这些合理需要，将会极大地调动人的积极性，同时也有助于人的良好个性的形成，最终实现人性最完美的发展。

（3）管理就是为人服务。

这里的"人"既包括企业内部参与企业生产经营活动的员工，也包括企业外部消费企业产品与服务的顾客。为人服务就是要树立"管理就是服务"的理念，重视建立和谐的组织内部人际关系和良好的组织公共关系。

> **阅读材料**
>
> 张瑞敏的"三只眼理论"
>
> 　　海尔集团的张瑞敏指出,企业家在经营企业时,需要具备三只"眼睛"。第一只眼:盯住企业内部员工,使企业员工对企业的满意度最大化。这一观点强调了内部管理的重要性,认为只有员工对企业满意,才能最大限度地调动他们的积极性,从而为企业创造更大的价值。第二只眼:盯住企业的外部市场,特别是用户,使用户对企业的满意度最大化。这一观点强调了市场导向和用户至上原则,认为企业需要密切关注市场需求和用户反馈,以便及时调整产品策略和服务方式,满足用户的期望和需求。第三只眼:在计划经济向市场经济转型时期,最初是指盯住国家宏观调控政策,以便抓住机遇超前发展。然而,随着市场经济的深入发展,张瑞敏后来对这一观点进行了调整,认为第三只眼应更多地用来盯住外部的机遇,包括国际市场和未来趋势等。这一调整反映了张瑞敏对市场变化的敏锐洞察力和对企业未来发展的前瞻性思考。

3. 责任原理

责任原理主张在管理过程中必须明确各级人员的职责,以确保组织的效益和效率。

(1) 分工明确,职责分明。

责任原理首先强调分工的重要性。在合理分工的基础上,每个部门和个人的职位与任务都应得到明确界定。这不仅包括"做什么"的形式划分,还涉及工作的数量、质量、速度和效益等具体要求。明确的职责界限和内容,有助于员工专注于自己的任务,提高工作效率和质量。

(2) 责、权、力、利相一致。

责任原理的核心在于职责、权力、能力与利益的协调和统一。一旦明确了每个人的职责,就应授予其相应的权力,并通过相应的利益来体现其完成职责和创造业绩的报酬。这种责、权、利的一致性有助于激发员工的积极性和创造力,确保他们能够在职责范围内充分发挥自己的作用。同时,赋予员工的职责应略高于其能力,以提供挑战和成长的机会。

(3) 奖罚严明,公正及时。

责任原理还强调奖罚的公正性和及时性。奖罚是对员工工作职责和业绩的客观评价,它应以科学准确的考评为前提,确保公正性。及时的奖罚能够立竿见影地强化员工的行为,提高管理绩效。惩罚虽然可能产生负面效应,但合理使用的话,可以维护管理权威,教育多数员工;奖励则能激发员工的积极性和潜力,促进组织的持续发展。

4. 效益原理

效益是管理永恒的主题。任何组织的管理都是为了获得某种效益,效益的高低直接影响着组织的生存与发展。效益原理要求一切管理活动都要以追求效益为根本目的,即用尽可能少的劳动占有或劳动消耗取得尽可能多的劳动成果。

（1）确立以效益为中心的管理理念。

管理活动应以效益为第一行为准则和一切工作的出发点，要克服传统体制下"以生产为中心"的管理思想，因为这种管理思想必然导致片面追求产值、盲目增加产量的倾向，从而可能造成产品大量积压、效益普遍低下的状况。

（2）经济效益与社会效益并重。

效益可以从社会和经济两个不同的角度来考察，即社会效益和经济效益。一方面，经济效益是效益表现的最直接形态。任何一个企业都是为了追求盈利才进行投入产出活动的。所以，追求利润是企业天经地义的使命。另一方面，我们也不能无视社会效益，不能为盈利而忽视环境保护，要积极地、义不容辞地处理"三废"，保护环境。

（3）短期效益与长期效益并重。

信息时代的企业每时每刻都面临着激烈的竞争。如果企业只满足于眼前的经济效益水平，而忽视技术开发和人员的培训等企业创新所必要的条件，就会随时面临被淘汰的危险。所以企业经营者必须有远见卓识，用可持续发展的观念来经营企业，使得新产品的开发和所在领域的探索能够不断创新，从而保证企业有长期稳定的高效益，使企业得到长足的发展。

1.3.2 管理的基本方法

管理方法是行使管理职能、贯彻管理原则、实现管理目标的手段，管理原理必须通过管理方法才能在管理实践中发挥作用。所以，管理方法是管理和指导管理活动的必要中介和桥梁，是实现管理目标的途径和手段，它的作用是一切管理理论和原理本身所无法替代的。

阅读材料

七人分粥

有七个人住在一起，每天分一大桶粥。但是，粥每天都是不够的。

一开始，他们抓阄决定谁来分粥，每天轮一个。于是乎一周下来，他们只有一天是饱的，就是自己分粥的那一天。后来他们开始推选出一个道德高尚的人出来分粥。强权就会产生腐败，大家开始挖空心思去讨好他，贿赂他，搞得整个小团体乌烟瘴气的。然后大家开始组成三人的分粥委员会及四人的评选委员会，互相攻击扯皮下来，粥吃到嘴里全是凉的。

最后想出来一个方法：轮流分粥，但分粥的人要等其他人都挑完后拿剩下的最后一碗。为了不让自己吃到最少的一碗，每人都尽量分得平均，就算不平均，也只能认了。这样一来，大家快快乐乐、和和气气的，日子越过越好。

"七人分粥"是一个经典的团队管理或资源分配问题，用以探讨如何在团队中公平、有效地分配资源。建立一个公平公正、灵活高效的分配制度，是每个管理者的重要职责。

1. 法律方法

法律方法是管理者运用立法和司法的手段行使管理职能的管理方法。法律方法中的"法"，不仅指国家制定的法律、法令，而且泛指各种组织、团体制定的条例、守则、规章制度等。在经济管理中运用法律方法，可以保证必要的管理秩序，协调管理中各利益群体的关系，促进管理的科学化、法治化。但是，我们也要看到，采用法律方法，由于缺少灵活性和弹性，有时不利于基层单位发挥其主动性和创造性。在法律的调整范围之外，还有大量的经济关系、社会关系需要采用其他方法来调整。因此，法律方法的有效性还有赖于同管理的其他方法紧密结合起来，综合使用。

2．行政方法

行政方法是管理者依靠领导者的权威，运用命令、指令、指示、监督等行政手段，按照管理层次，行使管理职能的管理方法。在经济管理中运用行政方法，有助于管理者统一领导和指挥，做到令行禁止，便于处理特殊问题。但行政方法也有它的局限性，如管理效果受管理水平的影响，易产生官僚主义、以权谋私等行为。要正确运用行政方法，必须与管理的其他方法，特别是经济方法有机地结合起来。

3．经济方法

经济方法是管理者运用经济杠杆和其他经济手段调节人们之间的物质利益关系，从而行使管理职能的管理方法。用经济方法管理经济，是通过各种经济手段和经济方式的运用来实现的。经济手段是指费用、成本、利润、税收、信贷、工资、奖金、罚款等价值工具。经济方式是指经济合同、经济责任制、经济核算等经济管理方式。管理的经济方法的实质是围绕物质利益，运用各种经济手段，正确处理好国家、集体与劳动者个人之间的经济关系，最大限度地调动各方面的积极性、主动性、创造性和责任感。经济方法运用时要注意与其他方法的配合使用，要强调经济方法的综合运用，只有这样，才能正确发挥它的功能。

4．教育方法

教育方法是管理者利用一定的培训、教育等方式，全面提高人的素质，以影响和调节人们的经济行为，达到行使管理职能的管理方法。教育方法的实质就是激发劳动者的主动精神，变管理者的意图为劳动者的自觉行为，把潜在生产力变成现实生产力。教育的内容包括人生观及道德教育、爱国主义和集体主义教育、民主教育、法制教育、纪律教育、科学文化教育、组织文化建设和创新意识的培养等。管理的教育方法在运用时要注意其灵活性、实效性。

5．技术方法

技术方法是指组织中各个层次的管理者（包括高层管理者、中层管理者和基层管理者）根据管理活动的需要，自觉运用自己或他人所掌握的各类技术，以提高管理的效率和效果的管理方法。这里所说的各类技术主要包括信息技术、决策技术、计划技术、组织技术和控制技术等。

技术方法的运用，对于提高信息获取的速度与信息的质量、提高决策的速度和质量、保证组织的有效运行有着十分重要的作用。但是，我们必须清醒地认识到，技术并不是万能的，不可能解决所有问题。管理者在解决管理问题时，只有把各种管理方法综合起来使用，"多管齐下"，才能取到较好的效果。

> **课堂讨论**
>
> 如果你是班主任,你将采用哪些方法进行班级管理?

同步练习与测试

一、单项选择题

1. 依据管理者角色划分理论,挂名首脑属于( )。
   A. 人际关系角色 B. 信息角色 C. 资源分配者 D. 谈判者
2. "管理是一种艺术"这个命题强调的是( )。
   A. 管理的综合性 B. 管理的实践性
   C. 管理的层次性 D. 管理的具体性
3. 管理的四个基本职能是( )。
   A. 计划、组织、领导、控制 B. 计划、组织、决策、控制
   C. 计划、组织、沟通、领导 D. 计划、组织、领导、决策
4. 认为管理应"以人为中心",尊重人、依靠人、为了人、发展人,这是做好管理工作的根本。这是( )的观点。
   A. 系统原理 B. 人本原理 C. 责任原理 D. 效益原理
5. 通过发布命令、规定指标、下达命令等,以鲜明的服从为前提来强制性管理的管理方法为( )
   A. 行政方法 B. 经济方法 C. 法律方法 D. 信息方法

二、判断题

1. 管理的目的是通过具体的管理活动来实现组织特定的目标。 ( )
2. 管理过程是管理各职能活动的单循环过程。 ( )
3. 管理者按照所从事的工作性质和管理领域不同,可分为高层管理者、中层管理者、基层管理者。 ( )
4. 高层管理者需要具备更多的技术技能。 ( )
5. 管理的系统原理强调整体性、稳定性、开放性。 ( )
6. 管理的经济方法是围绕物质利益,运用各种经济手段实现的。 ( )

三、论述题

请从职业认知与价值观念的角度,谈谈一名优秀的管理者应具备的职业素养及技能。

管理技能训练

一、管理实战案例分析

案例1-1:忙碌的生产部长

金星公司是一家专门生产住宅建筑上用的特殊制品的合资企业。王雷是该厂的生产部

长,他的直接上级是公司总经理。张立是装配车间的主任,归王雷领导。张立手下有7名工人负责装配住房中的各种用锁。

夏季的一天上午,公司总经理打来电话对王雷说:"我们收到好几次客户投诉,说我们的锁装配得不好。"王雷很快对此事做了调查,然后来到总经理办公室向上司汇报说:"我可以跟您保证,对于那些蹩脚的锁的装配,没有我的责任,那是装配车间主任张立的失职,他没有去检查手下的工人是否按正确的装配程序工作。"

王雷同时向总经理汇报了他这个星期所做的几件重要的工作:①对工厂的下半年生产进度与人员使用做了初步安排;②在装卸码头指导搬运工人们使用一台新买的起重机;③对一位求职者进行面试,填补厂里质量管理职位的空缺;④包装生产线上一位操作工去看病,他顶班在生产线上干了大半天;⑤对生产系统中有关人员间的关系做了一些调整,让工程师们以后直接向工厂的总监汇报工作,不必再通过总工程师;⑥与总会计师一起查阅报表,检查厂里上半年的经费开支和生产情况。

王雷向总经理出示了他摘录的几项数字记录:

	上半年实际	下半年计划
1. 经费开支		
设备维修与折旧	1 000万元	
水电等公用事业费	100万元	
电脑使用与信息费	300万元	
原材料	10 000万元	?
其他生产用品	500万元	
工资	6 000万元	6 100万元
现金开支	100万元	
总支出	18 000万元	
2. 生产结果		
总产量	2 000万件	1 900万件
其中:报废品	200万件	50万件
合格品售价	10元/件	10元/件
3. 利润额	?	?

王雷还向总经理说明了他个人对企业盈利情况的分析。他认为目前的形势已不容乐观,所以他计划下半年要在监督和激励工人方面再下点功夫,宁可多花点钱,也要确保将报废品控制在50万件以内,不过总产量也许会跌到1 900件。他估算了一下,劳动力成本会从6 000万元上升到6 100万元,但原材料耗费自然会随着报废品的减少而降低,其他开支保持不变。王雷认为,采取这一措施是明智的,因为它在预期的开支与可能达到的成果之间是均衡的,因此,此举将使企业的盈利情况得到改善。王雷将自己的计划意见交给了总经理,由他定夺是否采取新的方案。

从总经理那里汇报回来之后,王雷抓紧时间处理了这几件事:①与工会处理了一桩劳资纠纷;②向厂里的基层管理人员解释了在工伤赔偿政策上打算做哪些改动;③同销售部经理讨论了产品的更新换代问题；④打电话给一家供应厂商，告诉他们有一台关键的加工机器坏了，无法修理，请他们速来换一台；⑤考虑了如何改进厂里的制造工艺。待办完这些事，他一看表才知早已过了下班时间。

问题：

1. 王雷和张立分别是这家企业中（　　）管理人员。
   A. 高层和中层的
   B. 中层和基层的
   C. 高层和基层的
   D. 都是中层的

2. 关于锁装配不善问题，公司总经理应该首先责成谁负起最终责任？这依据的是什么原则？（　　）
   A. 装配车间主任，监督职责明确原则。
   B. 装配车间的工人们，执行职责明确原则。
   C. 生产部部长，责任的不可下授原则。
   D. 依据责权对等原则，没人该对此负责。

3. 王雷向总经理汇报他这星期做的几件重要的工作，请在下列空格里依次写下这些工作所体现的活动或职能性质：
   ① _____ ② _____ ③ _____
   ④ _____ ⑤ _____ ⑥ _____

4. 依据王雷所提供的资料分析，金星公司上半年的盈利情况如何？如果按照王雷的方案对生产活动进行调整，下半年的盈利将会如何？（　　）
   A. 上半年获得利润____万元，下半年利润将增加到____万元。
   B. 上半年发生亏损____万元，下半年亏损额将增大到____万元。
   C. 上半年有微利，下半年将发生亏损。
   D. 上半年不盈也不亏，下半年将发生亏损。

5. 劳资纠纷的处理和工伤赔偿政策的解释都共同需要（　　）。
   A. 人际技能
   B. 技术技能
   C. 概念技能
   D. 根本不需要管理方面的技能

6. 产品更新换代和制造工艺改进都对管理工作的职能和技能有些什么要求？（　　）
   A. 它们都是技术方面的问题，与管理工作无关。
   B. 它们都涉及管理中的决策职能，所以只要具备概念技能就可做好该类工作。
   C. 它们是纯粹技术领域内的业务决策，做好该项决策需要有一定的管理技能，但主要限于技术技能方面。
   D. 技术领域的决策是一项富有挑战性的管理工作，要求同时具备概念技能和技术技能，甚至有时还需要人际技能。

7. 打电话请供应厂商来换一台同目前用坏的机器一样的设备，这是设备简单替换问题，需要的管理技能主要是（　　）。
   A. 概念技能和技术技能
   B. 人际技能和技术技能
   C. 技术技能
   D. 人际技能和概念技能

案例1-2：升任公司总裁后的思考

郭宁最近被所在的生产机电产品的公司聘为总裁。在准备接任这一职位的前一天晚上，他浮想联翩，回想起他在该公司工作20多年的情况。

他在大学时学的是工业管理，大学毕业后就到该公司工作，最初担任液压装配单位的助理监督。他当时感到很迷茫，不知道如何工作，因为他对液压装配所知甚少，在管理工作上也没有实际经验，他感到几乎每天都手忙脚乱。于是他主动学习，一方面他仔细参阅该单位所订的工作手册，努力学习有关的技术知识；另一方面监督长也对他主动指点，使他渐渐摆脱了困境，胜任了工作。经过半年多的努力，他已经有能力独担液压装配监督长的工作了。可是，当时公司并没有提升他为监督长，而是直接提升他为装配部经理，负责包括液压装配在内的四个装配单位的领导工作。

在他当助理监督时，他主要关心的是每日的作业管理，技术性很强。而当他担任装配部经理时，他发现自己不能只关心当天的装配工作状况，还得做出此后数周乃至数月的规划，并且还要完成许多报告和参加许多会议，他没有多少时间去从事他过去喜欢的技术工作。当上装配部经理不久，他就发现原有的装配工作手册已基本过时，因为公司已安装了许多新的设备，引入了一些新的技术。他花了整整一年的时间去修订工作手册，使之切合实际。在修订手册的过程中，他发现要让装配工作与整个公司的生产作业协调起来是有很多讲究的。他主动到几个工厂去访问，学到了许多新的工作方法，他也把这些吸收到修订的工作手册中去。由于该公司的生产工艺频繁发生变化，工作手册也不得不经常修订，郭宁对此都完成得很出色。工作了几年后，他不但自己学会了这些工作，而且还学会了如何把这些工作交给助手去做，教他们如何做好。这样，他可以腾出更多时间用于规划工作和帮助他的下属工作得更好，可以花更多的时间去参加会议、批阅报告和完成自己向上级的工作汇报。

在他担任装配部经理6年之后，该公司负责规划工作的副总裁辞职，郭宁便主动申请担任这一职务。在同另外5名竞争者较量之后，郭宁被正式提升为规划工作副总裁。虽然他自信已拥有担任此一新职位的能力，但由于此高级职务工作的复杂性，仍使他在刚接任时碰到了不少麻烦。例如，他感到很难预测一年之后的产品需求情况。可是一个新工厂的开工，乃至一个新产品的投入生产，一般都需要在数年前做准备。而且，在新的岗位上他还要不断协调市场营销、财务、人事、生产等部门之间的关系，这些他过去都不熟悉。他在新岗位上逐渐意识到：越是职位上升，越不能仅仅按标准的工作程序去进行工作。即便如此，他还是渐渐适应了新岗位，做出了成绩，之后又被提升为负责生产工作的副总裁，这一职位通常是由该公司资历最深、辈分最高的副总裁担任的。直到现在，郭宁又被提升为总裁，他知道，一个人当上公司最高主管职位，就应该坚信自己有处理可能出现的任何情况的能力，但他也明白自己尚未达到这样的水平。因此，他不禁想到自己明天就要上任了，对于今后数月的情况，他不免为此而担忧！

问题：

1. 哪些技能是管理人员所必须具备的？不同层次的管理人员在技能要求上各有哪些侧重？

2. 你认为新任总裁郭宁在管理者的技能方面是否有欠缺？如有，主要欠缺什么技能？
3. 如果你是公司的新任总裁郭宁，你将如何确定工作重点，尽快进入角色？

二、大学生模拟公司系列实训

组建大学生模拟公司实训

1. 实训目的

通过组建大学生模拟公司，加深学生对管理职能和管理者素质技能的理解，增强他们的演讲和团队协作能力。

2. 任务概述

以自愿组合为原则，6~8人为一组成立模拟公司，明确公司名称与业务领域。每位成员以"我要做一个什么样的管理者"为题发表讲演（要有发言提纲），进行总经理竞聘。

3. 实训流程

（1）组建团队。
（2）每位成员准备题为"我要做一个什么样的管理者"的竞聘讲演。
（3）组织竞聘演讲，评选出总经理。
（4）总经理带领团队确定公司名称与业务领域，分配角色与任务。

4. 交流与展示

各团队进行成果展示，分享公司名称、业务领域和团队构成。通过互动问答，增进团队间的交流与理解。

三、管理技能自我测试

管理动机强烈程度自我评估

要求：阅读以下问题，对每一题都给出最能反映你的动机强烈程度的数字，然后将其相加，得出最终分数。

1. 我希望与我的上级建立积极的关系。
2. 我希望与我同等地位的人在游戏中和体育活动中比赛。
3. 我希望与我同等地位的人在与工作有关的活动中竞争。
4. 我希望以主动和果断的方式行事。
5. 我希望通过吩咐和用法令对别人施加影响。
6. 我希望在群体中以独特的和引人注目的方式出人头地。
7. 我希望完成与工作有关的例行职责。

弱　1　2　3　4　5　6　7　强

【结论检测】

你的得分将落在7~49分的区间内。评分标准为：

7~12分：较低的管理动机。
13~34分：中等的管理动机。
35~49分：较高的管理动机。

单元 2

管理理论的演进与发展

学习目标

素养目标
1. 理解古代管理智慧，认同传统文化，树立文化自信。
2. 增强团队协作能力，激发创新精神。

知识目标
1. 了解管理学发展演变的历史。
2. 了解中国古代优秀管理思想和传统文化。
3. 了解管理学界主流的管理理论学派与其思想内容。

能力目标
1. 能够从管理理论的高度认识与分析企业管理。
2. 能够应用现代管理理论分析与处理实际管理问题。

知识导图

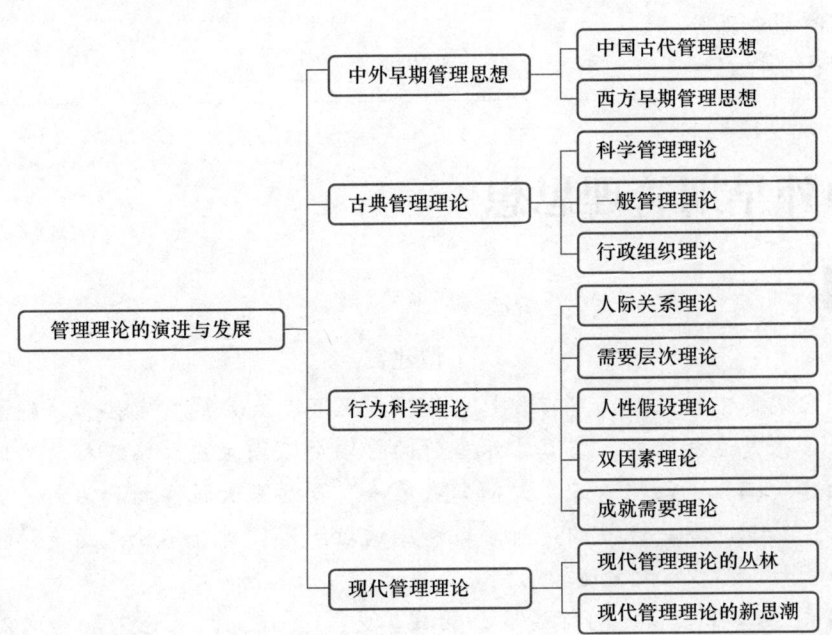

单元引例

亨利·福特首创移动式汽车生产线

1906年,福特决定生产便宜、利润较低的新车型,以突破汽车高价位对市场开拓的阻碍。他宣称:"我要为大众生产汽车。"为了降低生产成本,福特在1910年开始了持续17年之久的工厂自动化实验,他的格言是:"任何事情都可以做得更好。"

福特率领一群效率专家,检讨装配线上的每一个环节,试验各种方法,以求提高生产力。他最重要的突破就是创设了移动式装配线,汽车生产过程非常复杂,其中最关键的是时间控制,任何一个步骤的时间出了问题,都会影响后面的作业。第一条移动式装配线是用来组装飞轮式磁发电机的,测试的结果比老方法快6分50秒。当其他装配线也全面更换为移动式时,一辆T型车的装配时间由12小时30分缩短为5小时50分。1914年1月,福特开发出"链条带动永不停歇"的输送带,在工作站之间运送半成品,工人可以在原地不动。3个月之后,公司又设立与人同高的生产线,所有零件、输送带等都在人腰部的高度,工人可以重复装配工作,连脚也不必动。

1914年,福特公司1.3万名工人,生产了26.7万辆汽车,而其同行的66万名工人,则只生产了28.6万辆。有人批评装配线的分工方式将工人变成无须动脑的机器,厂方以操纵生产线的速度来奴役工人。福特回应道:"我听到时下一些人讲,我们把工作变得毫无技术可言,其实不然。福特公司在设计、管理、工具制造等方面引进更先进的技术,使得没有技术的岗位也能分享这些技术的成果。"

亨利·福特开创了一个新时代——一个让每个人都可以拥有汽车的新时代,他独特的、为大众服务的经营理念以及汽车生产线,不仅给自己带来了丰厚的利润,更改变了美国人的消费观念,从此,美国成为"汽车王国"。福特的成就显然也是管理思想领域的贡献,他的思想与无数像他一样关注管理效率的智者所做的探索,共同构成了西方管理思想的重要组成部分。

请思考:福特的生产线创新对现代企业管理有哪些启示?

2.1 中外早期管理思想

案例导入

丁谓建宫

传说北宋宋真宗在位时,皇宫曾起火。一夜之间,大片的宫室楼台、殿阁亭榭变成了废墟。为了修复这些宫殿,宋真宗派当时的晋国公丁谓主持修缮工程。当时,要完成这项重大的建筑工程,面临着三个大问题:第一,要运来大批木材和石料;第二,要运来大量新土;第三,要把大量的建筑垃圾和废墟垃圾清理掉。不论是运走垃圾还是运来建筑材料和新土,都涉及大量运输的问题。

丁谓研究了工程之后,制订了这样的施工方案:首先,从施工现场向外挖出若干条大深沟,把挖出来的土作为施工需要的新土备用,于是就解决了新土问题。其次,从城外把汴水引入所挖的大沟中,于是就可以利用木排及船只运送木材、石料,解决了木材、石料的运输问题。最后,等到材料运输任务完成之后,再把沟中的水排掉,把工地上的垃圾填入沟内,使沟重新变为平地。

简单归纳起来,就是这样一个过程:挖沟(取土)→引水入沟(水道运输)→填沟(处理垃圾)。

丁谓的这一系列举措,不仅解决了重建皇宫过程中的所有难题,还实现了多重效益。他通过挖沟取土、引水运材和填沟造路等策略,节省了大量的人力、物力和财力。同时,他的这一创新方法也大大提高了工作效率,使得皇宫得以在短时间内重建完成。

丁谓的"一举三得"重建皇宫体现了中国古人高超的管理智慧,成为中国古代项目管理史上的经典之作,也是一次典型的系统管理实践。

请思考:丁谓的"一举三得"重建皇宫对现代企业管理有哪些启示?

知识精讲

2.1.1 中国古代管理思想

中国是历史悠久的文明古国,在长期的社会实践中形成了丰富的管理思想。

2.1.1.1 中国古代管理思想的发展阶段

中国古代管理思想的发展历史,其形成与演变大体经历了五个鲜明的阶段:萌芽、启蒙、制度化和定型、停滞不前以及衰落。

1. 萌芽阶段:夏、商、周上古三代

中国古代管理思想的萌芽可以追溯到"三皇五帝"时期,这一时期的管理思想主要基于"天命"观念,形成了宗法管理思想和一系列基本的管理原则。夏、商两代王朝的天命论与宗教及宗法紧密结合,而周王朝则进一步将宗教、道德、政治融为一体,建立了以"宗庙社稷"为中心的宗法礼教管理思想。总的来看,上古三代在国家和社会管理方面,已产生了一些基本的管理观念和管理思想,如德治、刑威、尊贤、尚能、护民、养民、安民、惠民等思想,这些萌芽状态的管理思想为中国古代管理思想的发展奠定了坚实的基础。

2. 启蒙阶段:春秋战国时期

随着西周的灭亡和"礼崩乐坏"局面的出现,春秋战国时期成为中国古代管理思想的启蒙阶段。这一时期,诸侯争霸,社会动荡,传统的礼制被彻底破坏,新的民主制度开始萌芽。在这样的背景下,诸子百家纷纷涌现,儒墨道法、兵农名杂、纵横阴阳等各种学术思想"百家争鸣",形成了中国古代管理思想启蒙阶段百花齐放的景象。各家基于不同的学术背景,提出了各自独特的治国、治家、修身、养性等管理思想和管理主张,为中国古代管理思想的发展注入了新的活力。

3. 制度化和定型阶段:汉朝至唐朝

秦朝在法家管理思想的指导下建立了统一的封建王朝,开启了中国古代管理思想制度化和定型的序幕。汉朝承袭秦制，将儒学神圣化，与政治、法律、道德、宗教等紧密结合，形成了系统的"内法外儒"管理思想。经过魏晋南北朝，尤其是唐王朝的不断发展和完善，"内法外儒"的管理思想趋于制度化和定型化，中国古代管理思想也建立了一套完整的体系和模式。这一时期的管理思想不仅注重制度的建设和执行，还强调道德的教化和人心的引导，实现了政治、法律、道德、宗教的有机统一。

4. 停滞不前阶段：宋元两代

在宋元两代王朝的400年间，尽管出现了王安石的"新学"与道、儒、佛三教合流的"道学"争斗，以及程颢、程颐、朱熹的"理学"与陆九渊的"心学"争锋，但从管理思想的角度来看，这些学说都没有超越"内法外儒"的基本范式。因此，中国古代管理思想在这一时期基本上处于停滞不前的状态。尽管如此，宋元两代的学者们在管理思想的理论探讨和实践应用方面仍然做出了一定的贡献，为后世的管理思想发展留下了宝贵的遗产。

5. 衰落阶段：明清时期

明清之际，随着"经世致用""富国、强国"的科学启蒙思想和实学思潮的兴起，中国古代管理思想开始走向衰落。这种新的启蒙思想和实学思潮是反道学和反封建的，对当时及以后中国的管理思想和管理实践产生了深远的影响。在明清两代500多年间，在实学思潮和科学启蒙思想的冲击下，中国传统的管理思想开始走向衰落。

中国古代管理思想的发展历史是一部充满变革与创新的史诗。从萌芽到启蒙，再到制度化和定型，以及后来的停滞不前和衰落，每一个阶段都留下了深刻的印记。这些管理思想不仅在当时的社会政治经济生活中发挥了重要作用，而且对于我们今天的管理实践仍然具有重要的借鉴意义。

2.1.1.2 中国古代管理思想的主要流派

1. 无为而治学派——道家的管理思想

代表人物是春秋时期的老子（李耳）和庄子（庄周），主张"道法自然"、天道无为、万物自然化生、"人性自然"。在国家和社会管理方面，道家主张"无为而治"，具体做法：一是坚守大道，不怀私欲；二是顺应民性，不加干预。这就要求统治者要"常无心，以百姓心为心""处无为之事，行不言之教"。这种思想体现了对现实社会的小幅度和低强度管理。

2. 仁政德治学派——儒家的管理思想

代表人物是孔子（孔丘）、孟子（孟轲）和荀子（荀况）。儒家管理思想是以血缘宗法关系为基础，道德伦理为本位的，把整个管理和治国思想、方略都伦理化了，具有理想化的色彩。儒家管理思想忽视法律、制度、体制等的"政道"作用，主要着眼于"治道"的探讨。儒家以"人性本善"为基础，提出"仁政、德治、礼制"等管理思想，确立"修己安人"和"礼运大同"的基本管理目标。儒家的管理思想影响中国社会几千年，辐射许多亚洲国家，至今仍有重要影响力。

3. 兼爱利人学派——墨家的管理思想

代表人物是墨子（墨翟），墨家管理思想的核心内容是"兼爱""非攻"，主张同等地爱天下人、反对战争；崇尚开明的精英治理，认为"尚贤使能"是施政治理的根本所在，重视修身，注重德行，强调"为人、利他、利国"，体现其柔性化的社会管理思想和人本管理思想。

4. 法制刑治学派——法家的管理思想

代表人物韩非，著有《韩非子》。法家在"人性好利"的人性观基础上，提出以法制刑治为主要内容的管理思想体系。推崇君权专制，倡导法制权威，主张严刑重罚、赏罚结合。从某种意义上来说，法家在管理谋略方面是先秦诸学派的集大成者，他们把管理谋略发展到了登峰造极的地步。

5. 综合学派——管子的管理思想

《管子》是古代国家管理学巨著，由后人辑录或依托管仲名义所作。其核心思想包括以天地为楷模，强调法治与德治并重；主张人性自利但可调和，自利与利人相辅相成；明确民富与国富的统一性，认为民富是国家强盛的基础；提倡以人为本，务本之道在于经营民心；强调管理者的创新精神，要因时而变，顺应潮流；推行诚信得利，鼓励诚信致富；坚持德能兼备的人才标准，选贤任能。这些思想共同构成了管子宏观国家管理理论的基石，为后世提供了宝贵的管理智慧和借鉴经验。

> **课堂讨论**
>
> 谈谈你对中国古代管理思想的认识。

2.1.2 西方早期管理思想

西方管理思想主要起源于希腊、埃及、巴比伦等文明古国，这些文明古国在古代就发展出了一套相对完善的管理体系，主要用于指挥军队作战、治国施政和管理教会等活动。到18世纪末期，英国及其他资本主义国家相继发生了工业革命。工业革命是以机器大工业代替工场手工业的革命。工厂制度的出现，要求机器大工业的管理必须采用新的科学方法，那种依靠个人的主观经验和臆想行事的做法，显然已经不适于工业革命后工厂制度所代表的生产力的要求了，工厂制度的发展引起了人们对管理的关注。这一时期，在西方特别在欧洲出现了一些早期管理思想家，具有代表性的有亚当·斯密、罗伯特·欧文和查理·巴贝奇等。

1. 亚当·斯密的管理思想

亚当·斯密是资产阶级经济学古典学派的主要奠基人之一，是从工场手工业到机器大工业过渡时期的经济学家。他的代表著作《国民财富的性质和原因的研究》（简称《国富论》）不仅是经济学史上的不朽巨著，而且还是管理学上宝贵的思想遗产。斯密注意到：在制针行业中，10个工人每人从事一项专门的工作，每天能生产48000枚针。但是，如果每个工人独立完成所有的制针工作，这10个工人最快也不过每天生产200枚针。为什么同样数量的劳动者因为有了分工就能完成更多的工作？他认为，分工能提高劳动生产率、降低产品成本、促进财富的增加。斯密的分工理论适应了当时生产发展的需要，也成为企业管理理论的一条重要原理。此外，他还提出了生产合理化概念、"经济人"观点和经济效果概念等。

2．罗伯特·欧文的管理思想

罗伯特·欧文是空想社会主义者，是19世纪初期最有成就的实业家之一。他最早注意到了企业内部人力资源的重要性，认为，重视人的因素、尊重人的地位，可以使工厂获得更多的利润。欧文在人力资源管理方面的开拓性实践，成为行为科学管理理论的先导。

3．查理·巴贝奇的管理思想

查理·巴贝奇是英国的数学家和机械学家，他一生都对经济问题和管理问题十分关注。他在亚当·斯密劳动分工理论的基础上，对专业化的有关问题进行了系统研究。1832年，查理·巴贝奇发表了《论机器和制造业的经济》一书，在书中着重论述了专业分工、机器与工具的使用、时间研究、批量生产、均衡生产、成本记录等。他还在书中提出了以专业技能作为工资与奖金的基础，主张实行有益的建议制度，并对有益的建议给予不同的奖励。该书是管理史上的一部重要文献。

西方早期管理思想对后来的管理理论和实践产生了深远影响。它奠定了科学管理的基础，为后来的管理理论发展提供了重要的思想资源和理论支撑。同时，这些思想也推动了当时社会生产管理活动的进步和发展，为资本主义的兴起和工业化进程的加速提供了有力保障。

> **课堂讨论**
>
> 谈谈你对西方早期管理思想的认识。

2.2 古典管理理论

> **案例导入**
>
> 泰勒的管理思想
>
> 泰勒所在的钢铁公司有一个生铁搬运小组，每人每天装货约12.5吨。泰勒通过把工作分成若干基本动作逐项研究后，对工人的负荷、时间、动作等进行精密设计，以科学的方法合理安排工作程序、技术手段和劳动速度，减少不必要的消耗，省略多余动作，节约工人的劳动，最后计算出每个搬运工每天能够搬运的定额是47～48吨。然后，他挑选了一名叫斯密特的工人，让他严格按照管理人员的指示工作，由一名拿着秒表的管理者掌握斯密特工作中的动作、程序和间隔休息时间，这样，斯密特在一天之内完成了47.5吨的生铁搬运，其工资也由过去的1.15美元增加到1.85美元。泰勒强调，工时研究和工作分析绝对不是让工人拼命，而是要找到一个工人正常工作时的标准定额。
>
> 当时，一个名叫厄普顿·辛克莱的年轻人提出抗议，称："泰勒把工资提高了

> 61%,而工作量却增加了280%。"辛克莱认为这就是剥削。泰勒则指出,在他的管理办法下,斯密特挣到了更多的钱,但是力气花得并不比过去大。这里面的关键在于:斯密特被教会了如何干活,这个方法提高了劳动生产率,使工人省去了无用的劳动。更重要的是,过去是斯密特干活,工头监督,现在是取代了旧式工头的新式管理人员与斯密特一起干活。过去工头的作用仅仅是防止工人偷懒,劳资双方是对立的;现在管理人员的脑力劳动,已经渗透到斯密特的体力劳动中,劳资双方是合作的。
>
> 泰勒自己把科学管理称作是一场思想革命,这一思想革命最根本的东西就是用劳资双方的合作取代对抗,没有管理者与工人同心协力的合作,也就没有科学管理。

知识精讲

2.2.1 科学管理理论

科学管理理论的创始人是美国的弗雷德里克·温斯洛·泰勒(1856—1915年)。泰勒出生在美国费城一个富裕的律师家庭,接受过良好的早期教育,幼年就爱好科学研究和实验。1874年,他考入美国哈佛大学,但因眼疾不得不辍学。1878年,他进入费城米德维尔钢铁厂工作,先后当过技工、工长、车间主任、总机械师、总工程师等,期间开始进行劳动时间和工作方法的研究,总共获得100多项专利,相继发表了《计件工资制度》(1895年)、《工场管理》(1903年)等论著,并于1911年出版了《科学管理原理》一书,这是企业管理从经验向科学过渡的标志,也标志着管理学正式诞生。由于泰勒在管理发展史上的特殊地位,他被后人称为"科学管理之父"。

泰勒与科学管理理论

泰勒科学管理理论的主要观点包括以下内容。

1. 提出科学的劳动方法

泰勒认为科学管理的根本目的是提高劳动生产率,而科学的劳动方法是提高工作效率的重要手段。他对工人劳动的每种要素都制定了科学的工作方法,并以此取代陈旧的、凭经验的工作方法,选用最合适的劳动工具,集中先进、合理的操作动作,制定出各种工作的标准操作规程。

2. 科学利用工时

通过对工人工时消耗的研究,规定完成合理操作的标准时间,制定各工种的劳动时间定额。

3. 科学挑选工人

用科学的挑选、训练和教育来取代工人的自选工作和摸索自学,使工人的能力与工作的需要相配合而成为"第一流的工人",以便提高工人的工作技能。

4．实行差别计件工资制度

为了鼓励工人努力工作，泰勒提出了差别计件工资制度，即根据工人完成定额的不同而采取不同的工资率，而不是根据工作类别来支付工资。这样通过工人工资上的差别，让工人在竞争中自发地提高劳动强度、提高劳动生产率。

5．实行职能工长制度

泰勒在工厂的基层管理阶层设立了各种各样的工长，如生产工长、质量工长等，实现管理工作专业化，以加强对工人劳动的管理。这些工长的任务是负责把科学的工作方法教给工人，保证工人按科学的工作方法进行劳动。工长担负的更重要的工作是监督和敦促工人劳动，防止工人偷懒和磨洋工。这种思想为以后的职能部门的设立和管理的专业化提供了基础。

6．实行"例外管理原则"

把企业日常管理事务授权给下级管理人员处理，高层领导人员拥有对重大事情的决策权和监督权，保证高层领导能够集中精力抓大事。

泰勒的科学管理理论影响是广泛而深远的。科学管理促进了当时工厂管理的普遍改革，科学管理方法逐步代替了单凭经验的方法，并形成了一套管理制度，使得美国一些主要企业得以长期发展。科学管理理论对之后的管理理论的发展也产生了深远的影响。

> **课堂讨论**
> 你眼中的泰勒是怎样的一个人？他对你有哪些启发？

2.2.2 一般管理理论

亨利·法约尔（1841—1925年）是一般管理理论的创始人，而且是现代管理过程学派的开山鼻祖。法约尔1860年从圣艾蒂安国立矿业学院毕业后进入康门塔里福尔香堡采矿冶金公司，由一名工程技术人员逐渐成为专业管理者，长期担任公司总经理，有丰富的管理大企业的经验。法约尔认为，管理理论是指"有关管理的、得到普遍承认的理论，是经过普遍检验并得到论证的一套有关原则、标准、方法、程序等内容的完整体系"，有关管理的理论和方法不仅适用于公私企业，也适用于军政机关和社会团体，这正是一般管理理论的基石。1916年，法约尔出版了他的代表作《工业管理和一般管理》，该书成为一般管理理论的最早的全面论述，对西方管理理论的发展有重大的影响，法约尔由此被誉为"管理理论之父"。

2.2.2.1 经营与管理是不同的概念

法约尔认为，经营活动可分为六大类，管理只是经营活动中的一种。企业经营的六大类活动是：技术活动、商业活动、财务活动、安全活动、会计活动、管理活动，如图2-1所示。在企业的经营活动中，法约尔认为管理处于核心地位。

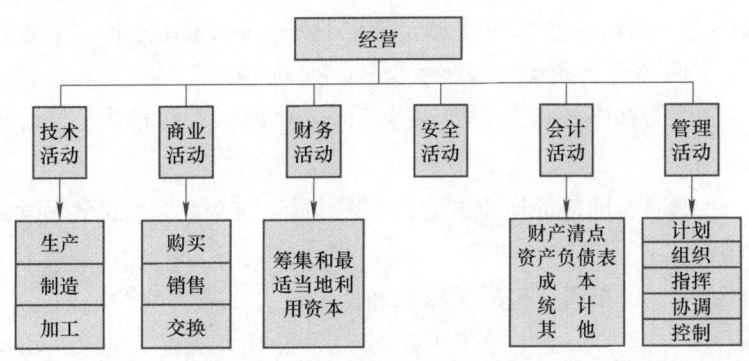

图2-1 法约尔企业经营的六大类活动

2.2.2.2 管理的职能

法约尔首次提出管理的五大基本职能，认为这是管理人员应有的活动。①计划，它是管理的首要职能；②组织，包括有关组织结构、活动和相互关系的规章制度以及职工的招募、评价和训练；③指挥，是对下属活动的指导，其目的是根据企业的利益，使本单位中所有职工能做出最大贡献；④协调，是指企业的一切工作都要和谐地配合，以便使企业的经营顺利进行；⑤控制，是为达到既定目标而完成的监督、考核、纠偏等活动。这五大基本职能形成了一个完整的管理过程，因此又被称为管理过程理论。

2.2.2.3 管理的原则

法约尔十分重视管理原则的系统化。他努力探求确立企业良好的工作秩序的管理原则，并根据自己长期的管理经验，提出了著名的"十四项管理原则"。

（1）分工。法约尔认为，劳动专业化是各种机构、团体、组织前进和发展的必要手段。借助于分工，可以减少每个人所需掌握的工作项目，提高工作效率。

（2）权力与责任。权力是发布命令和强迫别人服从的力量。责任和权力是互为因果的，责任是权力的必然结果和重要的对等物。

（3）纪律。纪律的实质是遵守公司各方达成的协议。管理必须有纪律，没有纪律任何组织都难以发展，纪律应尽可能严明、公正。

（4）统一指挥。组织中的人只应接受一个领导者的命令，双重指挥经常是混乱和冲突的根源。

（5）统一领导。统一领导是指对于同一目标的集体活动，只能在一个领导和一项计划下进行。

（6）个人利益服从整体利益。法约尔认为，整体利益大于个人利益的总和，一个人或一个部门的利益不能置于整个企业利益之上。

（7）人员报酬。报酬与支付方式要公平合理，尽可能使职工和组织都获得最大程度的满足。

（8）集权。任何组织权力的集中与分散的程度都不是千篇一律、固定不变的。应根据组织的规模、条件和管理者的性格、道德、品质以及下级人员的素质等因素来确定。

（9）等级链。等级链是从最上级到最下级的各层权力联成的等级结构。它是一条权力线，用以贯彻执行统一的命令和保证信息传递的秩序。一般情况下，不要轻易违反这个链条，但在特殊情况下应该适当变动（即跳板形式，又称法约尔桥）。

（10）秩序。这里的秩序是指人与物各得其所。要做到人岗相适，同时还要精心安排物资、设备的合适位置。

（11）平等。组织应以同样的原则和态度对待每一个成员，人们会因受到公平的对待而以忠诚和献身的精神来完成他们的任务。

（12）人员的稳定。如果人员变动频繁，将影响工作的成效。

（13）首创精神。法约尔认为，首创性是事业发展壮大的巨大源泉，必须大力提倡，充分鼓励首创精神。

（14）集体精神。集体精神就是努力在企业内部建立起和谐与团结的气氛，这是企业发展的重要保证。

法约尔还认为管理能力可以通过教育来获得，他大力提倡在大学和专科学校中讲授管理理论，这就是他把管理视为一门科学的思想。法约尔关于管理职能、原则和过程等方面的研究，从较高层次上弥补了泰勒科学管理思想的不足，为形成一般管理学做出了巨大贡献。

2.2.3 行政组织理论

马克斯·韦伯（1864—1920年）是德国社会学家、经济学家和西方古典管理理论的代表人物。韦伯毕生从事学术研究，在社会学、政治学、经济学、法学、哲学、历史学和宗教学等领域都有较深的造诣。他在管理理论上的研究主要集中在组织理论方面，主要贡献是提出了"官僚组织结构理论"，或称"理想的行政组织体系理论"，这集中反映在他的代表作《社会组织和经济组织理论》一书中。所谓理想的行政组织体系理论，就是指通过职务或职位而不是通过个人或世袭地位来管理。他所讲的"理想的"并不是指最合乎需要的，而是指现代社会最有效和合理的组织形式。由于韦伯是最早提出一套比较完整的行政组织体系理论的人，因此被称为"组织理论之父"。

韦伯指出，任何组织都必须以某种形式的权力作为基础，才能实现目标。韦伯认为，存在三种纯粹形态的权力：合法的权力、传统的权力和超凡的权力。在这三种纯粹形态的权力中，传统的权力是世袭得来而不是按能力挑选的，其管理单纯是为了保存过去的传统，传统的权力的效率较差。超凡的权力则过于带有感情色彩，并且是非理性的，不是依据规章制度，而是依据神秘或神圣的启示的。只有合法的权力才宜于作为理想组织体系的基础，才是最符合理性原则、效率最高的权力。韦伯理想的行政组织体系理论的主要内容如图2-2所示。

韦伯认为，理想的行政组织体系最符合理性原则，是达到目标、提高劳动生产率的最有效的形式，在精确性、稳定性、纪律性和可靠性等方面都优于其他组织。韦伯对完善古典管理理论做出了重要贡献。

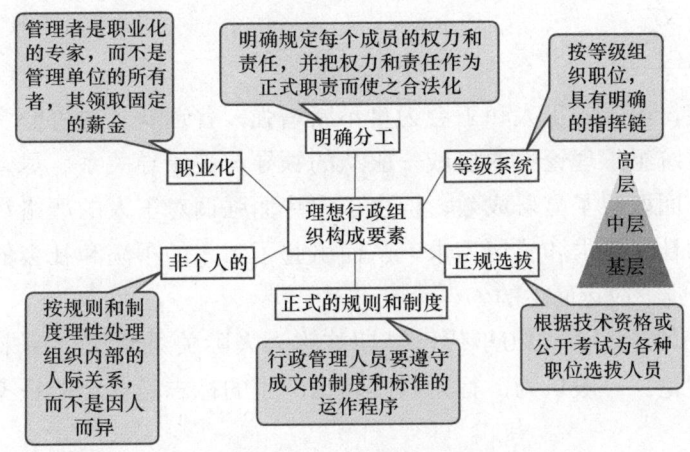

图2-2 韦伯理想的行政组织体系理论的主要内容

> **课堂讨论**
>
> 请分析评价古典管理大师泰勒、法约尔和韦伯各自的成就及不足。

2.3 行为科学理论

案例导入

具有神奇色彩的"访谈研究"

在霍桑实验中,"访谈研究"产生了十分重要的成果。为理解工人的情况,梅奥认为应该采用一种交谈式的或非指导性的方式来与工人交流。在最初访谈中,观察人员注意到,女工"怕有权的人",但是,只要试验人员较为关心其需要,她们的羞怯和惧怕就会消失,会更自由地与公司职员和观察人员交谈。在进一步的试验中,访谈被改变为事先不规定内容的方式,工人可以任意发表意见。访谈者的任务就是让人讲话,而每次访谈的平均时间从原计划的30分钟延长到一个小时至一个半小时。在做了这样的改变后,工人在随后的访谈中表示,工作条件已有所改进(事实上并无变化),工作报酬也有了改善(其实工资标准仍然一样)。由此看来,是一个"出出气"的机会,使工人感到她们的处境改善了。

访谈中工人的"诉苦"被搜集研究后发现,这些诉苦同所讲到的事实一般没有什么关系。例如,一个工人诉说他工作环境中的噪声、温度和烟尘,而进一步的考察表明,他真正关心的是这样一个事实:他的兄弟不久前死于肺炎,而他担心自己的健康也受到损害。因而从实质上来说,诉苦不是处理某个事件的具体诉求,而是一种探讨个人或社会情况的需要。根据这样的发现,监工开始接受新的训练,他们被要求成为"访谈者",多听少说,善解人意。这种新型的监工重视人的因素,掌握了处理社会和个人情况的技巧,这种关注人际关系的领导方式对士气提高和产量增长产生了明显的作用。

知识精讲

20世纪20年代，美国的工人和工会力量不断增强，普遍要求改善劳资和管理关系，人们不愿意再接受传统组织理论中的权威—服从的领导与被领导关系。尽管科学管理思想在提高劳动生产率方面取得了显著成效，但由于它片面强调对工人的严格控制和动作的规范化，忽视了工人的社会需求和感情需求，从而引起了工人的不满和社会的批评。行为科学理论正是在这种背景下应运而生的。

行为科学理论始于20世纪20年代，早期被称为人际关系学说，后来发展成为行为科学，即组织行为理论。一般认为，行为科学理论产生的标志是著名的霍桑试验以及梅奥的人际关系理论。

2.3.1 人际关系理论

2.3.1.1 霍桑试验

乔治·埃尔顿·梅奥是人际关系理论的主要创始人。梅奥是美国哈佛大学教授，主要著作有《工业文明的人类问题》《工业文明的社会问题》等。从1927年开始，他负责美国国家研究委员会和西方电气公司合作进行的有关工作条件、社会因素与生产效率之间关系的试验。由于该项研究是在西方电气公司的霍桑工厂进行的，因此，后人称之为霍桑试验。

1. 工厂照明试验

工厂照明试验旨在证明工作环境与生产率之间有无直接的关系。研究人员将接受试验的工人分为两组：一组采用固定照明，称为控制组；另一组采用变化照明，称为试验组。结果发现，两组的产量都大为增加，而且增加数量几乎相等。由此得出结论，照明度与生产率之间并无直接关系，工厂照明灯光只是影响员工产量的因素之一。据推测，两组产量都得到提高的原因，是被测试人员对测试发生了兴趣。

2. 继电器装配试验

继电器装配试验旨在发现各种工作条件变动对生产率的影响。研究人员将装配继电器的6名女工从原来的集体中分离出来，成立单独小组，同时改变原来的工资支付办法，以小组为单位计酬；撤销工头监督；工作休息时间免费供应咖啡；缩短工作时间，实行每周5日工作制等。结果发现工人产量增加了。接着，又逐渐取消这些待遇，恢复原来的工作条件，但生产率并没有因此而下降，反而仍在上升。据推测，由于督导方法的改变，使员工的态度改善，产量提高。

3. 访谈研究

梅奥用了两年多的时间对两万余名工人进行了个别谈话，谈话内容不限。在这次研究中，梅奥要求调查人员耐心倾听工人对厂方的各种意见和不满，并做好详细记录。这一研究意外地使霍桑工厂的产量大幅提高,原因是工人长期以来的不满得到了发泄,心情舒畅,从而创造了较为融洽的工作气氛。

4．观察试验

为了搞清楚社会因素对激发工人积极性的影响,研究人员选择了一个由14名工人组成的生产小组进行观察试验。这个小组以集体产量计算工资,根据组内人员的情况,完全有可能超过他们原来的实际产量。可是,进行了5个月的统计,小组产量仍维持在原来的水平。经过观察,发现组内存在着一种默契:往往不到下班时间,大家已经歇手;当有人超过日产量时,别人就会暗示他停止工作或放慢工作进度;不向上司告密等。大家都按照这个集体的平均标准进行工作,谁也不做超额生产的拔尖人物,谁也不偷懒,他们当中还存在着自然领袖人物。这就证实非正式组织是存在的,该组织对工人的行为有着较强的约束力,这种约束力甚至超过经济上的刺激。

2.3.1.2 人际关系学说

在霍桑试验的基础上,梅奥创立了人际关系学说,主要内容包括如下三方面:

1．职工是社会人

从亚当·斯密到古典管理学派,都把人看作是追求最大经济利益而进行活动的经济人。梅奥提出,职工是社会人,强调金钱并非刺激职工积极性的唯一动力,人与人之间的友情、安全感、归属感等社会、心理欲望的满足,也是非常重要的因素。

2．满足工人的社会欲望,提高工人的士气是提高生产效率的关键

霍桑试验表明,生产效率的提高,关键在于工人的工作态度,即工作士气的提高。而士气的高低则主要取决于职工的满足度,这种满足度首先体现为人际关系,如职工在企业中的地位是否被上司、同事和社会所承认等;其次才是金钱的刺激。职工的满足度越高,士气也越高,生产效率也就越高。

3．企业中存在着非正式组织

人的组织可分为正式组织和非正式组织两种。梅奥认为,在共同的工作过程中,人们相互之间必然发生联系,产生共同的情感,自然形成一种行为准则或惯例,要求个人服从,这就构成了非正式组织。在正式组织中以效率的逻辑为重要标准,而在非正式组织中则以情感的逻辑为重要标准。非正式组织与正式组织相互依存,对生产效率的提高有很大的影响。

人际关系学说的出现,开辟了管理理论研究的新领域,纠正了古典管理理论忽视人的因素的不足。同时,人际关系学说也为以后的行为科学的发展奠定了基础。

2.3.2 需要层次理论

马斯洛于1943年提出了著名的需要层次理论,他将人类的各种需要进行了高度概括,归纳为五种基本需要，即生理需要、安全需要、社交需要、尊重需要和自我实现需要。需要层次理论认为，人们一般是按照这个阶梯从低级向高级来追求需要的满足的，在一定的时期总有某一层次的需要在发挥主要的作用。只有在较低层次的需要得到合理满足后，较高层次的需要才会发展并起激励作用。

2.3.3　人性假设理论

美国社会心理学家麦克雷戈1957年发表了《企业的人性面》一文，文中提出了著名的X-Y理论，围绕人的本性来论述人类行为规律及其对管理的影响。

麦克雷戈将传统的管理观点叫作X理论，在这种观点下，对人性往往做出如下假设：人天生懒惰；工作是为了生活；回避责任；没有抱负；寻求安全。

X理论基于这样的人性假设，强调外因与客观因素，把工人放在被动的位置上进行严密控制，认为管得严才能出效益。麦克雷戈认为在物质条件已经改善、人们的基本生理需求已获得满足、工作环境已有较大改进的现代社会中，采用X理论指导下的激励方法，显然是难以收到预期效果的。因此，这就得出了与X理论相对立的新观点，即Y理论。这一观点对人性做出了以下的假设：人天生勤奋；能自我约束；勇于承担责任；具有创造能力；有高层次的需求。

Y理论强调的是内因与主观因素，注意发挥人的主观能动作用，认为动机诱导与统一目标是管理的正确对策。麦克雷戈认为长期以来的实践表明，Y理论有着良好的发展前景。因为它建立在正确认识人们本性与人类行为关系的基础上，能适应工业化社会经济发展的需要。所以他主张，企业管理的指导思想应变X理论为Y理论。

2.3.4　双因素理论

美国心理学家弗雷德里克·赫茨伯格于1959年提出双因素理论，双因素是指保健因素和激励因素。保健因素与工作的外部环境有关，其对员工行为的影响类似于卫生保健对人们身体的影响。当卫生保健工作达到一定水平时，可以预防疾病；然而，当保健因素低于一定水平时，员工会产生不满；当这类因素得到改善时，员工的不满就会消除，但保健因素对员工起不到激励作用。激励因素则以工作为中心，激励因素具备时，会对员工起到激励作用；激励因素不具备时，也不会引起员工的极大不满。

2.3.5　成就需要理论

美国心理学家戴维·麦克莱兰提出了成就需要理论。他认为，个人和环境之间存在某种关系，从而产生需要。个人在环境因素的影响下产生三种基本需要：成就需要、权力需要和社交需要。

> **课堂讨论**
>
> 请简要评价行为科学理论流派的优缺点。

2.4 现代管理理论

> **案例导入**
>
> **商业生态系统理论与阿里巴巴**
>
> 商业生态系统理论是由美国学者詹姆斯·弗·穆尔创立的一种管理理论。该理论将商业环境比喻为一个生态系统,强调组织和个人在这个系统中的相互依存和共同进化。阿里巴巴作为这一理论的杰出实践者,通过其独特的商业模式和战略布局,成功构建了一个庞大而复杂的商业生态系统。
>
> 阿里巴巴创办于1999年,以B2B业务为切入点,进军电子商务市场。通过推出中国供应商服务和诚信通服务,阿里巴巴不仅解决了中小企业在电子商务交易中的诚信问题,还找到了盈利模式,为企业的进一步发展奠定了坚实基础。在此基础上,阿里巴巴通过横向一体化战略和纵向一体化战略,逐步拓展其业务范围,形成了一个涵盖电子商务服务、金融服务、物流服务、大数据云计算服务、广告服务、跨境贸易服务等多个板块的强大生态系统。
>
> 在阿里巴巴的生态系统中,平台起着核心作用。阿里巴巴通过其电商平台,如淘宝网、天猫等,积累了海量的用户资源。这些用户资源不仅为阿里巴巴带来了巨大的流量和收入,还为其生态系统中的其他参与者提供了更多的商业机会。同时,阿里巴巴还积极与金融机构、物流公司、仓储设施提供商等建立紧密的合作关系,共同构建一个完善的生态系统。这种生态系统的构建,不仅提高了阿里巴巴自身的竞争优势,还促进了整个电子商务行业的发展。
>
> 技术创新是阿里巴巴持续发展的核心驱动力。阿里巴巴不断升级和优化其平台的交易功能、支付系统和物流体系,利用大数据、云计算、人工智能等先进技术提升交易效率和用户体验。例如,通过智能推荐算法,阿里巴巴能够根据用户的采购历史和浏览记录,为其推送个性化的商品信息,大大提高了交易匹配度。
>
> 此外,阿里巴巴还非常注重用户体验和服务质量。其电商平台提供了丰富的商品选择和便捷的购物流程,满足了用户的多样化需求。同时,阿里巴巴还建立了完善的客户服务体系,提供多语种的客服支持,确保全球买家和卖家能够顺畅沟通。
>
> 综上所述,阿里巴巴通过其独特的商业模式和战略布局,成功构建了一个庞大而复杂的商业生态系统。在这个生态系统中,平台起着核心作用,技术创新是持续发展的核心驱动力,用户体验和服务质量是赢得市场的关键。阿里巴巴的实践不仅为自身带来了巨大的商业成功,还为其他企业提供了宝贵的经验和启示。
>
> 请思考:阿里巴巴是如何通过商业生态系统理论构建其电商生态系统的?请分析其成功的关键因素。

知识精讲

2.4.1 现代管理理论的丛林

在古典管理理论和行为科学理论出现以后，特别在第二次世界大战以后，西方又出现了很多新的管理理论，形成许多学派。这些理论与学派在历史渊源与理论内容上互相影响、互相联系，美国管理学家哈罗德·孔茨形象地将其描述为"管理理论的丛林"。

2.4.1.1 管理过程学派

管理过程学派最初的代表人物就是法约尔。管理人员在管理活动中执行着计划、组织、领导、控制等若干职能。管理是一个循环的过程，从计划到控制，再从控制到计划，表明了过程的连续性。控制职能确保组织达到其计划的目标。该学派的基本观点如下。

（1）管理是一个过程，即让别人同自己一起去实现既定目标的过程。

（2）管理过程的职能有5个：计划、组织、指挥、协调、控制。

（3）管理职能具有普遍性，即各级管理人员都执行着管理职能，但侧重点则因管理级别的不同而异。

（4）管理应具有灵活性，要因地制宜，灵活应用。

该学派主张按管理职能建立一个研究管理问题的概念框架。第二次世界大战后，该学派的观点得到了很多学者和从事实际工作的管理人员的支持和接受。但由于对管理职能的分类有所不同，出现了各种不同的流派。孔茨和奥唐奈合著的《管理学》是战后这一学派的代表作之一。

2.4.1.2 社会系统学派

社会系统学派的代表人物是巴纳德，其主要观点体现在《经理的职能》一书中。其主要观点可归纳如下：

（1）组织是一个社会协作系统。组织是"两个或两个以上的人有意识协调的活动或效力的系统"，组织的产生是人们协作愿望的结果。

（2）组织的存在要有三个基本条件，即明确的目标、协作意愿、信息交流。

（3）提出了组织效力与组织效率原则。

（4）管理人员的权威来自下级的认可。

（5）对经理的职能进行了新的概括。经理人员是信息联系系统中相互联系的中心，并对成员的协作活动进行协调，使组织正常运转，以实现其目标。

2.4.1.3 系统管理学派

系统管理学派的代表人物是卡斯特和罗森茨维奇，代表作是《系统理论与管理》。该学派强调系统观念，要求管理人员树立全局观念、协作观念和动态适应观念，既不能局限于特定领域的专门职能，也不能忽视各自在系统中的地位和作用。

2.4.1.4 决策管理学派

决策管理学派的代表人物是赫伯特·西蒙，代表作有《管理决策的新科学》《管理行为》等。由于对决策理论研究的贡献，西蒙在1978年获得了诺贝尔经济学奖。其主要观点可归纳如下：

（1）管理就是决策。计划、组织、领导、控制等管理职能都需要决策。
（2）以"满意标准"代替传统的"最优标准"。
（3）决策是一个复杂的过程，而不是"拍板"的一瞬间。
（4）决策可分为程序化和非程序化决策。

2.4.1.5 经验管理学派

经验主义学派的主要代表人物是德鲁克。经验管理是指通过案例研究，向一些大企业的经理提供在相同情况下管理的经验和方法。其基本观点是否认管理理论的普遍价值，主张从"实例研究""比较研究"中导出通用规范；由经验研究来分析管理。他们特别重视关于某个公司组织结构、管理职能和程序等方面的研究。该学派主张通过分析经验（通常是一些案例）来研究管理学问题，认为通过分析、比较和研究各种各样成功和失败的管理经验，就可以抽象出某些一般性的结论或原理，以有助于学生和从事实际工作的管理者理解管理原理，并使之学会有效地进行管理。

很多学者认为，该学派的主张实质上是传授管理学知识的一种方法，称为"案例教学"。实践证明，这是培养学生分析问题和解决问题的一种有效途径。

2.4.1.6 管理科学学派

管理科学学派又叫管理中的数量学派，其代表人物是美国的伯法，代表作是《现代生产管理》。该学派认为，管理科学就是制定用于管理决策的数学和统计模型，并将这些模型通过电子计算机应用于管理实践中。他们认为，在研究和解决管理问题时，要着重强调合理性，进行定量分析。

2.4.1.7 权变管理学派

权变管理学派诞生于20世纪70年代，代表人物主要有卢桑斯、菲德勒和豪斯，代表作是卢桑斯的《管理导论——一种权变学说》。该学派认为，在企业管理中要根据企业所处的内外条件随机应变，没有什么一成不变、普遍适用的"最好的"管理理论与方法。在管理中必须重视环境对管理的作用。权变主要体现在计划、组织与领导方式等方面：①计划要有弹性；②组织结构要有弹性；③领导方式应权宜应变。

2.4.2 现代管理理论的新思潮

20世纪70年代末，80年代初以后，信息技术发展迅速，经济一体化程度逐步提高，市场竞争更加激烈，管理学界出现了许多新的管理理论，例如企业战略、企业文化、学习型组织、企业再造、精益管理等。进入21世纪，知识经济时代的来临、经济全球化的扩大、信息技术的应用、顾客的市场主体化和企业的社会责任要求等，使企业面临更加复杂的经营环境。在管理实践的推动下，21世纪将出现多样化的管理理论和研究，知识管理、学习型组织研究和创新管理会得到进一步发展，能本管理、弹性管理、跨文化管理和企业社会责任研究将成为新的管理研究重点，这些理论思潮代表了管理理论发展的新趋势。

1. 企业战略

企业战略于20世纪60年代出现在美国，70年代是企业战略的盛行时期，80年代后企业战略得到了进一步的完善，企业管理进入了战略管理时期。在复杂多变、竞争激烈的经济政治环境下，企业必须"高瞻远瞩"，把握事物的发展趋势和本质特征，确立战略观念。

战略管理是根据对企业经营条件和外部环境的分析，确定企业总的经营宗旨和经营目标，并且制定一种或几种有效的战略，使企业达到经营宗旨和实现经营目标所采取的一系列管理决策和行动。战略管理的核心是对企业现在和未来的整体效益活动实行全局性管理。企业战略管理的内容包括从阐明企业战略的任务、目标、方针到战略实施的全过程。该过程一般由战略制定、战略实施和战略评价及控制等组成。

企业实施战略管理还有利于增强管理系统的活力，提高各级管理者的管理水平。在现代环境下，从某种意义上说市场竞争就是企业战略的竞争，企业战略是决定一些企业能否取得最终成功的重要因素。

2. 企业文化

企业文化研究的兴起源于日本经济的崛起对美国所造成的冲击，许多美国管理学者开始对日本的企业进行研究，并对美日管理思想进行对比，他们发现美国企业管理比较注重技术、设备、制度、组织结构等"硬"因素的分析，而日本企业更多地强调人、目标、信念、价值观等"软"的因素，这表明美日两国不同管理模式的背后存在文化的差异，一些美国的管理学者认识到企业文化在企业发展中的重要作用。1979年美国的沃格尔发表了《日本名列第一》一书，开创了企业文化研究的先河。进入20世纪80年代，美国理论界接连出版了《Z理论——美国企业界如何迎接日本的挑战》等4本畅销书，这些著作以其崭新的思想、独到的见解、精辟的论述和丰富的例证，构成了一个理论体系，标志着企业文化理论的诞生。企业文化反映了企业整体的共同追求、共同价值观和共同利益，这种强有力的文化能够对企业整体和企业每个成员的价值取向和行为取向起到导向作用。

3. 学习型组织

学习型组织是美国麻省理工学院的彼得·圣吉教授于1990年在他的著作《第五项修炼》中所倡导的一种新理论，该书在全世界引起了巨大反响。彼得·圣吉以全新的视野提出影响组织生存最根本的危机症结是组织及组织成员片面和局部的思考方式及由此产生的行动所造成的。因此需要突破习惯的思考方式，排除个人和组织的学习障碍，重新塑造企业的价值观念、管理方式及方法。彼得·圣吉提出了学习型组织的五项修炼技能如下：

（1）系统思考。系统思考就是要人与组织形成系统观察、系统思考的能力，用系统和动态的观点观察世界。

（2）超越自我。超越自我既是指组织要超越自我，又是指组织中的个人也要超越自我。超越自我是突破过去，不断赋予自己新的、更远大的奋斗目标。

（3）改善心智模式。心智模式是一种思维方法和行动模式，改善心智模式一要反思自己的心智模式；二要探询他人的心智模式，从自己与别人的心智模式的比较中完善自己的心智模式。

（4）建立共同愿景。愿景是期望的未来远景和愿望。企业一旦建立了共同愿景，并以这个共同愿景感召全体组织成员，就能充分发挥每个人的力量。

（5）团队学习。团队学习是发展团队成员整体合作与实现共同目标能力的过程。团队学习的主要形式是深度会谈，通过深度会谈，组织成员可以相互沟通、互相帮助、达成共识，发挥团队智商。

4．企业再造

企业再造思想是20世纪80年代末，90年代初发展起来的企业管理的又一新理论。1993年，美国人迈克尔·海默与杰姆斯·钱皮在合著的《企业再造工程》一书中对该理论进行了系统阐述，该书提出，为适应竞争激烈、变化迅速的企业经营环境，必须打破大工业时代的企业组织构架，从协作的角度、用整体思想重新塑造企业生产和组织流程，使企业模式与时代要求相协调，提高企业的生产和竞争能力。

企业再造的核心是企业流程再造。企业流程再造的目的，是增强企业竞争力，从生产流程上保证企业能以最小的成本、高质量的产品和优质的服务赢得客户。企业再造的实施方法是，以先进的信息系统和信息技术为手段，以顾客中长期需要为目标，通过最大限度地减少对产品增值无实质作用的环节和过程，建立起科学的组织结构和业务流程，使产品的质量和生产规模发生质的变化。企业再造强调以顾客为导向和服务至上的理念，对企业整个运作流程进行根本性的重新思考，并加以彻底的改革。

5．精益管理

精益管理源于精益生产。美国麻省理工学院教授詹姆斯·P·沃麦克等专家通过"国际汽车计划（IMVP）"对全世界17个国家90多个汽车制造厂的调查和对比分析，认为日本丰田汽车公司的生产方式是最适用于现代制造企业的一种生产组织管理方式。精益管理的目的是简单、快速、持续提高效率与品质，缩短交货期，减少浪费。通过改变员工的行为习惯，保障全员积极参与改善。精益管理由最初的在生产系统的成功管理实践，已经逐步延伸到企业的各项管理业务中，也由最初的具体业务管理方法，上升为战略管理理念。它能够通过提高顾客满意度、降低成本、提高质量、加快流程速度和改善资本投入，使股东价值实现最大化。

6．弹性管理

21世纪以来，信息技术的不断革新改变了管理的范式，促进了管理结构的扁平化，而且企业每个个体面临的环境也更为复杂多变。过去官僚的、僵化的管理已经不能满足组织的需要，弹性管理应运而生。弹性管理能够使组织成员在一定条件的约束下，具有自我调整、自我选择、自我管理和适应环境变化的余地，进行动态管理。弹性管理以人性化为标志，注重平等，尊重创新和直觉，强调速度和变化，依据信息共享、虚拟整合、竞争和合作等方式，实现隐性知识向显性知识转化，以此来创造竞争优势。弹性管理能够充分发挥组织中每个人的主动性和积极性，提高组织的自我调节和应变能力，因而成为新世纪管理研究的发展趋势。

7．可持续发展管理

21世纪，全球都面临着共同的自然资源紧缺和环境保护问题，企业在资源合理化利用和环境保护方面将起到巨大的作用。随着经济一体化的进程，全球企业都对和谐的发展观有着更为深刻的认识。在经济全球化、产业升级和文化融合的大背景下，企业对社会环境、劳工权益、商业伦理、合法经营和可持续发展的关注，成为社会对企业承担公民责任的要求。企业处于一定的社会关系中，与各种社会群体形成一组契约。企业的成功与社会的健康和福利密切相关，当企业认真履行企业公民职责，自觉承担与之相关的社会责任时，将获得更多的经营资源和社会认可。企业自觉构建和谐的价值体系，把社会责任感贯穿于企业发展规划和日常运作中，将有利于企业的健康与持久发展。社会公民行为必将成为新的条件下企业竞争力的源泉。

8. 商业生态系统理论

商业生态系统理论是由美国学者詹姆斯·弗·穆尔创立的一种管理理论。该理论将商业环境比喻为一个生态系统，强调组织和个人在这个系统中的相互依存和共同进化。

商业生态系统由核心企业、消费者、市场中介、供应商、竞争者以及其他利益相关者（如金融机构、行业协会、政府等）组成，是一个有机的经济联合体。在这个系统中，各主体通过价值交换形成共生关系，共同创造和提供价值，具有自组织的特性，并不断进化以适应外部环境的变化。

商业生态系统理论强调内部能力与外部互动并重，企业生存与整个生态系统繁荣相关，以及核心企业的调节作用。它鼓励各主体以协作的方式共同努力，共同推动生态系统的发展和成功。此外，该理论还注重生态系统的整体性和协同性，认为商业生态系统具有更高的适应性和韧性，能够应对外部环境的不确定性和变化。

通过建立和维护一个强大的商业生态系统，企业可以获得更多的资源和合作伙伴，实现更高效的生产和更广泛的市场覆盖，从而获取竞争优势。

> **课堂讨论**
>
> 通过学习西方管理思想史，你得到的最大启示或收获是什么？

同步练习与测试

一、单项选择题

1. 古典管理理论阶段的代表性理论是（　　）。
   A．科学管理理论　　B．管理科学理论　　C．行为科学理论　　D．权变理论

2. 马克斯·韦伯的理论为分析实际生活中各类组织形态提供了一种规范模型，这种理论是（　　）。
   A．科学管理理论　　　　　　　　B．行为科学理论
   C．管理科学体系　　　　　　　　D．理想的行政组织体系理论

3. 在历史上第一次使管理从经验上升为科学的是（　　）。
   A．科学管理理论　　B．管理科学理论　　C．管理过程理论　　D．行为科学理论

4. 在现代管理理论学派中，认为企业管理没有什么一成不变、普遍适用的"最佳的"

管理理论和方法的学派是（　　）。

  A．管理过程学派 B．行为科学学派 C．系统管理学派 D．权变理论学派

5．梅奥领导的霍桑试验得出了生产效率的高低主要取决于工人的态度等一系列结论，并在此基础上创立了（　　）。

  A．古典管理理论 B．人际关系理论 C．决策理论 D．系统管理理论

6．梅奥的人际关系学说属于（　　）。

  A．行为科学理论 B．科学管理理论 C．一般管理理论 D．权变管理理论

二、判断题

1．亚当·斯密提出了"科学管理"理论。（　　）

2．法约尔提出一般管理理论，被后人称为"现代经营管理之父"。（　　）

3．泰勒认为科学管理的根本目的是要求管理人员和工人双方来一次彻底的变革。（　　）

4．韦伯的"理想的行政组织体系"理论为分析实际中各种组织形态提供了一种规范模式。（　　）

5．泰勒的科学管理理论把人视作"社会人"。（　　）

6．管理决策的过程就是建立和运用数学模型的过程是决策管理学派的基本观点。（　　）

7．法约尔首次提出把管理职能划分为4项：计划、组织、领导、控制。（　　）

8．系统管理学派认为组织管理系统是一个为环境所影响，又反过来影响环境的、开放的社会技术系统。（　　）

9．权变管理学派强调存在普遍适用的管理理论和方法，但应随机应变、灵活运用。（　　）

10．主张通过分析经验（案例）来研究管理学问题的是权变管理学派。（　　）

三、简答题

1．简述西方古典管理理论的主要理论及其代表人物。

2．简述西方行为科学管理学派的主要观点及代表理论、代表人物，列举3个以上。

3．简述现代管理理论丛林的主要学派有哪些。

管理技能训练

一、管理实战案例分析

案例2-1：回到管理学的第一个原则

大禹公司的利润在过去的几年里一直在下降，然而在同一时期，同行们的利润却在不断上升。公司总裁黎明先生非常关注这一问题。为了找出利润下降的原因，他花了几周的时间考察公司的各个方面。接着，他决定召开各部门经理人员会议，把自己的调查结果和得出的结论连同一些可能的解决方案告诉他们。

黎明说："我们的利润一直在下降，我们正在进行的工作，大多数看来都是正确的。比方说，推销策略帮助公司保持住了在同行中应有的市场份额。我们的产品不逊于竞争对手，价格也不高，公司的推销工作看来是有成效的，我认为目前没必要改进什么。"他接着评论道："公司有健全的组织结构、良好的产品研究和发展规划，生产工艺在同行中也处于领先地位。可以说，我们的处境良好。然而，我们的公司却面临严重的利润下降问题。"

参会的每一个人都认真倾听着。黎明先谈到员工薪酬问题："近五年，我们每年都为员工加薪。但问题在于，生产率并未实现相应增长，进而导致利润下滑。"他呷了口水，继续说道："我的观点是回归管理学的科学精神与系统思维。近年来，我们可能在员工激励的平衡性上有所偏差——既要关注员工需求，也不能忽视生产率的提升。企业需要为股东创造财富，但同时也是员工实现价值的平台，二者并非对立。

我读大学时，管理学教授们格外重视科学管理先驱者为提高生产率所采用的方法，其中就包括为提升效率而广泛推行的刺激性工资制度。在我看来，我们应当回归管理学的根本原则——若工人的薪酬与其生产率挂钩，他们自然会产出更多。管理学先辈们的理论，在当今依然具有指导意义。"

问题：
1. 你认为黎明的解决方案怎么样？
2. 生产率低的原因还可能有哪些？
3. 你认为科学管理理论在当今的管理实践中应当怎样应用？

案例2-2：卓航公司

吴鹏是卓航公司的总裁。卓航公司是一家大型企业，生产的产品有飞轮、制动器、弹簧、无线电和其他与汽车制造公司配套的零部件。另外，卓航公司还有一个分部，从事宇航计划零部件的开发和制造。该分部由总经理朱莉娅领导。她的人事经理刘易向她提出建议，为促进分部各级主管人员的发展，应该让他们在心理学和人际关系方面进行学习并接受训练。他之所以提出这点，是因为，管理工作本质上是"人"的问题，而要成为一个好的主管人员，唯一的办法就是要完全理解自己，并且理解与自己共事的主管人员和职工。

朱莉娅总经理深受触动，她告诉刘易经理，同意他的计划并要他立即实施，刘易于是全力以赴，认真地贯彻执行。几年后，这个分部从高层到基层的全部主管人员都完成了一系列课程的学习和训练，理解了自己和别人，也掌握了人际关系的各个方面。

然而，朱莉娅发现，纵然清楚分部人员之间有了更好的了解，这个分部的管理质量与业绩并没有因此而有所改进。事实上，卓航公司的其他部门的业绩要比宇航分部好得多。吴鹏总裁对此很关注，并且要求朱莉娅解释她的部门是怎样培训主管人员的。吴鹏在听完该计划的内容后说："我怀疑，这个管理人员培养思路与方案存在问题。"

问题：
1. 你认为这个宇航分部的管理人员培养是否存在问题？存在什么问题？
2. 如果你是吴鹏总裁，你将会向朱莉娅总经理建议应该做什么？

二、大学生模拟公司系列实训

模拟公司管理理念的设计实训

1. 实训目的

通过模拟公司管理理念的设计实训，让学生深入理解各流派管理理论，并结合模拟公司实际经营环境进行应用。旨在培养学生对各流派管理理论的理解与运用，提升学生团队协作及创新能力。

2. 任务概述

学习小组结合所学管理理论及公司实际经营领域，研讨并确定公司的管理理念，要求理念具有创新性、实用性和前瞻性。

3. 实训流程

（1）小组讨论确定管理理论依据。
（2）设计提炼模拟公司的管理理念，提出3～5点核心经营理念。
（3）各组撰写"模拟公司管理理念"报告。
（4）班级组织交流会，每组推荐代表介绍模拟公司管理理念及理论依据。
（5）教师点评，学生互评，总结提升。

4. 交流与展示

在班级交流会上，每组代表需清晰阐述本组的模拟公司管理理念、理论依据及理念在实际经营中的预期应用效果。通过互动交流，增进各组间的相互了解和学习，共同提升管理思维和实践能力。展示环节应注重内容的逻辑性和表达的清晰性，以便其他同学更好地理解和借鉴。

三、管理技能自我测试

自我管理能力自我评估

自我管理能力直接影响到管理者的工作效益。自我管理能力差的人既得不到上司的赏识，也得不到下属的尊敬。

管理别人者首先要管理自己，请思考下列问题，回答"是"或"否"。

1. 你能正确区分各种事情的轻重缓急吗？
2. 你能在收到函电当日即处理吗？
3. 你知道自己一天中什么时间效率最高，从而将最重要的事情安排在这个时间处理吗？
4. 你能保持桌面整洁，不乱放文件吗？
5. 你是否每天在固定的时间与外界进行电话联络？
6. 你每天上班前即有清晰的全天工作安排吗？
7. 你有将重要事情写在记事簿上的习惯吗？
8. 你有加速处理日常工作的小窍门吗？
9. 你如果有急事外出，会记得给秘书留下联络电话吗？
10. 你召开重要会议时，会吩咐秘书切断电话吗？

11. 你有一套严谨的归档方法吗？
12. 你能充分利用日记本来记录日期、时间、地点、人名及电话号码吗？
13. 你在打电话之前，是否先将谈话要点写出来？
14. 你每天在固定的时间处理函电吗？
15. 你知道自己办公桌每个抽屉里装着什么吗？

【结论检测】

回答"是"得5分，回答"否"得0分。

60～75分：你深深懂得良好的工作习惯可以节省时间，提高效率，是一位组织能力极强的经营管理者。

35～55分：你的粗心大意虽不至于招灾引祸，但仍然不利于自我管理。严谨的工作作风才是成功的保证。

30分及以下：你由于工作作风懒散而浪费了大量宝贵时间，也失去了大家的尊敬。如此下去实在危险。

单元 3 决策

学习目标

素养目标

1．理解团队合作价值，增强团队协作精神。
2．激发创新思维，树立创业意识，增强创新能力。

知识目标

1．熟悉决策的概念与类型。
2．掌握制定决策的基本步骤。
3．掌握决策的基本方法。

能力目标

1．能够分析影响决策的环境条件。
2．能够运用多种决策方法进行个体决策或群体决策。

知识导图

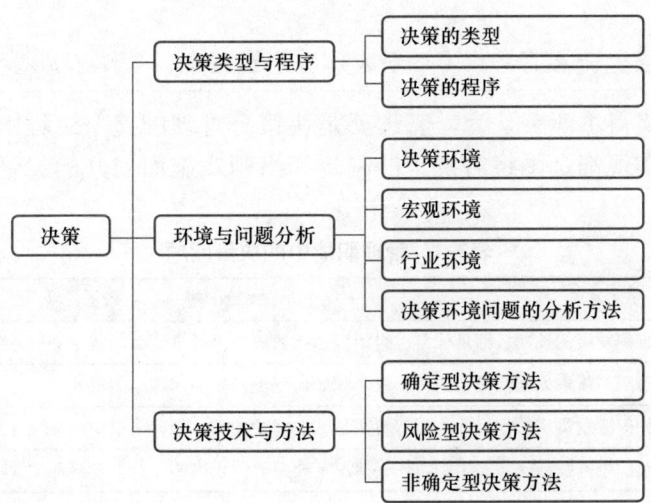

单元引例

李·艾柯卡与野马汽车

1960年,李·艾柯卡升任美国汽车福特公司副总裁兼总经理。他敏锐地观察到,20世纪60年代,一股以青年人为代表的社会革新力量正在崛起,这股力量将对美国社会和经济产生深远影响。李·艾柯卡意识到,青年人的需求与他们的父母一代截然不同,他们渴望通过汽车来张扬个性,追求时尚与运动感。因此,他决定在设计新车型时,将青年人的需求放在首位。

在李·艾柯卡的精心组织和推动下,福特公司成立了一个专门的项目团队,经过多次市场调研和设计改进,1962年底,新车最终定型。这款新车型外观时尚,具有运动汽车的特征,车头较长、车尾较短,整体造型充满动感,完美契合了青年人追求运动和刺激的心理。更重要的是,这款车的售价非常亲民,仅为2 500美元左右,普通青年人都能轻松负担得起。李·艾柯卡还为这款车取了一个极具吸引力的名字——"野马(Mustang)",这个名字充满了力量感和自由精神,进一步激发了青年人的购买欲望。

为了确保野马汽车的成功上市,李·艾柯卡精心策划了其首次亮相。他选择在1964年4月的纽约世界博览会上正式推出野马汽车。在此之前,福特公司通过各种渠道大造舆论,成功掀起了一股"野马"热,吸引了全球观众的关注。这次亮相的时机把握得恰到好处,正值战后生育高峰期出生的一代人刚刚进入购车年龄,市场潜力巨大。野马汽车的推出,被视为一场汽车革命,其独特的设计、亲民的价格以及富有吸引力的品牌形象,迅速赢得了消费者的青睐。在上市的第一年,野马汽车就取得了惊人的销售成绩,共售出41.9万辆,创下了当时全美汽车制造业的最高纪录。

野马汽车的巨大成功不仅为福特公司带来了丰厚的利润,也奠定了李·艾柯卡在汽车行业杰出经营家的地位。他凭借敏锐的市场洞察力、精准的产品定位以及出色的营销策划能力,成功引领福特公司进入了一个全新的发展阶段,同时也为整个汽车行业树立了创新的典范。

请思考: 李·艾柯卡在野马汽车的研发和推广过程中,展现了哪些关键的决策能力?

诺贝尔经济学奖得主西蒙认为,管理就是决策。管理的整个过程中,计划、组织、领导、控制等职能的实现都是围绕着决策的制定和组织实施而展开的。管理职能中的决策问题见表3-1。

表3-1 管理职能中的决策问题

项目	决策问题
计划(Planning)	组织发展的长期目标是什么、组织要达到的短期目标是什么、制定的目标采取什么策略来实现
组织(Organizing)	员工的需求如何,员工的责、权、利如何分配,采用何种组织形式
领导(Leading)	如何激发员工的积极性、如何解决员工之间的冲突、如何在组织内部推行某项新措施
控制(Controlling)	组织中哪些活动需要控制、什么情况下要采取纠正措施、对突发事件采取哪些准备措施

决策是针对特定问题制定并选择最佳解决方案的过程。管理者在计划、组织、领导和控制工作中,需要不断进行决策。决策支配着员工、团队和组织的行动,引导其朝着预定

目标前进。为了提升组织绩效，管理者致力于提高决策水平，避免决策失误。

因此，决策的内涵包括：①决策是为解决某一问题而做出的决定；②决策旨在实现确定的目标；③决策指导正确行动；④决策是在多种方案中进行选择；⑤要做出正确的决策，需要对未来进行科学预测。

决策基础知识

3.1 决策类型与程序

案例导入

安踏的抉择

1991年，安踏体育用品集团有限公司在福建晋江的一家制鞋作坊中启航，从代工贴牌艰难起步，到踏上自主创业的征程。创业之初，安踏以扎实的制鞋工艺为基石，不断精研产品质量，持续拓展丰富产品线，成为备受瞩目的本土运动品牌。2007年，安踏在香港联交所主板荣耀上市，这一里程碑事件，宛如一把钥匙，开启了通往国际资本市场的大门，翻开了更为波澜壮阔的发展篇章。时间来到2009年前后，彼时中国运动服饰市场竞争极为激烈，国际品牌牢牢占据高端市场，本土品牌在中低端市场混战。但随着中国经济的快速发展，消费者对运动时尚的需求日益增长，运动服饰市场呈现出向高端化、时尚化升级的趋势。

在这样的市场环境下，安踏做出了具有深远意义的战略决策。2009年，安踏斥资收购国际知名时尚运动品牌FILA，这一决策成为安踏发展的重要转折点，标志着安踏从专注专业运动领域向时尚运动领域拓展。此后，安踏并未停下脚步，持续发力打造品牌矩阵。通过精准的市场定位和资源整合，旗下陆续拥有了FILA、Anta、始祖鸟以及Wilson等共25个品牌，全面覆盖了运动服饰、户外装备、专业运动器材等多个领域，实现了对多层级市场的全面渗透。

安踏的这一系列决策取得了显著成果。如今，安踏已成为中国领先的体育用品集团，不仅满足了不同消费者的兴趣和需求，在国内运动服饰市场占据重要地位，品牌影响力更是不断提升，市场份额和营收持续稳健增长。安踏的成功，无疑是本土运动品牌通过正确决策把握市场机会，实现跨越式发展的典型范例。

请思考：安踏的品牌布局决策对提升品牌竞争力、满足消费者需求以及应对市场竞争方面分别产生了哪些重要影响？

知识精讲

3.1.1 决策的类型

1. 按照决策的性质划分

按照决策的性质划分，决策可以分为战略性决策、战术性决策和业务性决策。

战略性决策关乎组织的生存与发展，是关于组织全局性、长期性目标和方针的重大决策，涉及企业与外部环境的适应性。这类决策包括企业的经营目标、发展方向、产品更新换代、企业规模和厂址选择等。战略性决策通常是非程序化的、风险较高的，影响时间长，决策责任重大，主要由组织高层领导制定。

战术性决策（又称策略决策或管理决策）是为了执行战略性决策，处理企业内部重大问题而制定的决策，涉及组织内部人、财、物的分配、协调和控制，如财务决策、销售计划和产品开发方案等。战术性决策直接影响组织效益，但其影响时间和责任范围较战略性决策小，主要由中层或高层管理人员制定。

业务性决策（又称日常管理决策）是为了执行战略性决策和战术性决策，针对日常生产经营活动中的效率和效益问题而制定的决策，例如生产任务分配、物资采购、产品包装、运输、库存和广告选择等。业务性决策范围较小，影响时间和责任范围也较小，主要由基层管理人员负责制定。

2．按照管理的职能划分

按照管理的职能划分，决策可以分为生产决策、营销决策、财务决策、人事决策和研究与开发决策。

生产决策贯穿于企业生产的全过程，它包括生产计划、组织、指挥与调度、控制等环节，还包括环境保护、能源节约等。

营销决策涵盖产品定位、营销计划制订、产品定价、包装设计、广告宣传等。

财务决策主要包括资金筹集和使用、目标利润设定、成本控制和利润分配等。

人事决策涉及员工招聘和任务分配、培训、绩效考核和薪酬确定等。

研究与开发决策主要包括确定研发方向、研发资源的集中或分散、研发资金投入、研发组织架构等。

3．按照决策的条件划分

按照决策的条件不同，决策可以分为以下三种类型。

确定型决策：各备选方案都有唯一确定的结果，决策者可以根据明确的信息直接选择最优方案。

风险型决策：各备选方案存在多种可能的结果，且每种结果发生的概率是可以进行客观估计的。这种决策也称为随机型或统计型决策。

非确定型决策：各备选方案可能面临的自然状态或后果无法准确预测，决策者缺乏足够的信息来评估每种方案的结果。

4．按照决策因素的性质划分

按照决策因素的性质划分，决策可以分为定量分析决策和定性分析决策。

定量分析决策指的是借助工具和数学模型，对决策因素进行量化分析的决策方式。

定性分析决策指的是当某些决策因素难以进行量化时，依赖决策者的知识、经验、分析和判断能力进行的决策。

5．按照目标的多少划分

按照目标的多少划分，决策可以分为单目标决策和多目标决策。

单目标决策是指在判断决策方案的优劣时，只需考虑一个关键指标即可确定的决策。这种决策过程相对简单，目标单一。

多目标决策是指在判断决策方案的优劣时，需要综合考虑多个指标才能确定的决策。

6．按照决策的重复性划分

按照决策的重复性划分，决策可以分为程序化决策和非程序化决策。

程序化决策是指经常重复发生，能够按照既定程序、方法和标准进行的决策。这类决策的步骤和方法可以标准化、重复使用。例如，办公室主任根据办公用品存量决定是否采购。

非程序化决策是指具有偶然性和随机性，无先例可循且存在大量不确定性的决策。这类决策通常是独一无二的，需要应对新出现的机会或威胁，依赖决策者的知识、经验、洞察力和胆识。例如，是否投资新技术、开发新产品、执行新营销方案、进入新市场或开展多元化经营等。

7．按照决策的主体划分

按照决策的主体划分，决策可以分为群体决策和个人决策。

群体决策是指由多个决策者共同参与、通过集体讨论和协商来做出决策的过程。这种决策方式通常应用于组织内部的重大决策，如公司战略规划、重大项目投资等。群体决策的优点是能集思广益，提高决策的全面性和科学性，增强团队参与感和执行力。但缺点也很明显：决策过程耗时长，效率低，容易因意见分歧陷入僵局，还可能出现从众心理。

个人决策是指由单一决策者独立做出的决策。这种决策方式通常适用于基层管理人员对日常工作中的小问题进行快速处理，或是需要快速响应的紧急情况。

3.1.2　决策的程序

决策的程序包括识别问题、寻求备选方案、确定方案和执行评估方案四个步骤。

1．识别问题

在企业经营与管理过程中，多种因素会影响管理者识别需要决策的问题以及明确是否需要进行决策。当组织环境发生变化，带来新的机会或威胁时，这些问题通常较为明显。然而，有时因信息不可靠、不准确或过时，也可能导致错误判断。

管理者可以通过比较现实状况与理想状况，发现两者之间的差距，从而识别潜在问题并及时反应。找出问题的真正原因不仅依靠管理者的素质和能力，还可以借助一些工具和技术。例如，因果图（又称"鱼骨图"）就是一种有效的工具，能够帮助管理者从众多原因中识别出真正的问题根源。"鱼骨图"的使用步骤如下：

（1）确定问题点，明确需要解决的问题。

（2）召集相关人员，邀请与问题相关的人员参与，充分听取各方意见，快速找出关键因素，总结经验教训，防止类似问题再次出现。

（3）准备大幅的纸张与彩色笔，先在纸中央画一条较粗的线，右端画一个指向右方的箭头，并在箭头右侧写上问题点。

（4）讨论分析，组织讨论，让大家畅所欲言，确定产生问题的各种原因，这些原因是解决问题的关键方向。

（5）绘制"鱼骨图"，根据讨论结果，将各种原因按重要程度依次作为"骨干"或"细枝"，确保同一因果关系的原因归于同一分支，完成"鱼骨图"的绘制。

例如，某企业的能源费用近期大幅攀升，管理层需要调查该项成本增加的原因。绘图的第一步是确定问题点，即企业能源费用增加，接下来集思广益找出各种原因。绘出的"鱼骨图"示例如图3-1所示。

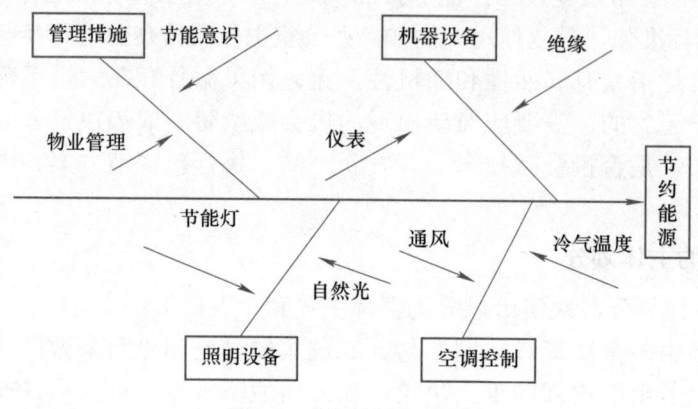

图3-1 "鱼骨图"示例

2．寻求备选方案

找到产生问题的真正原因之后，则可以根据原因发挥创造力找出解决的方案。以图3-1为例，明确了该企业能源费用大幅提升的原因之后，就可以有针对性地提出各种改进方案，如充分运用自然光、使用节能灯、改善通风条件、增设物业管理人员、在全企业开展节能教育等。在寻求备选方案的过程中，可以发动一线员工积极参与，使用头脑风暴法来充分开拓思路、提出创新方案。

头脑风暴法（Brainstorming）的创始人是英国心理学家奥斯本。是指一般由管理者牵头召开一个专门会议，并遵照如下议程产生并分析多个备选方案，从中得出最合适的决策。①由管理者召集有关人员开会；②指定一名人员做会议记录；③确定该次专门会议要解决的问题；④要求所有成员迅速想出办法解决问题；⑤记下成员提出的解决方法，选择其中最有价值的方案。

3．确定方案

确定备选方案时，常用的标准有FSA标准，即可行性（Feasibility）、适用性（Suitability）、可接受性（Acceptability）。

（1）方案的可行性。

方案的可行性指的是要对备选方案进行系统分析和全面论证，判断方案是否可行、是否值得投入，要进行反复比较，寻求最佳方案，避免造成人力、物力、财力、信息和时间的浪费。

（2）方案的适用性。

方案的适用性指的是方案是否能够满足决策目标。决策目标应被明确设定，如质量、价值、时间等，以此判断方案是否合适。

（3）方案的可接受性。

方案的可接受性指的是决策能否得到利益相关者（包括经理、员工、客户、供应商等）的支持。通过对利益相关者的分析，可以了解他们对方案的可接受程度。虽然不可能保证所有利益相关者的意见完全一致，但如果方案有利于组织的整体利益，就应予以采纳。

4. 执行评估方案

确定好备选的决策方案后，围绕该方案的实施通常会涉及许多后续决策。因此在决策方案的实施过程中，需要制定配套的决策方案。然而，许多管理者在决策后并未采取相应的行动，这与不做决策没有什么两样。为了确保决策方案得到切实执行，高层管理者必须授予中层管理者应有的职权并提供足够的资源以制定后续决策。

决策制定过程的最后一步是评估决策的结果，检查存在的问题是否已经解决，以及选择的方案和实施方案的结果是否达到了期望的效果。如果评估结果表明问题仍然存在、没有得到妥善解决，那么决策者就应该返回到决策过程的某一环节，甚至从第一个环节开始，重新进行整个决策制定的过程。

> **即问即答**
>
> 在校园生活和学习中，有哪些情境可以使用"鱼骨图"？试举例。

> **阅读材料**
>
> ### 管仲推行"相地而衰征"改革
>
> 春秋时期，齐国的土地分配和赋税制度存在诸多问题。土地肥瘠不均，但赋税征收却"一刀切"，导致农民负担沉重，生产积极性受挫，国家财政收入也不稳定，社会矛盾日益突出。齐桓公任命管仲为相，希望他能通过改革解决这些问题，增强国家实力。
>
> 管仲深入农村实地考察土地情况，了解农民的实际负担和生产状况，掌握了第一手资料。他发现，土地肥瘠不均，但赋税却"一概而论"，这种不合理的情况严重阻碍了农业生产的发展和农民生活的改善。管仲决定推行"相地而衰征"改革，根据土地的质量、肥瘠程度和产量，将土地分为不同等级，明确不同等级土地的赋税标准，确保赋税征收的公平性。
>
> 为了确保改革的顺利推进，管仲决定在部分地区先行试点。他选择了几个具有代表性的乡村，按照"相地而衰征"的方案进行赋税征收。在试点过程中，他密切关注改革的效果，根据农民的反馈和实际运行情况，不断调整和完善方案，确保其可行性和有效性。试点成功后，管仲将改革措施推广到齐国全境。他逐步完善相关制度，确保改革顺利推进。他亲自监督赋税征收的实施，确保每一寸土地的赋税都按照新的标准执行。他还设立了专门的机构，负责监督和管理赋税征收，防止官员腐败和农民负担加重。
>
> 改革使农民的赋税负担更加合理，极大地调动了农民的生产积极性，农业生产得到发展，农民生活逐渐改善。国家财政收入因农业生产的繁荣而增加，齐国国力大增，成为春秋时期的强国之一。齐桓公也因此成为春秋五霸之首。

> **课堂讨论**
>
> 从管仲的决策过程中,我们可以总结出哪些成功的决策经验?对现代政策的制定有哪些启示?

3.2 环境与问题分析

> **案例导入**
>
> **吉利汽车:新能源转型与环境机遇**
>
> 吉利汽车成立于1986年,是中国知名的民营整车企业,总部位于浙江杭州。公司主营业务包括乘用车及核心零部件的研发、生产和销售,涵盖轿车、SUV、MPV等多种车型,同时涉及新能源汽车、智能驾驶等领域。
>
> 近年来,随着全球对环境保护和可持续发展的重视,新能源汽车市场迎来了快速发展的机遇。吉利汽车敏锐地捕捉到这一趋势,积极布局新能源领域,通过技术创新和战略调整,实现了从传统燃油车制造商向新能源汽车企业的转型。吉利汽车的发展得益于多方面环境条件的积极影响。
>
> 政策方面,中国政府出台了一系列支持新能源汽车发展的政策,包括购车补贴、税收优惠等,极大地刺激了市场需求。吉利汽车积极响应政策号召,加大新能源汽车的研发和生产投入,享受到了政策带来的红利。
>
> 技术层面,吉利汽车在新能源技术研发方面投入巨大,取得了显著成果。例如,吉利自主研发的神盾短刀电池和雷神EM-i电混系统,不仅提高了产品的安全性和性能,还降低了成本,增强了市场竞争力。此外,吉利还通过收购和合作,整合了全球资源,提升了技术水平。
>
> 市场方面,消费者对新能源汽车的需求不断增加,尤其是对高性价比和高性能产品的需求。吉利汽车通过推出银河、领克、极氪等品牌,覆盖了中低端到高端市场,满足了不同层次消费者的需求。随着环保意识的增强,消费者对新能源汽车的接受度越来越高。吉利汽车通过宣传新能源汽车的环保优势,提升了品牌形象,赢得了消费者认可。
>
> 新能源汽车市场的快速增长为吉利汽车带来了新的增长点。2024年,吉利汽车全年销量达到217.66万辆,同比增长32%,其中新能源汽车销量达到88.8万辆,同比增长92%。新能源汽车销量的高增长不仅提升了吉利的市场份额,还带来了可观的利润。吉利汽车凭借对环境条件的敏锐洞察和积极应对,成功实现了新能源转型。2024年,吉利汽车新能源销量位列国内第二,反超特斯拉。吉利银河、领克、极氪等品牌在市场上取得的优异成绩,推动吉利汽车在新能源领域跻身行业前列。
>
> 请思考:如何理解企业的经营发展与外部环境之间的相互关系?

知识精讲

3.2.1 决策环境

决策环境是指影响组织或个人在决策过程中所面临的各种外部和内部因素。比如，影响企业经营管理决策的内部环境因素主要包括企业的资源、能力、文化、结构、员工素质和管理风格等。这些因素直接影响企业经营管理决策的可行性和执行效果。影响决策的外部环境因素是指存在于组织之外，对组织产生影响的所有因素。它包括两个不同层次的环境领域：宏观环境和行业环境。图3-2所示为组织的环境。

组织环境分析

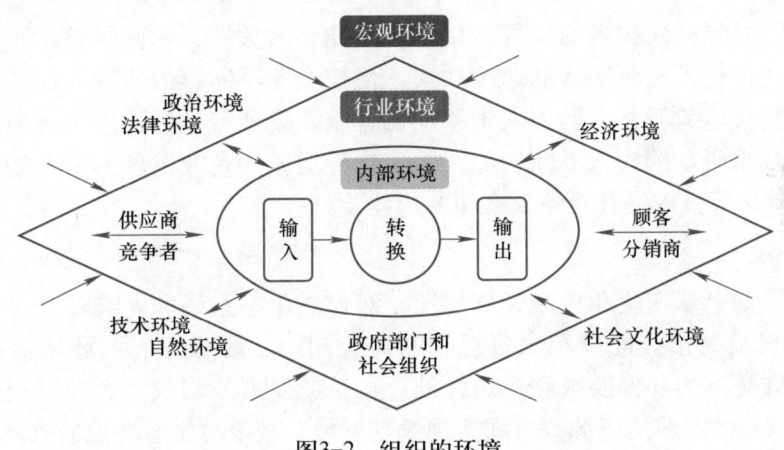

图3-2 组织的环境

3.2.2 宏观环境

组织的宏观环境是指组织外部的非特定因素，对于管理者而言，宏观环境变化带来的机会和威胁较难识别和应对，但会对组织及其行业产生深远影响。PESTEL分析是一种用于评估外部环境因素影响的工具，涵盖政治（Political）、经济（Economic）、社会（Social）、技术（Technological）、自然环境（Environmental）和法律（Legal）六个维度。

1．政治环境

政治环境涵盖国家的社会制度，执政党性质以及政府的方针、政策和法令等。不同国家的社会制度各异，对组织活动的限制和要求也各不相同。即使在社会制度不变的同一国家，不同时期的执政党不同，其政策倾向和对组织活动的态度也会发生变化，从而影响组织的运营和发展。

2．经济环境

经济环境是指组织所处国家或地区的经济发展状况，包括经济发展趋势、经济体制、物价水平、劳动力状况以及政府的财政金融政策等。一般来说，经济发展良好时，组织处于有利地位；而经济萧条、市场不景气时，组织可能面临困境。物价水平和通货膨胀程度对组织管理影响显著。当劳动力和原材料成本上升，而商品价格无法同步增长时，管理者需降低消耗、提高劳动生产率以确保盈利。此外，财政金融政策也至关重要，例如银行贷款利率降低会促进房屋、汽车等分期付款商品的销量，反之则会抑制销量。

3．社会环境

社会环境包括人口结构、文化趋势、消费者行为和社会价值观等方面。人口结构的变化，如老龄化和性别比例，影响着劳动力供给和市场需求。文化趋势方面，社会价值观和生活方式的转变促使企业关注健康、环保和可持续发展。消费者行为的改变，如个性化和体验式消费的兴起，要求企业深入了解需求，提供定制化产品和服务。社会价值观的提升，特别是对环保和社会责任的关注，推动企业履行社会责任，提升品牌形象。

4．技术环境

技术环境主要包括新技术的发展，如人工智能、大数据、物联网等，正在深刻改变各行业的运作模式；技术更新换代的速度加快，促使企业不断投入研发以保持竞争力；新技术对旧技术的替代趋势明显，例如人工智能在客服、设计等领域的应用逐渐取代部分传统岗位；企业对技术研发的投入不断增加，数字化转型成为企业发展的关键趋势，企业通过人工智能、自动化等技术提升业务效率和客户体验。

5．自然环境

气候变化，如全球变暖和极端天气频发，对自然生态系统和人类社会产生重大影响；资源短缺问题日益突出，能源和水资源等的短缺制约了经济发展；环境保护法规日益严格，企业需遵守更高的环保要求和排放标准；可持续发展战略成为企业发展的必然选择，企业通过减少碳排放、节约资源等方式实现长期发展，减少对生态环境的破坏。

6．法律环境

企业需通过合法合规经营规避风险、夯实可持续发展基础，主要涉及以下法律维度：①以《中华人民共和国公司法》为核心，规范设立、治理及经营活动，保障组织架构合法合规；②依据《中华人民共和国劳动法》《中华人民共和国劳动合同法》，规范劳动关系，保障员工合法权益，提升用工合规性；③按《行业标准管理办法》设定产品质量与安全规范，维护市场秩序与行业健康；④借助《中华人民共和国专利法》《中华人民共和国商标法》《中华人民共和国著作权法》，保障技术、品牌及创意成果权益，防范侵权风险；⑤依据《中华人民共和国消费者权益保护法》，明确产品质量责任，规范交易行为，维护消费者权益与企业信誉。

3.2.3　行业环境

行业环境是指与组织目标直接相关的外部环境，尽管不同组织的行业环境因性质而异，但其主要组成部分通常相似，包括供应商、分销商、顾客、竞争者以及有关政府部门和社会组织。与宏观环境相比，行业环境对组织的影响更为直接且易于识别。

1．供应商

供应商是为组织提供所需资源（如原材料、零部件等）的个人或公司。管理者需确保资源供应的可靠性，供应商的性质、数量和类型的变化都可能对组织的生产经营产生重大影响。例如，当关键物资仅由单一供应商提供时，供应商的议价能力较强，管理者可能面临供应中断或成本上升的风险。相反，若组织有多个供应商可供选择，则在谈判中处于更有利的地位，能获取更优质且价格合理的资源。

2．分销商

分销商是帮助组织向客户推销产品或服务的中间商。分销商的规模和影响力变化会带来机会与挑战。例如，大型分销商（如沃尔玛）能够控制供应商与顾客之间的渠道，通过要求降低价格对供应商构成威胁。若供应商拒绝，沃尔玛可能转向竞争对手采购。相反，若组织有多个分销商可供选择，则单一分销商的影响力就会降低。

3．顾客

顾客是购买组织产品和服务的个人或群体。顾客数量、类型及其需求的变化会直接为企业提供机会或产生威胁。组织的成功关键在于能否满足顾客需求并使其满意。然而，顾客的需求是不断变化的，具有很强的不确定性。因此，组织需通过市场研究、广告宣传和优质服务来培养顾客忠诚度，力求在激烈的市场竞争中能够生存并持续经营发展。

4．竞争者

在行业环境中，组织面临的一个关键因素是竞争者。竞争者是指那些提供与特定组织相似产品或服务的其他组织，即那些争夺相同客户群体的对手。例如，华为、小米、VIVO、OPPO等国内品牌与美国品牌苹果、韩国品牌三星等都是智能手机制造商，提供相似的产品和服务，在中国智能手机市场形成了激烈的竞争态势。

5．有关政府部门和社会组织

在我国，市场监督管理、税务、劳动监察、质量监督、行业监管等多个部门通过不同方式对企业的经营管理活动进行监管，以维护市场秩序、保障公共利益和促进企业健康发展。此外，消费者协会、行业协会商会、慈善联合会、新闻媒体、社会公众、第三方评估机构等社会组织也能起到监督作用。

> **即问即答**
>
> 请谈谈自己希望获得的第一份工作，如何通过对宏观环境和行业环境的影响因素分析来帮助自己择业就业？

3.2.4　决策环境问题的分析方法

组织的外部环境复杂多变，难以完全预测和控制。为了在不断变化的环境中求生存、谋发展，组织必须深入了解并积极适应外部环境的变化。环境分析能够帮助组织识别外部环境中的机会与威胁，为决策提供科学依据。因此，掌握并运用合适的决策环境问题分析方法，对于组织制定合理战略、做出明智决策至关重要。前文中的"鱼骨图"、PESTEL分析就是常用的决策环境问题的分析方法，下面再介绍两种助力组织更好地应对复杂多变的外部环境的方法。

1．波特五力模型

迈克尔·波特教授发现，在企业经营环境中，能够经常为企业提供机会或产生威胁的因素主要有五种，即本行业中现有的其他企业、供应商、顾客、其他行业之中的潜在进入者、替代产品及其生产企业组织，如图3-3所示。

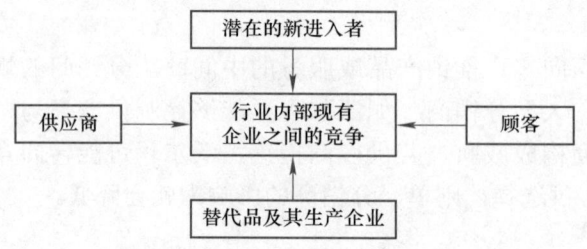

图3-3　迈克尔·波特的五力模型

迈克尔·波特教授的五力模型是一种经典的行业竞争分析框架，可以用于分析企业所处的行业环境，帮助企业识别竞争态势、评估行业吸引力，并制定相应的战略。虽然它主要用于行业竞争分析，但也可以用于更广泛的问题分析，尤其是在评估企业面临的机会和威胁时。

以咖啡连锁零售行业为例，通过波特五力模型进行初步分析可得出：

现有竞争者——咖啡零售市场竞争激烈，星巴克、瑞幸等连锁品牌争夺市场份额。

潜在进入者——新的咖啡零售品牌（连锁品牌、小众单店品牌）不断涌现。

替代品——中式茶饮、能量饮料等替代品对咖啡零售市场构成一定威胁。

供应商——咖啡豆等核心原材料因优质产区集中、种植环节受气候及产地政策影响大，供应商议价能力较强。

顾客——消费者选择多、信息透明，消费偏好变化快。

2．SWOT分析矩阵

SWOT分析是最常用的内外部环境综合分析方法。SWOT分析是优势（Strengths）、劣势（Weaknesses）、机会（Opportunities）、威胁（Threats）分析法的简称。企业按照这种方法分析自身的优势与劣势、长处与短处，分析外界的机会和威胁，考虑自己的生存机遇。把环境分析结果归纳为机会、威胁、优势、劣势四部分，形成环境分析矩阵，如图3-4所示。

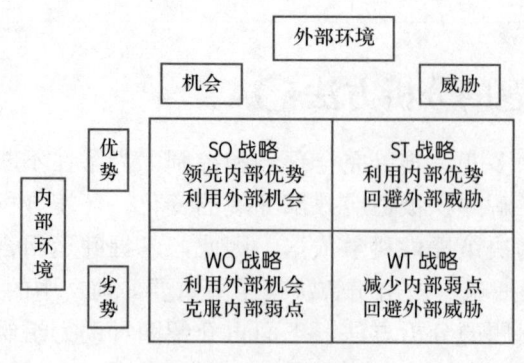

图3-4　SWOT分析矩阵

SWOT分析之所以被广泛应用，成为管理领域的重要工具，主要有以下几方面原因：①它将组织的内部优势与劣势、外部机会与威胁有机结合，帮助人们全面认识内外部环境的动态关系，从而及时调整经营策略，抓住发展机会。②通过二维矩阵形式，将错综复杂的内外部环境关系清晰展现，直观且易于理解，便于决策者快速把握关键信息。③SWOT分析强调优势与劣势、机会与威胁的相对性，促使人们在对比中识别关键因素，避免片面思考，从而更全面地看待问题。④基于对比分析，SWOT分析能够生成多种行动方案供决策者选择，这些方案经过深入对比和评估，有助于提高决策的科学性和质量。

3.3 决策技术与方法

案例导入

腾讯的微信支付

微信支付是腾讯旗下的第三方支付平台，自2013年推出后迅速在中国移动支付市场占据重要地位。其成功源于腾讯采用的渐进式决策策略，这种策略体现了决策者的有限理性，即在复杂的市场环境中，不追求一次性最优方案，而是通过逐步探索和优化找到"足够好"的解决方案。

2013年，微信5.0版本发布，正式推出微信支付功能。当时，移动互联网快速发展，腾讯看到了移动支付的潜力，但并未急于全面铺开，而是通过与微信生态内的应用（如滴滴打车、京东等）合作，逐步拓展支付场景。这一阶段，腾讯通过小范围试点和优化，逐步积累用户和数据，为后续发展奠定基础。

2014年春节期间，微信推出新年红包功能，迅速吸引了大量用户绑定银行卡，短时间内获得了800万绑卡用户。通过红包功能，微信支付成功将支付功能嵌入用户的社交场景中，形成了独特的"社交支付"模式，再一次为后续发展奠定坚实基础。

在初步积累用户基础后，微信支付开始逐步拓展应用场景。2014年3月，微信支付接口向已通过认证的服务号开放，开启了微信电商时代。此后，微信支付不断优化和扩展支付场景，从线上购物到线下消费，从生活缴费到金融服务，逐步构建了一个全面的支付生态系统。通过逐步拓展应用场景，微信支付不仅提升了用户体验，还进一步巩固了其在移动支付市场的地位。

2016年，微信支付通过与星巴克的合作，不仅提升了品牌形象，还通过社交转赠礼品卡等创新模式，进一步增强了用户黏性。此后，微信支付逐步与更多线下商家合作，逐步扩大市场份额。2017年，微信支付的线下支付份额已经全面超过支付宝。微信支付在发展过程中，始终注重用户体验的持续优化。例如，2024年，微信支付与银联云闪付实现全面互联互通，用户可以通过云闪付App扫描微信收款码完成支付。这一举措不仅提升了支付的便捷性，还进一步扩大了微信支付的应用范围。通过持续优化用户体验，微信支付不断提升自身的竞争力，为用户提供了更加便捷、高效的支付服务。

腾讯团队在决策过程中逐步调整和优化，最终实现了"足够好"的决策结果。微信支付的案例展示了渐进式决策在复杂市场环境中的有效性,为其他企业在类似环境中提供了宝贵的借鉴。

请思考:决策有"最佳方案"吗?在面对激烈的市场竞争和复杂多变的市场环境时,企业如何通过决策策略实现快速成长?

知识精讲

赫伯特·西蒙提出,管理决策基于"有限理性"和"满意"标准。有限理性指人的理性介于完全理性和非理性之间,这是因为人在复杂决策环境中的知识、想象力和计算力是有限的。特别是在风险型决策中,决策者更倾向于选择风险较小的方案,而非追求最大收益。

基于有限理性,决策者通常追求满意结果,而非最佳方案。原因包括:不积极寻求更多研究,满足于现有方案;缺乏相关能力或仅出于个人考虑而做出选择;评估所有方案既耗时又费钱,可能得不偿失。因此,决策者多追求满意决策,而非最优化决策。

受这些标准影响,决策者通常采用两种方法:完全理性决策方法(最优法)和有限理性决策方法(满意法)。完全理性决策适用于确定型和程序化决策,而有限理性决策适用于非确定型和非程序化决策。确定型和非确定型决策属于定量决策方法,通过数学关系式计算答案供决策选优。相对的是定性决策方法,依赖专家知识经验和能力,根据信息资料进行决策。本节重点介绍定量决策方法。

定量决策方法尤其适用于比较不同方案能够带来的经济效益。根据决策问题所具备的条件,可将定量决策方法分为三类:确定型、风险型和非确定型。

3.3.1 确定型决策方法

确定型决策方法的特点是在未来自然状态确定、目标明确的情况下进行决策。决策者只需从备选方案中选择经济效果最好的方案,如量本利分析法、线性规划法、临界收益评价法等。

量本利分析法,也称为保本分析法或盈亏平衡分析法,通过分析生产成本、销售利润和产品数量三者的关系,掌握盈亏变化的规律,指导企业选择能够以最小成本生产最多产品,并获得最大利润的经营方案。

企业利润是销售收入扣除生产成本后的剩余。其中,销售收入是产品销售数量及其销售价格的函数,生产成本(包括工厂成本和销售费用)可分为固定成本和变动成本。变动成本随着产量的增减而变化,而固定成本在一定时期和一定范围内不随产量变化。当然,"固定"与"变动"是相对概念:从长期来看,由于企业的经营能力和规模不断变化,所有费用都是变动的;但从短期来看,单位产品的"变动费用"相对固定,而"固定费用"则随产品数量的增加而分摊减少。图3-5描述了特定时期企业利润、销售收入(价格与销售量的乘积)以及生产成本(固定费用和变动费用)之间的关系。

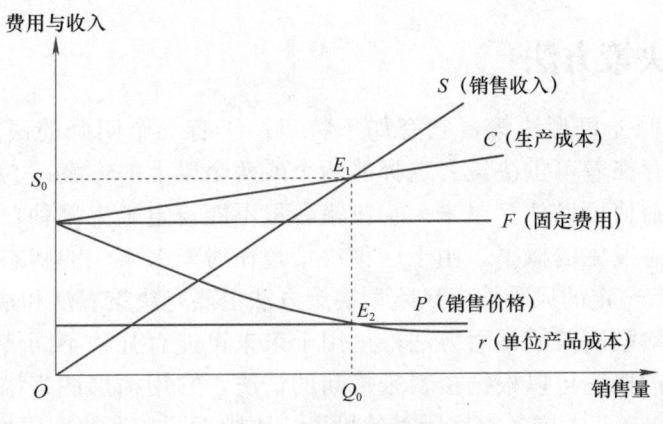

图3-5 量本利关系图

企业获得利润的前提是生产过程中的各种消耗均能够得到补偿,即销售收入至少等于生产成本。为此,必须确定企业的保本产量和保本收入:当价格、固定费用和变动费用已定的条件下(在我们分析的短期背景中,事实基本如此),企业至少应生产多少数量的产品才能使总收入与总成本平衡;或当产量、价格、费用已定的情况下,企业至少应取得多少销售收入才足以补偿生产过程中的费用。

有两种方法可以帮助管理者确定企业的保本收入和保本产量水平。

(1)图上作业法是根据已知的成本和价格资料,做出如图3-5所示的量本利关系图,图中总收入S与总成本曲线C的相交点E_1或单位成本曲线r与单位价格曲线P的交点E_2即表示企业经营的盈亏平衡点,与E_1、E_2相对应的产量Q_0即为保本产量,与E_1相对应的销售收入S_0即为保本收入。

(2)公式计算法是利用公式来计算保本产量和保本销售收入。

根据上面分析的量本利之间的关系,我们知道:

销售收入=产量×单价

生产成本=固定费用+变动费用

=固定费用+产量×单位产品变动费用

用相应的符号来表示盈亏平衡时有下列公式:$Q_0 \times P = F + Q_0 \times C_V$

推出:计算保本产量的基本公式:$Q_0 = F/(P - C_V)$

由于保本收入等于保本产量与销售价格的乘积,因此可推出计算保本收入的基本公式:

$$S_0 = F/(1 - C_V/P)$$

计算保本产量的公式中,$P - C_V$表示单位产品得到的销售收入在扣除变动费用后的剩余,叫作边际贡献。计算保本收入的公式中,$1 - C_V/P$表示单位销售收入可以帮助企业吸收固定费用并实现企业利润的系数,叫作边际贡献率。要注意的是,如果边际贡献或边际贡献率大于零,则表示企业生产这种产品除可收回变动费用外,还有一部分收入可用以补偿已经支付的固定费用。因此,产品单价即使低于成本,但只要大于变动费用,企业生产该产品还是有意义的。

3.3.2 风险型决策方法

风险型决策也叫随机型决策,它有如下特点:①有一个明确的决策目标,如最大利润、最低成本;②存在着可供决策者选择的两个或两个以上的方案;③每个可行方案在不同自然状态下的损益值可以估算出来;④决策者虽不能肯定未来哪种自然状态出现,但能估计出每种自然状态发生的概率。由于这种决策是在对未来事件的状态不完全了解的情况下做出的,因此具有一定的风险性。风险型决策方法主要有决策表法和决策树法两种。

决策树法是风险型决策的常用方法,适用于未来可能有几种不同情况(自然状态),并且各种情况出现的概率可以根据资料来推断的情况。它用树形图来描述各方案对未来收益的计算、比较及选择。考虑各方案所需的投资,比较不同方案的期望收益值。

决策树法步骤如下:

(1) 根据可替换方案的数目和对未来市场状况的了解,绘出决策树形图。
(2) 计算各方案的期望值,包括计算各概率分枝的期望值。
(3) 将各概率分枝的期望值相加,并将数字记在相应的自然状态点上。
(4) 剪去期望收益值较小的方案分枝,将保留下来的方案作为备选实施方案。

如果是多阶段或多级决策,则需重复②、③、④工作。

例:某企业为扩大某产品的生产,拟建设新厂,据市场预测产品销路好的概率为0.7,销路差的概率为0.3,有三种方案可供企业选择:

方案1,新建大厂,需投资300万元。据初步估计,销路好时,每年可获利100万元;销路差时,每年亏损20万元,服务期为10年。

方案2,新建小厂,需投资140万元。销路好时,每年可获利40万元;销路差时,每年仍可获利30万元,服务期为10年。

方案3,选建小厂,3年后销路好时再扩建,需追加投资200万元,服务期为7年,估计每年获利95万元。

试选择方案。

解:具体分析如图3-6所示。

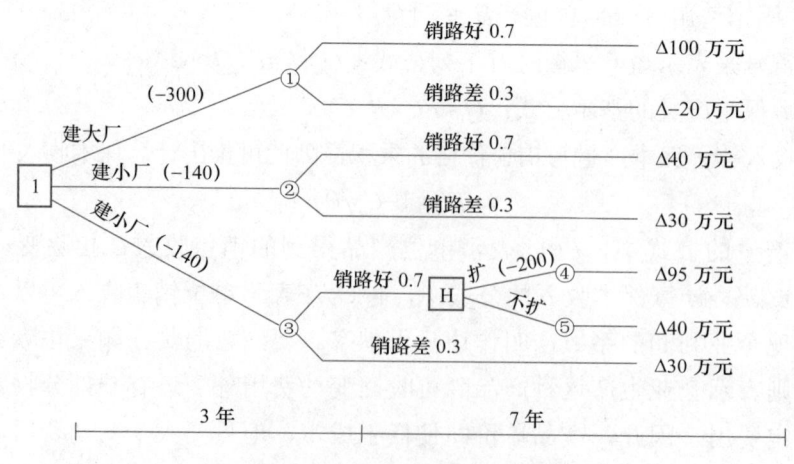

图3-6 三种方案对比分析图

计算各方案的期望值：
E_1=[0.7×100+0.3×（-20）]万元×10-300万元=340万元
E_2=[0.7×40+0.3×30]万元×10-140万元=230万元
E_3=[0.7×40×3+0.7×（95×7-200）+0.3×30×10]万元-140万元
　　=（84+325.5+90）万元-140万元=359.5万元
比较E_1、E_2、E_3，选择方案3为最好。

3.3.3 非确定型决策方法

非确定型决策是当未来事件将会出现哪一种状态尚不清楚，甚至连各自然状态的发生概率也不知道时所进行的决策。虽然这种决策不排除某些数学计算，但在很大程度上它带有主观随意性，决策的质量取决于决策者的个人素质、经验与个性等人为因素。具体有乐观决策法、悲观决策法、等概率决策法、最小最大后悔值决策法等。

（1）乐观决策法也叫最大收益值法，是指选择在最好自然状态下能够带来最大收益的方案作为决策实施方案。

（2）悲观决策法也叫小中取大法，是指选择在最差自然状态下仍能带来最大收益的方案作为实施方案。

（3）等概率决策法是根据决策者的判断，给最好自然状态一个乐观系数，给最差自然状态一个悲观系数，两者之和为1。然后，用各种方案在最好自然状态下的收益值与乐观系数相乘所得的积，加上各方案在最差自然状态下的收益值与悲观系数的积，得出各方案的期望收益值，然后据此比较各方案的经济效果，做出选择。

（4）最小最大后悔值决策法，决策者应先计算出各方案在自然状态下的后悔值（用方案在某自然状态下的收益值与该自然状态下的最大收益值相减所得），然后找出每种方案的最大后悔值，并据此对不同方案进行比较，选择最大后悔值最小的方案作为实施方案。

例：某企业有三种新产品待选，估计销路和损益情况见表3-2，试分别用乐观决策法、悲观决策法、最小最大后悔值决策法选择最优的产品方案。

表3-2　损益表

（单位：万元）

状态	甲产品	乙产品	丙产品
销路好	40	90	30
销路一般	20	40	20
销路差	-10	-50	-4

解：①乐观决策法（大中取大）：
　　　　甲产品最大利润40万元
　　　　乙产品最大利润90万元　　90万元对应的乙产品为最优方案。
　　　　丙产品最大利润30万元
　　②悲观决策法（小中取大）：

甲产品最小利润-10万元
乙产品最小利润-50万元 } -4万元对应的丙产品为最优方案。
丙产品最小利润-4万元

③最小最大后悔值决策法（大中取小）：三种产品的后悔值见表3-3。

表3-3 后悔值表

（单位：万元）

状态	甲产品	乙产品	丙产品
销路好	50	0	60
销路一般	20	0	20
销路差	6	46	0

甲产品最大后悔值50万元
乙产品最大后悔值46万元 } 46万元对应的乙产品为最优方案。
丙产品最大后悔值60万元

阅读材料

诸葛亮"空城计"：非常规决策的智慧典范

在中国古代，诸葛亮的"空城计"是一个极具代表性的决策案例，它充分体现了决策类型中的"冒险型决策"和"非常规决策"的特点。

三国时期，蜀汉丞相诸葛亮率军北伐，与魏军对峙。在一次战役中，由于错用马谡，街亭失守，蜀军失去了战略要地，主力部队尚未做好撤退准备，司马懿率领的魏军大兵便已压境，直逼西城。面对如此危急的局面，诸葛亮迅速分析了局势：蜀军兵力不足，若正面交锋，必败无疑。在这种情况下，他决定采用一种非常规的决策方案——"空城计"。

诸葛亮深知司马懿对自己的了解和忌惮，认为司马懿会断定他不会轻易放弃西城，且会设伏。同时，他也利用了司马懿谨慎多疑的性格特点，认为司马懿不敢轻易进攻一个看似"空虚"的城池。于是，他命令大开城门，让少数士兵扮作平民在城中洒扫，自己则登上城楼，焚香弹琴，表现出一种泰然自若的姿态。司马懿到达西城后，看到这种情形，果然怀疑城中有伏兵，不敢贸然进攻，最终选择退兵。诸葛亮的"空城计"成功地化解了危机，保住了西城，为蜀军争取到了宝贵的撤退时间。

这个案例中的决策类型属于冒险型决策和非常规决策。诸葛亮在资源极度匮乏的情况下，选择了一种看似违背常理的策略，利用心理战术迷惑对手。这种决策类型体现了中国传统文化中的"权谋"观念，即在决策中运用谋略和智慧来达到目的。它也启示我们，在面对复杂多变的环境时，决策者需要根据实际情况灵活调整策略，不能拘泥于常规，有时非常规的决策可能会带来意想不到的效果。

课堂讨论

在面对复杂多变的环境时，决策者一般需要考虑哪些因素？

同步练习与测试

一、单项选择题

1. 企业的生产决策、存货决策、销售决策等属于（　　）。
   A. 战略决策　　　B. 业务决策　　　C. 战术决策　　　D. 非常规决策

2. 针对需要解决的问题，将引发问题的原因分类，并找出每种类型的原因，分析研究引发问题的根本原因。这种方法是指（　　）。
   A. 集体决策技巧　B. 头脑风暴法　　C. 成本-效益分析　D. 鱼骨图

3. 决策遵循的原则之一是（　　）。
   A. 最优原则　　　B. 中庸原则　　　C. 满意原则　　　D. 最理性原则

4. SWOT含义的正确表述是（　　）。
   A. 劣势、优势、劣势、威胁　　　　B. 机会、威胁、优势、劣势
   C. 优势、劣势、机会、威胁　　　　D. 优势、劣势、威胁、机会

5. （　　）指的是各备选方案的自然状态有若干种，但每种自然状态发生的概率都可做出客观估计的决策。
   A. 风险型决策　　　　　　　　　　B. 无风险型决策
   C. 非确定型决策　　　　　　　　　D. 确定型决策

二、应用题

某企业生产一种产品，市场预测结果表明有三种可能：销路好、销路一般、销路差。备选的方案有三个：一是扩建、二是技术改造、三是维持现状。各方案在不同自然状态下的损益值见表3-4。

表3-4　损益表

方案	损益值		
	销路好	销路一般	销路差
A：扩建	200	90	-70
B：技术改造	150	80	-50
C：维持现状	90	40	-20

注：1. 用乐观决策法、悲观决策法、最小最大后悔值决策法等概率决策法进行决策。
　　2. 若已知销路好的概率为0.5、销路一般的为0.3、销路差的为0.2，试用决策树法决策。

三、简答及论述题

1. 什么是决策？如何理解其含义？
2. 决策的过程包括哪些步骤？每一步需要注意哪些问题？
3. 按照不同的标准，决策可以分为哪些类型？
4. 简述组织宏观环境因素的具体内容。
5. 简述组织行业环境因素的主要内容。

管理技能训练

一、管理实战案例分析

案例3-1：迪卡侬在中国市场的决策案例：从平价巨头到高端转型

2003年，法国运动品牌迪卡侬（Decathlon）在上海开设了亚洲首家实体店，正式进入中国市场。当时，凭借"低价高质"的策略，迪卡侬迅速在中国消费者中树立了口碑，成为中国体育用品市场的一匹黑马。其产品以平价运动装备为主，吸引了大量追求性价比的消费者。

在2010—2015年期间，迪卡侬开启了"跑马圈地"的扩张模式。2013年，其在中国的销售额突破了50亿元人民币，门店数量也不断增加。这一阶段，迪卡侬的市场决策主要集中在扩大市场覆盖范围和提升品牌知名度上。它通过大规模的零售模式，将门店开到了中国的各个城市，让更多消费者能够接触到这个品牌。

2016—2020年，迪卡侬继续保持着快速扩张的态势。2017年，迪卡侬在中国新开实体店52家，零售营业额突破人民币100亿元。这一阶段，迪卡侬的市场策略开始向提升用户体验和优化产品线转变。它开始注重本土化产品设计，以更好地满足中国消费者的需求。例如，针对中国消费者对单板滑雪的偏好，迪卡侬推出了国风元素滑雪服等产品，受到了消费者的欢迎。

然而，2020—2024年，迪卡侬在中国市场的策略发生了显著变化。2023年，迪卡侬宣布全球品牌焕新战略，更换Logo并调整品牌定位，产品组合优化为九大运动品类和四大专业品牌。在中国市场，迪卡侬开始涨价，部分产品价格涨幅明显。这一决策引发了市场的广泛关注。例如，某款原本售价150元的冲锋衣，现在即使打折后也要235元；配套的摇粒绒衣从100元涨到了130元。

同时，迪卡侬开始推广轻量化门店，以提升零售终端的敏锐度与边际效益。2023年，迪卡侬在深圳、郑州对轻量化门店进行了试水。这些小型概念店面积约为1000平方米，主要陈列核心单品，展示不同的产品品类搭配。与以往开在郊区的大型门店不同，这些轻量化门店多位于繁华商业区域，如2023年11月23日，迪卡侬在北京崇文门开设了首家位于北京二环内核心城区的门店。这种策略有助于迪卡侬更深入地融入中国市场，吸引更多的年轻消费者。

在供应链方面，迪卡侬在中国拥有强大的供应链能力，其94.2%的在华销售产品由中国生产，目标是将这一比例提升至100%。目前，迪卡侬在中国拥有4个自有工厂、11个工业采购办公室、约400家合作工厂。这种高度本土化的供应链布局，不仅降低了成本，还提高了产品的供应效率。

2023年迪卡侬的业绩增长趋势明显放缓，业内人士分析，迪卡侬的高端化策略并未带来预期的业绩增长，反而可能因价格上涨而失去部分消费者。尽管如此，迪卡侬仍然计划在未来一到两年内每年新开20至30家门店。这些新门店将主要集中在核心商圈和高潜力市场，以提升品牌与消费者之间的黏性。迪卡侬中国副总裁张淳迪曾强调，中国市场的门店布局节奏在品牌焕新计划后的一到两年内，将更加注重门店的质量而非数量。

总的来说，迪卡侬在中国市场的决策策略体现了其对中国市场的重视和长期发展的战略规划。通过高端化、本土化和数字化转型，迪卡侬试图在竞争激烈的中国市场中寻求新的增长点。然而，市场的反馈也提醒迪卡侬，任何策略的调整都需要谨慎考虑消费者的需求和市场的接受度。

问题：

1. 迪卡侬在中国市场的决策过程中，企业该如何识别和评估这些外部环境因素，从而制定出适应市场变化的策略？

2. 请结合迪卡侬的案例，探讨在实际决策中应如何有效结合定量和定性方法，以提高决策的科学性和准确性。

二、大学生模拟公司系列实训

模拟公司决策方案的设计实训

1．实训目的

通过本次实训，帮助学生理解并应用常见的决策方法，提升团队协作能力和创新思维，为未来的职业发展奠定基础。

2．任务概述

各模拟公司需根据头脑风暴法的程序，模拟进行决策方案设计。通过团队合作，激发创意，优化决策过程。

3．方案制定

每个模拟公司需设定一个讨论主题（也可通过抽签方式确定）。主题应具有实际意义和挑战性，例如"新产品推广策略""市场拓展方向"等。按照头脑风暴法的标准程序，组织团队成员进行一次模拟讨论。

4．交流与展示

班级组织一次交流会，每个模拟公司需推荐一名成员，就本公司的决策过程和决策结果进行汇报，分享经验。内容包括讨论主题和目标，头脑风暴过程中的关键点和创意，最终确定的方案及其理由，团队成员的分工与协作情况，遇到的困难及解决方法，分享在决策过程中积累的经验和教训，探讨头脑风暴法在实际应用中的优势和不足。

三、管理技能自我测试

决策习惯与能力问卷

1. 在做决策时，您通常会：（单选）

   A．立即做出决定，不考虑太多

   B．花时间思考，权衡利弊

   C．询问他人的意见后再做决定

   D．延迟决策，直到不得不做决定

2. 您在决策时最关注的因素是：（单选）

   A．个人兴趣和喜好

   B．成本和收益

   C．他人的意见和建议

   D．时间限制

3. 当面临多个选择时，您通常会：（单选）
   A. 选择最熟悉或最安全的选项
   B. 选择最有可能带来最大收益的选项
   C. 随机选择一个选项
   D. 尝试分析每个选项的优缺点后再做决定
4. 您认为自己在决策时最需要提升的能力是：（单选）
   A. 收集和分析信息的能力
   B. 权衡利弊的能力
   C. 应对不确定性的能力
   D. 快速做出决策的能力
5. 您在决策过程中遇到的最大困难是：（单选）
   A. 信息不足，难以做出准确判断
   B. 选择太多，难以决定
   C. 害怕犯错，不敢做决定
   D. 他人的意见影响自己的判断
6. 在以下哪些场景中，您觉得自己做决策时最不自信？（可多选）
   A. 选择课程或专业方向
   B. 规划个人财务或消费
   C. 选择社交活动或朋友
   D. 规划未来职业发展
   E. 其他（请注明）_____
7. 在决策过程中，您通常会参考哪些信息来源？（可多选）
   A. 互联网搜索
   B. 朋友和家人的意见
   C. 专业书籍或文章
   D. 社交媒体
   E. 自己的经验和直觉
   F. 其他（请注明）_____
8. 请描述您在决策过程中遇到的一次挑战，以及您是如何应对的。（请尽量详细描述，包括决策的背景、您采取的步骤、最终的结果以及您的感受）

单元 4 计　划

学习目标

素养目标
1. 理解自我管理，树立目标导向。
2. 增强责任感，提升问题解决能力。
3. 具备前瞻思维，练就战略眼光。

知识目标
1. 了解计划的具体含义与作用。
2. 熟悉计划的类型与表现形式、计划工作的程序。
3. 掌握目标设定的方法与目标管理的程序。
4. 掌握编制计划的方法。

能力目标
1. 能按照计划工作的程序开展计划工作。
2. 能运用甘特图法、滚动计划法等计划方法进行活动策划。
3. 能制作规范的商业计划书。
4. 能运用目标管理法编制计划，提高执行力。

知识导图

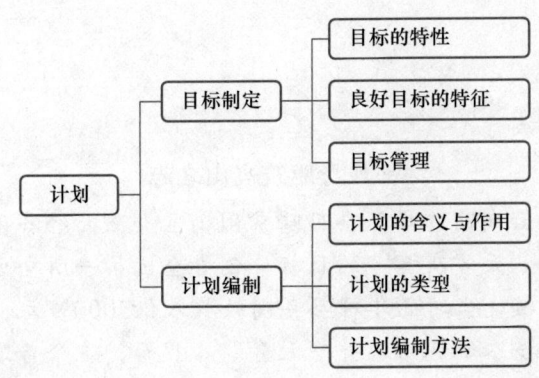

单元引例

比亚迪的"技术鱼池"计划

2003年，当比亚迪宣布进军汽车制造业时，外界一片哗然。这家以手机电池起家的中国企业，因无造车经验，被嘲讽为"门外汉"。但创始人王传福定下了一个"疯狂"的目标：用电动车颠覆百年燃油车体系，2030年成为全球新能源汽车领导者。面对质疑，比亚迪构建了独特的"技术鱼池"计划：

1. 将终极目标拆解为"电池技术突破→混动车型过渡→纯电平台统治"三阶段。
2. 放弃传统车企的"技术购买"模式，每年将10%的营收投入研发，在电机、电控、IGBT芯片等核心领域建立专利"护城河"，累计申请专利超4万项。
3. 同步建设充电网络、电池回收体系，甚至自行研发矿盐提锂技术，形成从锂矿到报废电池的全生命周期闭环。

这一计划在2019年迎来转折点。当特斯拉在上海建厂引发行业震动时，比亚迪却默默完成了"刀片电池"量产，降低了成本、提升了安全性。2020年"汉"车型上市即爆款，终结了国产车"20万元天花板"魔咒。2024年比亚迪新能源汽车累计销量为427.21万辆，同比增长41.26%，再次蝉联中国汽车市场车企销量冠军、中国汽车市场品牌销量冠军、全球新能源汽车市场销量冠军。

请思考：当外部环境发生变化时，企业应如何在达成管理目标、执行经营计划之间取得平衡？

计划工作是管理职能中首要的和最基本的职能。目标是组织行动的起点，是所有计划的基石。一个明确、合理的目标能够为组织提供清晰的方向，激发成员的积极性和创造力。目标制定不仅需要基于对内外部环境的深入分析，还需要考虑组织的长远发展和资源状况。编制和执行计划则是实现目标的具体途径。从短期行动计划到长期战略规划，从项目管理到日常运营，计划贯穿于组织管理的各个层面。本单元主要说明了计划是管理活动中不可或缺的一环，科学的目标制定和有效的计划方法，可以帮管理者引导组织朝着既定目标稳步前进。

4.1 目标制定

案例导入

平凡身躯筑高山之志

2002年，张桂梅在云南丽江华坪县目睹贫困山区女孩因经济困境辍学、被迫早婚的残酷现实，萌生了一个"天方夜谭"的目标：创办全国第一所全免费女子高中，用教育斩断贫困代际传递的锁链。当时的华坪县年财政收入仅7000万元，她既无资金支持，也无办学场地，甚至被许多人嘲讽为"异想天开"。然而，这个普通的乡村教师却带着身份证和媒体报道，开启了长达5年的"乞讨式"筹款之路。她走遍街头巷尾，遭遇过冷眼与驱赶，被质疑是"骗子"，虽然最终仅筹得1万元，却始终未曾动摇。

面对现实的重重阻碍，张桂梅坚持信念不动摇。她身患多种疾病，却坚持清晨5点摸黑点亮教学楼的第一盏灯，深夜12点仍拄着拐杖巡查宿舍。当学生因家庭压力辍学时，她拖着病体翻山越岭家访，11万公里的行程中，一次又一次推开农户的门，向家长坚定承诺："孩子我供！她考上大学，你们家族的命运就变了！"曾有学生因贫寒想放弃高考，她掏出身上仅有的200元塞给对方："只要我在，学校就有一口饭分你一半。"这种近乎执拗的坚持，让一座由6间平房组成的简陋学校在2008年拔地而起，首届96名女孩全部考入大学，其中多人考入浙江大学、武汉大学等名校。

截至2023年，2000多名曾濒临失学的女孩走出大山，成长为教师、医生、科研工作者。更令人动容的是，许多毕业生选择重返山区支教、扶贫，形成"教育改变命运"的接力，而那句"我生来就是高山而非溪流"的校训，已成为万千平凡者追求卓越的精神图腾。

请思考：张桂梅的目标设定体现了哪些关键特征？这些特征是如何帮助她在困境中持续行动的？

知识精讲

目标是组织或个人活动所指向的终点，也是一定时期内期望实现的成果。它为成员指明方向，为管理者提供评估绩效的基准，同时通过明确成果的可见性为团队注入动力。因此，目标是管理的基础，更是计划工作的核心依据。

4.1.1 目标的特性

1. 目标的多元性

著名管理学者彼得·德鲁克曾提出，一个成功的企业应该确定以下八个方面的目标：营销、创新、人力资源、财务资源、实物资源、生产力、社会责任、利润需求等。

企业经营涉及众多利益相关者，包括政府、消费者、竞争对手、员工、股东及社会公众等，这些主体既受企业的经营活动影响，也对企业发展产生制约作用。为平衡各方诉求，企业仅追求利润目标已无法满足需求，必须构建多元目标体系。一般来说，企业必须考虑以下目标：保障股东权益、满足客户需求、维护公平竞争；遵守法律法规、推动社会进步；确保债权人债务安全、维持财务稳健性。

根据中国特色管理学理论，企业目标需统筹经济价值与社会价值。学者普遍认为，我国企业应在社会贡献、市场拓展、利润增长与自身发展四个维度设定目标，以实现"两个文明"建设的战略要求。

2. 目标的层次性

企业在经营过程中，不仅要考虑不同利益相关者的要求并设计多元化的目标，还需要针对内部不同层次来设计不同层次的目标。表4-1所示为高层与中基层目标的比较。

表4-1　高层与中基层目标的比较

高层	中基层
战略目标	战术目标
组织整体目标	个别功能目标
长期目标	短期目标
对外目标	对内目标

上述不同层次之间的目标相互影响、相互制约，并且有机联系在一起。组织目标的确定通常从最高层开始，然后将高层目标进行分解，形成下一层次的目标；下一层次目标进一步分解，直至确定每个员工的个人目标。为了保证组织目标的实现，必须首先确保下一层次目标的实现，由此类推，只有下一层次目标的实现，上一层次目标的实现才有可能。因此，下一层次的目标可以视为上一层次目标实现的手段。经过层层分解后，在组织中形成一个不中断的"目标—手段链"，如图4-1所示。

目标的设定

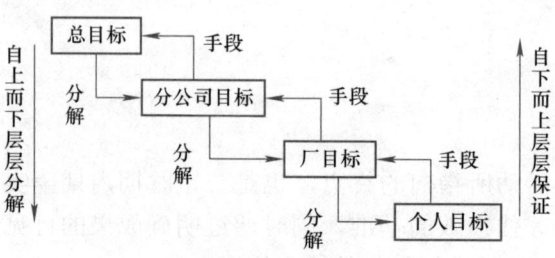

图4-1　目标—手段链

3．目标的时间性

从目标的定义可以看出，目标的实现通常具有明确的时间限制。因此，企业在制定目标的过程中，还必须考虑不同时间范围内的目标内容。通常，企业可以根据目标实现所需的时间，将目标划分为短期目标、中期目标和长期目标。

4．目标的差异性

不同类型的组织，由于其基本宗旨不同，组织目标也大不相同。即使是同一类型的组织，尽管其宗旨基本相同，但由于受其所处的具体环境、所拥有的资源以及价值观念等因素的制约和影响，即使组织目标的指标体系可能相同，其目标的具体数值也常表现出很大的差异性。

4.1.2　良好目标的特征

管理者可以根据组织的需要来设置目标，但一个良好的目标通常具备五项基本特征：具体明确（Specific）、可考核（Measurable）、可实现（Attainable）、结果导向（Results oriented）、有时间限制（Timetable），可简称为SMART目标。

1．具体明确

目标应当具体明确，不能含糊不清。含糊不清的目标不仅不利于下级人员执行任务，也难以发挥激励作用。因此，目标必须清晰地说明预期结果，以便执行者能够准确理解并朝着目标努力。

2．可考核

目标应尽可能量化或可考核，以便能够度量目标的完成程度。目标量化示例见表4-2。

表4-2 目标量化示例

目标	量化考核
获取合理利润	2025年实现投资收益率12%
加强信息沟通	自2024年7月1日开始，每周一早上9点召开部门会议
提高生产部门的生产率	到2024年12月31日为止，产品的产出量增加5%，不增加成本，并保持现有的质量水平
提升管理人员技能	在2025年10月1日之前完成管理技能提升培训任务，并至少有90%的管理人员通过考试

3．可实现

目标应具有挑战性，但不能遥不可及。如果员工通过努力仍无法实现目标，他们的积极性会受到挫伤；反之，如果目标过于容易实现，员工则难以感受到激励。因此，目标应当在挑战性与可实现性之间找到平衡。

4．结果导向

目标应聚焦于结果，支持组织的愿景。在设定目标时，应使用"完成、获得、增加"等明确的字眼，而不是"发展、管理、执行"等较为模糊的表述。

5．有时间限制

目标必须设定明确的时间限制，否则将失去其实际意义。通常情况下，高层管理者制定的战略目标时间跨度为3年，各分公司和部门应据此确定具体的时间框架，以便制定相应的行动方案。

4.1.3 目标管理

根据组织的宗旨与使命确定了组织的总目标之后，如何将其进一步转换为各个部门、单位以及个人的分目标呢？这涉及由谁确定、如何确定等问题。传统方法是由上级给下级指定目标并交代如何执行。这种方法虽然可以将目标层层分解并落实到个人，但由于缺乏下属的参与，往往带来诸多弊端，如执行者的主动性和积极性不高、目标扭曲等。解决这些问题的有效方法之一是目标管理。

目标管理

1．目标管理的含义

目标管理是由美国管理学者彼得·德鲁克在1954年提出的一种管理哲学。它基于行为科学理论和人性化的参与管理理念，通过各级主管与部属协商，制定共同目标，明确彼此的成果责任，并通过自我控制和自我评估，激励组织成员的责任心与荣誉感，发挥工作潜能。

目标管理是一个全面的管理系统。它采用系统化的方法，将组织的整体目标分解为单位和成员的具体目标，通过层层落实和采取保障措施，高效地实现组织目标。

2．目标管理的过程

目标管理的过程通常分为四个步骤：建立目标体系、目标分解、组织实施、考评与反馈。

（1）建立目标体系。

目标管理通常从组织的高层管理者开始。高层管理者需根据组织的愿景和使命，分析外部环境的机会与挑战，评估自身的优势与劣势，从而制定组织的总目标和战略。

（2）目标分解。

制定总目标后，需将其逐层分解为下级分目标。在分解的过程中，上下级应充分沟通，共同确定下属目标。下属依据总目标、上级建议及自身客观条件，提出自己的目标设想，而不是盲目服从上级。上级管理者要指导下属制定一致性和支持性目标，并保留审批权。下属目标确定后，会促使上级调整目标，从而形成目标制定的自上而下和自下而上的循环过程。每个员工和部门的分目标应具体量化、协调一致、便于考核、富有挑战且可实现，从而激励员工提升技能，达成部门及组织目标。

（3）组织实施。

在目标实施过程中，强调员工的自我控制。上级管理者应定期检查进度，双方需保持沟通协调。下属应主动汇报任务进展，上级应及时通报进度，帮助下属解决工作中遇到的困难。当外部环境变化影响目标实现时，可通过既定程序调整原定目标。

（4）考评和反馈。

上级管理者需定期检查各级目标的完成情况，并根据目标进行评价，评价结果应及时反馈。反馈对绩效有积极影响，可帮助人们了解行动效果和努力水平是否达标，激励人们在达成目标后进一步提升目标。经过评价和反馈，目标管理进入下一轮循环。

3．目标管理的局限性

（1）强调短期目标。

目标管理通常聚焦于短期目标（如一年内），这可能导致管理者和员工过度关注短期成果，而忽视长期规划。例如，销售部门为完成短期销售任务，可能过度降价或增加应收账款，损害长期利益。这种短视行为不利于组织的可持续发展。因此，管理者需协调各部门，确保短期目标与长期目标相一致。

（2）目标难以确定。

过高的目标可能给员工带来过大压力，甚至诱发不道德行为；过低的目标则缺乏激励性。此外，许多目标难以量化或具体化，如团队协作和创新能力，这增加了目标设定的难度。主管人员需投入大量时间进行工作分析，与下属充分沟通，确保目标既具挑战性又可实现，避免目标管理流于形式。

（3）目标不能适应环境变化。

目标管理强调目标的明确性和稳定性，但这可能限制员工的创造力。在快速变化的环境中，固定的计划和目标难以适应新的情况，可能导致资源浪费。因此，目标管理需要引入动态调整机制，使目标能够根据外部环境的变化及时调整，确保其持续性和有效性。

（4）加大管理难度。

管理工作复杂多样，有的工作很难量化管理。上下级在商定目标时需要耗费大量时间沟通，下属为实现可测量目标，可能忽视其他重要但难以量化的工作。且各单位和个人过度关注自身目标完成，会容易滋生本位主义和急功近利的倾向，增加管理成本。

阅读材料

冰城焕新颜：哈尔滨冬季旅游"百日行动"的目标管理实践

哈尔滨作为中国著名的冰雪旅游城市，每年冬季都会吸引大量国内外游客。然而，随着旅游市场的竞争日益激烈，游客的需求也在不断升级。为了进一步提升哈尔滨冬季旅游的吸引力和服务质量，2024年11月8日，哈尔滨市启动了"冰雪旅游百日行动"，希望通过一系列创新举措，让游客们在冰城留下难忘的回忆。

行动的目标明确而具体：提升游客体验，确保游客满意度达到90%以上；丰富旅游产品，推出10条精品旅游线路，举办100余项"冰雪旅游+"活动；完善基础设施，加强交通、住宿等设施建设，确保游客出行便利；规范市场秩序，通过十大监管护游行动，加强涉旅行业自律管理，让游客们在哈尔滨能够放心游玩。

在行动实施过程中，哈尔滨市精心打造了"梦幻冰城"招牌游，举办了国际冰雪节、采冰节等一系列大型活动，让游客们在冰天雪地中感受浓厚的节日氛围。同时，哈尔滨国际旅游集散中心的成立，极大地提升了游客的集散效率，让游客们能够更加便捷地穿梭于各个景点之间。哈尔滨市还加强了旅游交通运力保障，增加了区间车和定制客运线路，确保游客们在冰雪世界中也能畅行无阻。

为了让游客们享受到更加实惠的旅游体验，哈尔滨市加大了文旅消费惠民力度，开展了消费优惠活动，让游客们在欣赏美景的同时，也能感受到实实在在的优惠。此外，哈尔滨市还倡导"六个一"暖心服务，营造了"宠客暖心"的氛围，让游客们在冰城感受到家一般的温暖。

在智慧旅游建设方面，哈尔滨市推广了"一键玩龙江"平台，开发了"数字人导游"，提升了智慧服务水平。游客们只需轻轻一点，就能获取丰富的旅游信息，享受便捷的智慧服务。

经过一系列的努力，哈尔滨市的冬季旅游计划项目取得了显著的成果。游客体验感大幅提升，满意度显著提高；旅游产品更加丰富，多条精品线路和百余项活动让游客们目不暇接；基础设施更加完善，交通和住宿的便利让游客们出行无忧；市场秩序更加规范，游客们的权益得到了更好的保障。

课堂讨论

根据以上材料，你认为哈尔滨在文旅服务方面的哪些措施对实现目标最为关键？其他城市或行业在借鉴时需要注意什么？

4.2 计划编制

案例导入

科学规划助力CX科技破局

　　CX科技是一家专注于智能硬件研发与生产的企业。创业初期，公司凭借一款创新型智能手环产品迅速打开市场，在国内智能穿戴设备领域崭露头角。然而，随着行业竞争的日益激烈，众多竞争对手纷纷推出类似产品，市场逐渐趋于饱和，CX科技面临着产品同质化严重、市场份额下滑的严峻挑战。在意识到危机后，CX科技管理层决定通过制订科学的企业发展计划来突破困境。2021年年初，公司专门成立了战略规划小组，成员包括研发、市场、生产、财务等各关键部门的负责人。经过对企业内外部环境的全面分析，CX科技制订了为期三年（2021—2023年）的企业发展计划。

　　（1）研发工作。加大研发投入，将每年营业收入的15%用于研发工作。优化研发流程，缩短产品研发周期，提高研发效率。

　　（2）市场拓展。针对国内市场，加强品牌建设和市场推广，将市场份额在三年内提升10%；成立专门的海外市场拓展团队，三年内实现海外销售额占总销售额的30%。

　　（3）生产运营。对生产设备进行升级改造，提优化生产流程，提高生产效率20%、降低生产成本15%，建立完善的质量控制体系，使产品质量合格率达到98%以上。

　　（4）财务管理。制订详细的年度预算计划，合理规划资金使用，确保研发、生产、市场等各环节的资金需求得到满足，同时保持良好的财务状况，将资产负债率控制在60%以内。

　　为确保计划的顺利实施，CX科技成立项目推进小组，由公司总经理担任组长，将三年发展计划分解为年度计划和季度计划，明确各部门在每个阶段的具体任务和目标，并将任务落实到具体的责任人。每月召开一次项目进度汇报会，由各部门负责人汇报计划执行情况，及时解决执行过程中遇到的问题和困难。对于重大问题，及时进行讨论和决策，调整工作计划和策略。制定了一套科学合理的绩效评估指标体系，对各部门和员工的工作绩效进行定期评估。绩效评估结果与员工的薪酬、晋升、奖金等挂钩，激励员工积极努力地完成工作任务，确保计划目标的实现。

　　经过三年的努力，CX科技按照既定计划成功实现了各项发展目标，取得了显著的成果。例如，推出了具备人工智能健康管理功能的智能手表、面向运动爱好者的专业级智能运动手环等。这些产品凭借其先进的技术、出色的性能和时尚的设计，受到了市场的广泛欢迎和消费者的高度认可。通过设备升级、流程优化和精益生产管理，公司的生产效率提高了22%，生产成本降低了18%，产品质量合格率达到了98.5%。生产能力和产品质量的提升，不仅满足了市场需求的增长，还为公司赢得了更多客户的信任和订单。公司的营业收入从2021年的5亿元增长至2023年的12亿元。净利润从2021年的8 000万元增长至2023年的2.5亿元，资产负债率控制在55%，保持了良好的财务状况和偿债能力。

　　请思考：科学的计划编制在CX科技的公司管理中发挥的重要作用。

4.2.1 计划的含义与作用

计划是为组织设定目标并设计实现目标的方法和过程,即明确要做什么、怎么做、何时做、由谁来做。它是组织行动的指南,其落实需通过组织和领导职能完成。从管理角度看,计划既要描绘未来愿景(做什么),又要设计实现目标的具体方法(怎么做)。因此,计划不仅是对未来的设想,更是从未来反推现在应采取的行动,是连接目标与行动的桥梁。

良好计划的作用主要体现在以下几个方面:

(1)计划为组织指明发展方向,明确各部门和管理层次的目标,使各部门明确工作重点,避免盲目性。

(2)明确的发展目标使组织及其成员了解行动方向和成果,提高工作积极性。

(3)组织的生产和服务过程复杂,涉及多个部门和人员。统一的计划能够协调各部门和员工之间的合作,确保高效运作。

(4)计划有助于对人、财、物、信息等资源进行合理配置和有效利用,从而提高运营效率。

(5)计划工作需要进行市场预测,考虑各种可能性因素,制定应变计划,以降低不确定性带来的风险。

(6)计划是控制工作的基础,通过设定标准和程序,考核实际效果,发现偏差并采取纠正措施,从而实现有效控制。同时,控制活动也为计划的实施提供保障,帮助管理者调整计划和目标。

总之,计划是组织管理的核心职能,对于明确方向、激励员工、协调运作、合理配置资源、提高应变能力和实现有效控制都具有重要意义。

4.2.2 计划的类型

1. 按计划形态分类

按计划形态分类示例见表4-3。

表4-3 按计划形态分类示例

计划形态	含义	举例
宗旨	是组织存在的根本理由和组织最根本的目标,通常分为对社会的贡献和对内部成员的支持两类	华为公司的宗旨是"聚焦客户需求,持续为客户创造价值,追求世界级领先"
使命	组织为实现宗旨而选择的服务领域或事业,明确了组织的具体方向	中国移动公司的使命是"创无限通信世界,做信息社会栋梁"
目标	组织从事特定事业的预期结果,是对使命的具体化,应是量化的、具有挑战性且可实现的	某科技公司的目标是在未来三年内实现营业收入增长50%
战略	组织为实现长远目标所选择的发展方向和行动方针,以及相应的资源分配方案	小米集团的战略是"以人为中心,将人、车、家的全生态有机整合"

(续)

计划形态	含义	举例
政策	管理者决策时的指南，规定了组织成员行动的方向和界限	某企业的用人政策规定，未来5年内所有管理岗人员具备大专以上学历
程序	规定了组织解决常见问题的方法和步骤，是基于经验总结形成的规范化工作过程	某制造企业的生产程序包括原材料检验、零部件加工、产品组装和质量检测等步骤
规则	对特定情况下允许或不允许采取的行动的规定	某连锁品牌咖啡店规定每个订单要求在2分钟内完成
规划	根据组织总目标确定分阶段目标的过程，重点是目标实现的进度安排	某零售店的规划是在未来一年内将店铺面积扩大50%，包括选址、装修、供应链优化和人员培训等步骤
预算	将预期结果用数字形式表示，是计划和控制的联结点	某公司的预算计划包括未来一年的收入目标为1000万元，成本控制在800万元以内，利润目标为200万元，同时预留100万元用于市场推广和研发

计划包括组织未来行动的目标和方式，因此，计划是多层次的，计划从抽象的目标到具体的行动方案构成了一个层次体系，如图4-2所示。

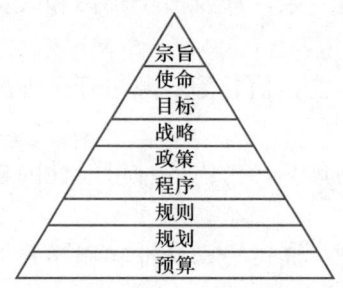

图4-2 计划层次体系

2．按计划期限分类

按计划期的长短可以把计划分为长期计划、中期计划和短期计划。一般认为，长期计划是确定组织今后发展的方向，一般计划期为5年以上；中期计划主要是确定组织具体的目标和战略，介于长期计划与短期计划之间，一般计划期为3～5年；短期计划主要是确定组织在短期内要完成的目标和任务，具有比较具体的方法和程序，一般是指两年或两年以下的计划，如年度财务预算。

3．按计划的深度和广度分类

按计划的深度和广度可以把计划分为战略计划、战术计划和作业计划。

（1）战略计划。

战略计划由高层管理者制订，内容包括组织的长远目标、政策、策略等，具有长期性、弹性大、难以定量化的特点，主要指导组织的发展方向和大局，对战术计划和作业计划有指导作用。

（2）战术计划。

由中层管理者制定，内容包括各部门的目标、策略和政策，它把战略计划转化为具体目标和政策，规定达到目标的时间。其目标和政策要比战略计划更具体、详细，具有协调性。战略计划是以问题为中心的，而战术计划是以时间为中心的。通常按年度拟订。

(3) 作业计划。

作业计划又称业务计划或运营计划，一般由基层管理者制订，内容包括基层工作人员的具体任务与作业程序等，是战术计划的具体化。也就是说，作业计划根据战术计划确定计划期间的预算、利润等具体目标，安排工作流程、划分工作单位、分派任务和资源，明确权力和责任。

4．按计划职能分类

从职能的角度，可以将计划分为业务计划、财务计划、营销计划和人力资源计划等。组织是通过从事一定业务活动而生存和发展的，业务计划是组织的主要计划。财务计划、营销计划和人力资源计划等则是为业务计划服务的，它们围绕着业务计划而展开，共同推动组织目标的实现。

5．按计划的重复性分类

组织的计划可分为一次性计划和重复性计划。一次性计划，如方案、预算，通常针对特定目标，完成后不再重复使用；重复性计划，如政策、规则、程序，是组织长期使用的常规计划，适用于常见任务和流程。每个组织都有常规计划，而单项计划多用于实现特定且不再重复的目标。

4.2.3 计划编制方法

计划工作的效率高低和效果的好坏在很大程度上取决于所采用的计划编制方法。现代的计划方法为制订切实可行的计划提供了手段，具有许多优点。下面主要介绍甘特图法、滚动计划法和网络计划技术法三种现代计划方法。

1．甘特图法

甘特图（见图4-3）是由亨利·甘特在20世纪初发明的一种线条图。它以横轴表示时间，纵轴表示要安排的活动，线条（或矩形框）表示进度。甘特图直观地显示了任务的计划时间和完成时间，并可对比检查实际进展与计划要求。这种工具虽然简单，但却是重要的作业计划与管理工具，能帮助管理者清晰了解任务或项目剩余工作量，并评估工作进度是否提前、拖后或按计划进行。

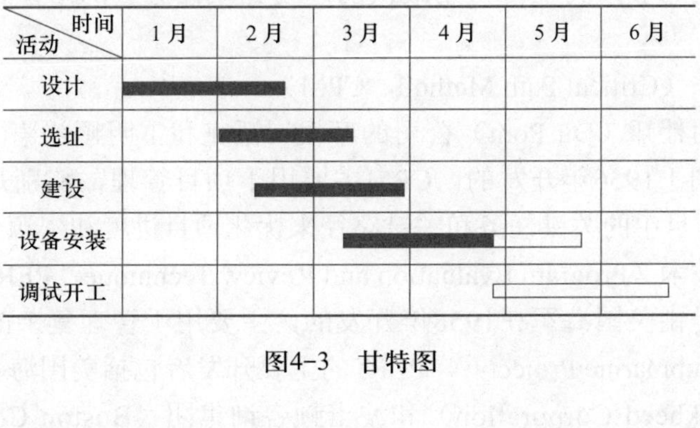

时间 活动	1月	2月	3月	4月	5月	6月
设计	████	██				
选址		████	██			
建设			████	██		
设备安装				███	░░	
调试开工					░░░	░░

图4-3　甘特图

2．滚动计划法

滚动计划法是一种定期修订未来计划的方法。这种方法根据计划的执行情况和环境变化的情况定期修订未来的计划，并逐期向前推进，使短期计划和较长期计划有机地结合起来。滚动计划法是用"近细远粗"的基本方法制订计划的，具体操作步骤如图4-4所示。

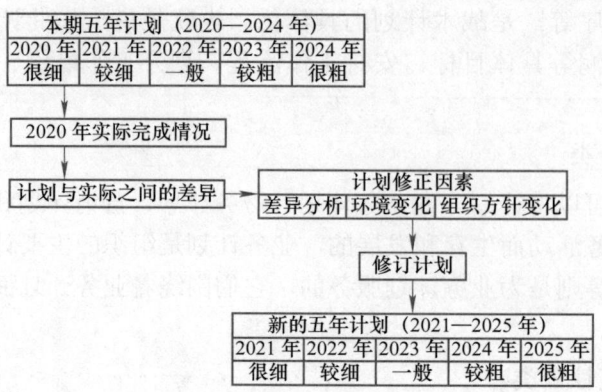

图4-4 滚动计划法操作步骤

由图4-4可知，滚动计划的操作步骤可以分为：

（1）以"近细远粗"的方法制订"五年计划"（2026—2030年）。

（2）在计划期的第一阶段（2026年）结束时，根据其实际完成情况，总结该阶段实际执行情况与计划目标的差异。

（3）对两者差异进行分析，根据环境变化和组织内部变化因素，对原计划进行修订，形成新一轮"五年计划"（2027—2031年），仍按"近细远粗"的方法制订。

滚动计划法就是根据上述方法逐期滚动的，每次修订都使整个计划向前滚动一个阶段，以原有的计划为基础又形成一个新的计划，这种方法适用于任何类型的计划。

滚动计划法通过动态调整计划，有效应对不确定性，使计划更切合实际，减少损失。它能衔接长期与短期计划，及时调节不平衡，保持各期计划的一致性。同时，该方法有助于增加计划弹性，提升组织应变能力，适应环境变化。

3. 网络计划技术法

网络计划技术法（Network Planning Techniques）是把一项工作或项目分成各种作业，然后根据作业顺序进行排列，通过网络的形成对整个工作或项目进行统筹规划和控制，以便用最少的人力、物力和财力资源，用最快的速度完成任务。网络计划技术主要包括两种主要的技术：

（1）关键路径法（Critical Path Method，CPM）。

关键路径法是由杜邦（Du Pont）公司的摩根·沃克和雷明顿兰德（Remington Rand）公司的詹姆斯·凯利于1956年开发的。CPM主要用于项目管理，特别是工业和建筑项目，其目的是通过识别项目中的关键任务和关键路径来优化项目进度和资源分配。

（2）计划评审技术（Program Evaluation and Review Technique，PERT）。

计划评审技术是由美国海军在1958年开发的，主要用于管理复杂的北极星导弹潜艇项目（Polaris Missile Submarine Project）。PERT的主要开发者包括美国海军特别项目办公室、洛克希德公司（Lockheed Corporation）和波士顿咨询集团（Boston Consulting Group）。PERT特别适用于那些任务时间不确定的项目，通过概率分析来评估项目完成时间。

以建造一栋住宅为例，使用网络计划技术法的操作步骤如下：

① 对工程项目任务进行具体分析，确定完成任务所需要的各项作业，明确各项作业之间的相互关系，估计作业完成所需的时间。表4-4为建造住宅的活动分析表。

表4-4　建造住宅的活动分析表

作业代号	作业名称	紧前作业	完成时间/天
A	准备屋顶材料	—	12
B	准备砌墙材料	—	5
C	基础工程	—	7
D	下水道工程	C	7
E	砌墙	B、C	10
F	盖屋顶	A、E	4
G	布电线（Ⅰ）	E	4
H	布电线（Ⅱ）	F、G	2
I	铺地板	H、K	5
J	室内油漆整理	I	6
K	水暖安装	D、E	6
L	铺路	D、E	2
M	室内粉刷	H、K	6
N	门窗装饰	M	2
O	室外清理布置	L	2

注：表中的紧前作业是指该项作业开始之前必须完成的相邻作业。完成作业所需的时间可以采用一定的方法进行估算，估算时要同时考虑有关的影响因素，时间的估算既要合理又要可行。

② 根据表4-4中的数据，绘制网络图（见图4-5）。

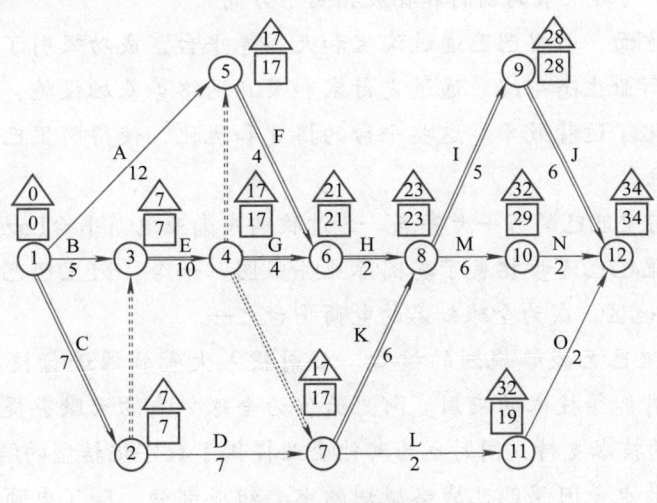

图4-5　网络图

注：〇——节点，表示作业的开始点和终结点
　　→——作业，表示各项作业名称和时间
　　┈┈→——作业之间的联系
　　⟶——关键作业
　　□——该节点紧后作业最早可能开始时间
　　△——该节点紧前作业最迟必须结束时间

③ 根据图4-5中确定的关键作业寻找关键路线。关键作业是指必须按时开工和完成的作业，否则将影响整个工期。图4-5中所示的关键作业为C、E、F、G、H、I、J、K，把这些关键作业的有关关系联结起来就可确定：

关键路线1：C、E、F、H、I、J，总工期为34天；

关键路线2：C、E、G、H、I、J，总工期为34天；

关键路线3：G、E、K、I、J，总工期为34天。

④ 优化网络即挖掘非关键路线上的潜力，重新平衡人力、物力，重新确定作业所需要的时间，以非关键作业的潜力支持关键作业，减少关键作业的时间，从而缩短关键路线上的整个工期时间。

> **即问即答**
>
> 随着科技水平的不断发展，网络计划技术法的应用趋势如何？

管理案例　阿里巴巴集团的战略规划与执行案例

在数字经济的浪潮中，阿里巴巴集团凭借其卓越的战略规划与执行能力，从一家电商巨头成功转型为全球领先的数字经济基础设施提供商。

阿里巴巴的战略规划始于对市场趋势的敏锐洞察，随着互联网技术的飞速发展，未来的商业竞争将不再局限于单一领域，而是向着多元化、全球化和数字化的方向发展。因此，阿里巴巴制定了三大核心战略：全球化、内需和云计算。这三大战略不仅涵盖了阿里巴巴的核心业务，还为其未来的创新和拓展指明了方向。

在平台化经营方面，阿里巴巴通过淘宝和天猫等平台，成功吸引了数百万商家入驻，构建了一个庞大的商业生态系统。通过支付宝和菜鸟网络等基础设施，阿里巴巴不仅提升了用户体验，还优化了运营效率。这些平台的搭建和优化，使得阿里巴巴能够在全球电商市场中占据重要地位。

全球化战略是阿里巴巴的另一大亮点。通过收购东南亚电商平台Lazada，以及推出全球速卖通等平台，阿里巴巴逐步拓展了其国际业务版图。如今，阿里巴巴的业务已经覆盖了全球200多个国家和地区，成为全球知名的电商平台之一。

技术创新是阿里巴巴战略规划的核心。公司投入大量资源进行技术研发，推动云计算、大数据和人工智能等技术的应用。阿里云作为全球领先的云服务提供商，为阿里巴巴的业务提供了强大的技术支持，同时也为其他企业提供了数字化转型的解决方案。

多元化业务拓展也是阿里巴巴战略规划的重要组成部分。除了电商领域，阿里巴巴还拓展了金融科技（蚂蚁集团）、物流（菜鸟网络）、数字媒体（优酷）等多个领域。通过资源共享和优势互补，阿里巴巴在多个领域取得了领先地位，增强了企业的综合竞争力。

阿里巴巴的战略执行非常成功。通过平台化经营、全球化战略、技术创新和多元化业务拓展，阿里巴巴不仅实现了从电商巨头到数字经济基础设施的转型，还为全球数字经济的发展做出了重要贡献。阿里巴巴的故事告诉我们，一个清晰的战略规划和高效的执行力是企业在复杂多变的市场环境中取得成功的关键。

课堂讨论

1. 结合案例，分析计划对于企业应对市场变化和实现长期目标的作用。
2. 阿里巴巴的战略规划涵盖了全球化、技术创新、多元化业务等多个方面。这些计划属于哪种类型（长期计划、短期计划、专项计划等）？不同类型的计划在阿里巴巴的发展中分别起到了什么作用？

阅读材料

孙膑的"围魏救赵"

战国时期，魏国大将庞涓率军围攻赵国都城邯郸，赵国形势危急，向齐国求救。齐威王任命田忌为将，孙膑为军师，出兵救援。面对强大的魏军，孙膑提出了"围魏救赵"的战略计划。

孙膑分析形势后认为，直接与魏军交战难以取胜，而魏国首都大梁兵力空虚。于是，他建议齐军绕道直奔大梁，迫使魏军回援。庞涓得知齐军进攻大梁，果然慌忙撤军回救。孙膑抓住时机，设伏于桂陵，以逸待劳，最终大败魏军，赵国之围得以解除。

课堂讨论

1. 孙膑的"围魏救赵"计划为何能成功？请结合案例分析计划在解决问题中的重要性。
2. 在"围魏救赵"中，孙膑的计划展现了高度的灵活性。请分析这种灵活性是如何帮助他应对复杂多变的战场环境的。

同步练习与测试

一、单项选择题

1. 使计划数字化的工作被称为（　　）。
   A. 规则　　　　　B. 预算　　　　　C. 战略　　　　　D. 政策
2. 管理的首要职能是（　　）。
   A. 计划　　　　　B. 组织　　　　　C. 领导　　　　　D. 控制
3. （　　）是一个组织的最根本的目标。
   A. 预算　　　　　B. 规划　　　　　C. 宗旨　　　　　D. 程序
4. （　　）是组织为实现长远目标所选择的发展方向、所确定的行动方针，以及相应的资源分配的方针和方案的总纲。
   A. 政策　　　　　B. 战术　　　　　C. 使命　　　　　D. 战略
5. 作业计划一般由（　　）制订。
   A. 基层员工　　　　　　　　　　B. 基层管理者
   C. 中层管理者　　　　　　　　　D. 高层管理者

二、判断题

1. 计划是管理的首要职能，是管理中最基本的职能。（　　）
2. 组织计划是分层制定的，各管理层都要制定战略、战术计划和作业计划。（　　）
3. 组织目标具有唯一性，多重目标会使组织无所适从。（　　）
4. 甘特图是一种条形图，常用于作业计划的制定及计划完成情况的检查。（　　）
5. 网络计划技术是用"近细远粗"的基本方法制定计划的。（　　）

三、简答及论述题

1. 计划工作的常用工具和方法主要有哪些？
2. 什么是目标管理法？谈谈它的过程和特点。

管理技能训练

一、管理实战案例分析

小阿姨牛肉面馆的创业始末

2005年初，上海对外贸易学院大三的三名女生做了一次有意义的创业尝试。这三位女生分别是来自国际贸易专业的洪菲菲、王驰怡和电子商务专业的薛霁雯。虽说她们在松江大学城创办的"小阿姨牛肉面馆"前后历时仅三个月，创业之路最终未能继续走下去，但这次尝试却让三名大学生有了一次难得的创业实践经验。

三位年轻创业者怎么想到要在松江大学城经营一家牛肉面馆的呢？原来，她们三个人私下里是相处得很好的朋友，而且家也都住在上海市普陀区。在她们家附近有一家面馆生意非常火爆，她们都特别喜欢吃那家的牛肉面，放假回家的时候常常光顾。有时，她们甚至想，要是在松江大学城也有一家这样的面馆就好了。一次非常偶然的机会，她们知道了面馆味道鲜美、生意火爆的"秘方"，当时就想："松江大学城哪里能吃到味道这么好的牛肉面呀，现在我们知道了秘方，要是在松江大学园区开一家面馆的话，一定会深受同学们的欢迎，生意一定会非常火爆。"于是，三名大学生就有了自己在松江大学城开一家牛肉面馆的想法。有了这样的想法，她们立刻动手做了起来。她们拿出了自己平时节省下来的钱，每人出资1.3万元，注册了"小阿姨牛肉面馆"，并在松江大学城学生生活区租用了店面，雇了两个厨师和两个勤杂工，一家牛肉面馆就这么创办起来了。

牛肉面馆开张的第一个月生意非常火爆，每日都顾客盈门，一天的营业额可以达到2000元左右。为了扩大影响，在开张之前，她们向许多同学分发了宣传单，为即将开张的面馆做足宣传；同时，三位创业者还一起去拍了一张三个人的巨幅合影海报，并将这张海报张贴在店门口，带来了很好的广告效应。开张的第一天，三个人的父母以及亲朋好友都来捧场，送了很多花篮也放了礼炮等，这些都制造了很好的宣传效果；此外，第一天的轰动效应还主要来自同学的支持，那天仅国贸专业以及电子商务专业的学生加起来就超过百人，所以很多人都看到，牛肉面馆开业那一天，门口排了一条很长的队伍，这一现象让许多路过的人都十分好奇，怎么一家新开张的面馆生意这么好，因此第一个月光顾的人很多。

但是，牛肉面馆开到第二个月，生意就没那么好了。一个原因是，主厨的师傅只待了一个月就走了。大师傅一走，后来的厨师手艺差了些，无法完全掌握煮牛肉面的精髓和秘方，所以第二个月，牛肉面的味道就差了很多。另外一个原因是，对于大学城的学生消费者而言，面条的价格偏贵。小阿姨牛肉面馆由于选用的都是品质上乘的牛肉，面汤也是用真正的牛骨头熬出来的，因此7.3元一碗的定价要高于大学园区其他的面、餐，导致前来就餐的同学越来越少。

到了第三个月，牛肉面馆的生意更加冷清，加上期末临近，三个创业者还是在校大学生，也都面临期末考试的压力。于是，冷清的生意让大家没有了当初的热情，期末临近又使得她们无心打理业务。最后，三个人感到"回天无力"，于是选择了关门歇业。之后算了算支出和收益，平均每人净亏损3 000元。

三位创业者对于自己的此次创业都有一番难忘的心得。洪菲菲认为自己是商科类专业的学生，原本就是学习怎样做生意的，此次"创业实践"让她学到了书本上没有的知识。例如，对于牛肉进货，她学会了如何选择供货商，学会了辨别货品有没有以次充好，还学会了如何处理资金周转不畅等许多实际问题。

王驰怡认为，从这次创业中，自己也得到了一些宝贵的经验与教训。她认为获得的第一个教训是：这个创业决策太冲动了。由于事前没有做好充分的市场调查研究及进行合理的市场定位，从有开店的想法到面馆的实际开张只花了一个星期的时间。因此，对很多问题尚未考虑清楚，仅凭一腔热情就匆匆开业了。之后，三个人发现松江大学城内的餐饮业大多数都是亏本的。因为学生放假，这里的店铺全年只能做到9个月的生意，而且由于双休日的原因，上海本地的大学生基本上都会回家过周末，因此双休日的生意非常惨淡。所以，虽然房租看上去是6 000元一个月，但是按全年分摊下来却超过了8 000元。第二个教训是：对大学生的消费能力没有准确的定位。这样的牛肉面馆在上海市区或许会非常成功，因为在市区吃一碗面十几块钱很正常，可是在松江大学城的学生心目中，一碗面条只能卖3~4元。小阿姨牛肉面用了上等的原料，味道很好，但是成本也很高，加上牛肉面馆雇用了几个人，这些都增加了成本，导致价格居高不下。

问题：
1. 请运用SWOT分析方法对三位大学生的创业活动进行分析。
2. 小阿姨牛肉面馆的创业活动为什么会失败？对你有何启示？
3. 创业计划应如何制订？创业计划可以对创业活动起到怎样的作用？

二、大学生模拟公司系列实训

模拟公司创业计划书的写作实训

1．实训目的

通过本次实训，帮助同学们提升团队协作与方案设计能力，熟悉并掌握创业计划书的基本结构、写作内容及行文风格，为未来可能的创业活动奠定基础。

2．任务概述

各模拟公司需结合管理学课程中的计划制定方法，深入研讨并确定本公司的创业计划书结构及内容。通过团队合作，完成创业计划书的撰写，并准备路演宣讲。

3. 方案制定

按照创业计划书的基本格式进行撰写，包括但不限于以下几个部分：项目概述、市场分析、产品或服务、营销策略、团队介绍等内容应具有创意，同时必须具有现实可行性，确保计划书具有实际操作性。要求提交计划书的Word电子稿，格式规范，内容完整。根据创业计划书内容，制作PPT用于路演宣讲，PPT应简洁明了，突出重点，避免过多文字堆砌。

4. 路演宣讲

班级将组织一次路演宣讲会，为各模拟公司提供展示平台。每个模拟公司需派出一名代表进行路演宣讲，宣讲时间控制在10分钟以内。宣讲结束后，由参加宣讲会的指导老师及其他同学针对宣讲内容提问。模拟公司代表需进行答辩，回答问题时应清晰、准确，能够针对问题进行合理解释和说明。

三、管理技能自我测试

工作计划检核问卷

本问卷旨在帮助您检核制订的工作计划是否清晰、具体、明确。请根据您的工作计划，如实回答以下问题。每个问题只需回答"是"或"否"。

1. 工作计划是否明确指出了目标和预期成果？
2. 工作计划是否详细列出了完成目标所需的步骤和任务？
3. 工作计划是否指定了每项任务的责任人？
4. 工作计划是否明确了每项任务的完成时间？
5. 工作计划是否考虑了资源分配（如时间、资金、人力等）？
6. 工作计划是否包含了应对潜在问题的预案？
7. 工作计划是否经过团队成员的讨论和认可？
8. 工作计划是否清晰区分了主要任务和次要任务？
9. 工作计划是否提供了评估进度和成果的方法？
10. 工作计划是否与团队或组织的整体目标一致？

是：表示工作计划中已经明确包含了该内容。
否：表示工作计划中尚未包含该内容，需要进一步完善。

【结论检测】

完成问卷后，根据回答情况，可以对工作计划进行以下优化：
① 如果回答"否"的问题较多，建议检查工作计划，补充和完善相关内容。
② 对于回答"否"的问题，可以与团队成员讨论，共同制定解决方案。

单元 5 组 织

学习目标

素养目标

1. 树立组织管理意识，增强团队协作精神。
2. 坚定管理伦理，增强人文情怀，提升社会责任感和使命感。

知识目标

1. 理解组织的含义及类型，掌握组织设计的基本程序和内容。
2. 了解人员配备与组织力量的整合，理解团队组织的基本概念和特征。
3. 掌握组织结构的基本类型及其优缺点，理解集权与分权的管理原则。

能力目标

1. 能够进行部门划分，建立合理的组织结构。
2. 能够进行人员配备，能够协调职权关系，具备群体管理与团队建设的初步能力。
3. 能够根据组织目标设计合理的组织结构，并灵活运用集权与分权的管理策略。

知识导图

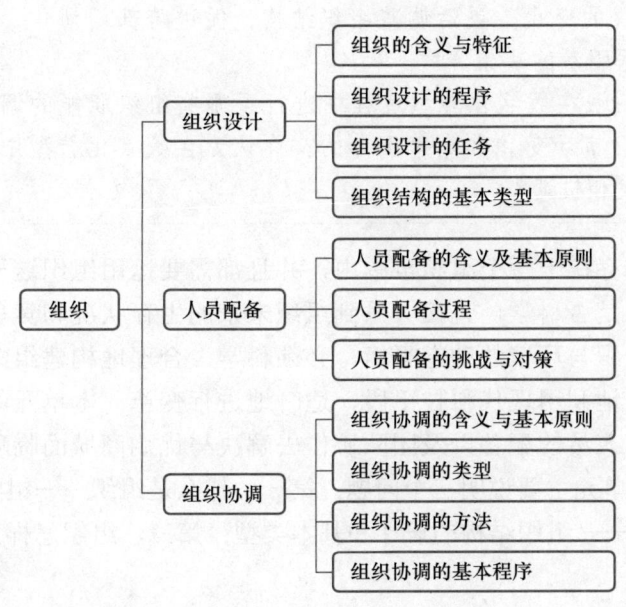

单元引例

"优购商城"的重构

在当今快速变化的商业环境中，数字化转型已成为企业生存和发展的关键。某知名零售企业"优购商城"在面临电商巨头和新兴社交电商崛起的双重压力下，决定进行全面的数字化转型。然而，这一转型不仅仅是技术的升级，更是组织结构和职能的全面重构。

优购商城成立于2005年，最初以线下实体店为主，逐步扩展到线上电商平台。随着市场环境的变化，优购商城意识到传统的组织结构和职能划分已无法适应数字化转型的需求。公司决定从以下几个方面进行组织重构：

扁平化管理：优购商城原有的组织结构层级较多，决策流程冗长。为了加快决策速度，公司决定减少管理层级，推行扁平化管理。通过这一改革，信息传递更加迅速，员工能够更快地响应市场变化。

跨部门协作：数字化转型需要技术、市场、运营等多个部门的紧密合作。优购商城成立了跨部门的数字化转型小组，由各部门精英组成，专门负责数字化转型项目的推进。这一举措打破了部门壁垒，促进了信息的流通和资源的共享。

灵活的工作模式：为了适应数字化转型的需求，优购商城引入了灵活的工作模式，包括远程办公、弹性工作时间等。这不仅提高了员工的工作满意度，还吸引了更多高素质人才的加入。

数据驱动的决策：在数字化转型过程中，优购商城建立了大数据分析平台，通过数据驱动决策。公司成立了专门的数据分析团队，负责收集、分析和解读数据，为管理层提供决策支持。

通过组织重构，优购商城成功实现了数字化转型，不仅提升了运营效率，还大幅提高了市场竞争力。这一案例表明，组织职能的调整和优化是数字化转型成功的关键。企业需要根据外部环境的变化，灵活调整组织结构，促进跨部门协作，引入灵活的工作模式，并充分利用数据驱动的决策方式。

请思考：优购商城在数字化转型过程中进行了哪些组织职能的调整？这些调整是如何帮助优购商城应对市场变化和竞争压力的？你认为在数字化转型中，组织职能的调整还有哪些可能的挑战和机遇？

每项管理活动都存在于一个组织范围内，并且都需要运用组织这一基本职能。因此，组织设计和运转机制是否科学，直接关系到组织未来的生存状况和竞争能力。要使组织高效率地运转、实现组织与环境的动态平衡，必须科学、合理地构建组织，并且要随着时间和环境的变化，充分地利用现代科技手段，适时地进行变革。本单元的任务是阐述如何应用组织结构的设计、人员的配备以及团队协作去解决与优购商城面临环境变化所遇困境相类似的管理问题。本单元主要说明三个问题：第一，什么是组织——组织概念和基本特征；第二，组织如何设计——组织结构的设计和基本类型；第三，组织怎样发挥作用——人员配备与组织协调。

5.1 组织设计

案例导入

凯迪公司的问题

凯迪公司是上海市的一家中型企业，主营业务是为企业用户设计和制作商品目录手册。公司在浦东开发区和市区内各设有一个业务中心，这里分别简称A中心、B中心。

A中心内设有采购部和目录部。采购部的职责是接受用户的订单，并选择和订购制作商品目录所需要的材料；目录部则负责设计用户定制的商品目录。凯迪公司要求每个采购员都独立开展工作，而目录部的设计人员则必须服从采购员提出的要求。

凯迪公司的总部和B中心都设在市区。B中心的职责是专门负责商品目录的制作。刘利是凯迪公司负责业务经营的主管，他经常听到设计人员抱怨自己受到的约束过大，从而无法实现艺术上的创新与完美。最近，刘利在听取有关人员的建议后，根据公司业务发展的需要，决定在B中心成立一个市场部，专门负责分析市场需求和挖掘市场潜力，并向采购员提出建议。市场部成立后不久，刘利听到了各种不同意见。例如，采购员和设计员强烈反映说，公司成立市场部不但多余，而且干涉了他们的工作。对此，市场部人员则认为，采购员和设计员太过墨守成规、缺乏远见。刘利作为公司的业务经营主管，虽然做了大量的说服工作并先后调换了有关人员，但效果仍不理想。他很纳闷：公司的问题究竟出在什么地方？

这则案例生动地描述了凯迪公司组织结构设计和运作中存在的问题。市场研究、产品推销、产品设计、材料采购，这些部门之间的工作配合在凯迪公司中已明显地出现了问题。

请思考：组织运转不顺利，原因在哪里？是设立市场部的决策错了，还是采购员和设计员之间的私怨需要解决？抑或是各职能部门之间的沟通没有建立起有效的渠道？凯迪公司有没有必要单独成立一个负责市场研究的机构？如有必要，应该怎么设置？如果没必要，是否应该由什么人员或部门来承担起这方面的责任？对凯迪公司中的各个业务经营部门，应该如何界定其职责权限？凯迪公司实质上是职能型结构还是地区事业部结构？这些问题的答案与管理的组织职能密切相关。

知识精讲

社会化生产中的组织，由于管理系统内部分工协作的不同，所建立起来的组织可能发挥很不一样的效能。如果一个组织内部结构不合理、指挥失灵、人浮于事、内耗丛生，势必难以保证组织使命目标的完成。组织结构之于企业，如同人的骨架之于身体，是企业生存发展必不可少的重要条件。为了给企业建立一个合理、健全的组织结构，管理者就必须有效地开展组织工作。

5.1.1 组织的含义与特征

1．组织的含义

从管理学的角度分析，组织有两种含义：一方面，组织是作为组织工作对象的"组织"，如政府行政机关、工厂企业、公司财团、学校、医院、宗教党派、学术行业等组织，它代表某一实体本身。另一方面，组织是作为组织工作或组织职能的"组织"，它是指管理者所开展的组织行为、组织活动过程。具体来讲，组织是指为了有效实现共同目标，合理地进行组织结构设计与职务设计并配备人员，确定各自的职责与职权以及组织内部成员之间的相互关系的过程。从本质上说，组织是为了达到组织目的而将所需要的人和物等资源建立起合理的结合关系，为了保证信息传递和成员间的沟通协调而开展的管理活动。

2．组织的特征

一个实体之所以被称为组织，它必须具备三个基本特征：①组织起源于共同的目标，即组织都具有明确的目的。②每一个组织都是由一定的人群组成。③所谓的组织都派生出相应的系统性的结构，用以控制和规范组织内成员的行为。例如，制定规则，建立规章制度，编写职责与职权，向组织内的成员说明应该做什么、由谁来做，相互之间如何协调等。

5.1.2 组织设计的程序

1．明确组织目标

组织目标是一切组织活动的依据，组织设计要考虑如何更有效地实现组织目标。

2．确定业务内容

根据组织的目标，确定为实现组织目标所必须进行的业务管理工作，并按其性质适当分类。如企业的研究与开发、产品设计与制造、市场开拓、顾客服务等。明确各类活动的范围和大概工作量，并进行业务流程的设计。

3．层次化与部门化

根据组织规模、技术特点、业务工作量的大小，确定需要设计的单位和部门，并把性质相同或相近的管理业务工作分归适当的部门和单位负责，形成层次化、部门化的结构。

4．配备职务人员

根据各单位和部门所分管的业务工作和对人员素质的要求，挑选和配备称职的人员及其行政负责人，并明确其职务和职称。

5．规定职责权限

根据组织目标的要求，明确规定各单位和部门及其负责人对管理业务应负的责任以及评价工作业绩的标准。同时，也要根据业务工作的实际需要，授予各单位和部门及其负责人相应的权力。

6．联成一体

明确规定各单位、各部门之间的相互关系以及它们之间的信息沟通和相互协调方面的原则和方法，把各个组织实体上下左右连接起来，形成一个能够协调运作、有效地实现组织目标的管理组织系统。

5.1.3 组织设计的任务

组织设计的程序指出了组织设计的主要任务和工作内容：明确目标、工作划分与职务设计、管理幅度与管理层次、部门划分、人员配备、职权划分等。

1．工作划分与职务设计

实现计划拟定的目标是组织的总任务，作为管理者必须把这个总任务划分成许多具体的工作任务，使组织内的每个部门及每个成员承担一部分。把完成组织目标的总任务划分成若干个各不相同又相互联系的具体任务的过程，就是工作划分。

职务设计是在工作划分的基础上，设计和确定组织内从事具体管理和作业活动所需的职务类别和数量，分析担任每个职务的人员应负的责任、应具备的素质要求。职务设计的结果体现为"职务说明书"，它具体说明该岗位的工作目的、工作内容与特征、技能要求、岗位权力、责任、与其他工作岗位的关系以及工作环境。职务说明样本见表5-1。

表5-1　职务说明样本

职务：发货员
部门：货品收发部门
地点：仓库C大楼
职务概况：听从仓库经理指挥，根据销售部门传递来的发货委托单据，将货品发往客户。和其他发货员、打包工一起，徒手或靠电动设备从货架搬卸货品，打包装箱，以备卡车、火车、空运或邮递。正确填写和递送相应的单据报表，保存有关记录文件。
教育程度：高中毕业
工作经历：可有可无
岗位责任：
1．花70%的工作时间做以下工作：
（1）从货架上搬卸货品，打包装箱。
（2）根据运输单位在货运单上标明的要求，磅秤纸箱并贴上标签。
（3）协助送货人装车。
2．花15%的工作时间做以下工作：
（1）填写有关运货的各种表格（如装箱单、发货单、提货单等）。
（2）凭借键控穿孔机或理货单，保存发货记录。
（3）打印五花八门的表格和标签。
（4）把有关文件整理归档。
3．剩余的时间做以下工作：
（1）开公司的卡车送货去邮局，偶尔经营当地的直接投递。
（2）协助别人盘点存货。
（3）为其他发货员或收货员核查货品。
（4）保持工作场所清洁，一切井井有条。
管理状况：听从仓库经理指挥，除非遇到特殊问题，要求独立工作。
工作关系：与打包工、仓库保管员等密切配合，共同工作；装车时与卡车司机联系，有时也和销售部门的人接触。
工作设备：操纵提货升降机、电动运输带、打包机、计算机终端及打字机。
工作环境：干净、明亮、有保暖设备；行走自如，攀登安全，提货方便；开门发货时，要自己动手启门。

2. 管理幅度与管理层次

（1）管理幅度与管理层次的关系。

管理幅度是指一个主管能够直接有效地指挥和监督的下属数量。管理层次则是指从最高主管到具体工作人员之间的层级数量。

在组织规模已定的条件下，管理层次与管理幅度成反比：主管直接控制的下属越多，管理层次越少；相反，管理幅度减少，则管理层次增加。

管理层次与管理幅度的反比关系决定了两种基本的管理组织结构形态：扁平型结构和高长型结构。

扁平型组织结构是指在一定的组织规模下，主管人员的管理幅度较大、组织的管理层次较少的一种组织结构形态。这种形态的优点是由于管理的层次少，信息的沟通和传递速度比较快，因而信息的失真度也比较低；其缺点是过大的管理幅度增加了主管对下属的监督和协调控制难度。高长型组织结构是管理幅度较小而管理层次较多的高、尖型的金字塔形态。高长型结构的优点是由于管理的层次比较多，管理幅度比较少，每一管理层次上的主管都能对下属进行及时的指导和控制；其缺点是过多的管理层次往往会影响信息的传递速度，因而信息的失真度可能会比较大，这又会增加高层主管与基层之间的沟通和协调成本，增加管理工作的复杂性。

（2）管理幅度的影响因素。

任何组织在进行结构设计时都必须考虑主管人员直接指挥与监督的下属人数以多少为宜。一般来说，即使在同样获得成功的组织中，每位主管直接管辖的下属数量也不一定相同。有效管理幅度的大小受到管理者本身的素质及被管理者的工作内容、能力、工作环境与工作条件等诸多因素的影响，每个组织及组织中的每个管理者都必须根据自身的情况来确定适当的管理幅度，在此基础上再确定组织相应设置的管理层次数。

3. 部门划分

部门具体采用的划分方式应以有利于组织目标的实现为原则。下面主要介绍按照职能、产品、区域等进行划分的部门化方式。

（1）职能部门化。

职能部门化是根据业务活动的相似性来设立管理部门的，如这些活动的业务性质是否相近，从事活动所需的业务技能是否相同，这些活动的进行对同一目标的实现是否具有紧密相关的作用。基本的职能部门化组织结构图如图5-1所示。

（2）产品部门化。

在企业发展初期，业务单纯、规模较小时，往往采用按职能设立部门的形式。但是，随着企业的成长和品种的多样化，把制造工艺不同和用户特点不同的产品集中在同一生产部门或销售部门管理，会给部门主管带来日益增多的困难。因此，如果主要产品的数量足够大、不同产品的用户或潜在用户足够多，那么组织的最高管理层除了保留财务、人事、采购、公关等必要的职能外，就应该考虑根据不同产品设立管理部门、划分管理单位，把同一产品的生产或销售工作集中在相同的部门组织进行。典型的产品部门化组织结构图如图5-2所示。

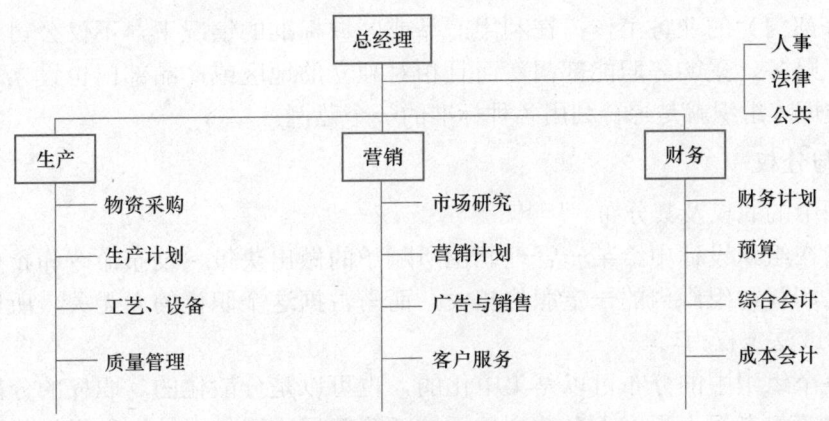

图5-1 基本的职能部门化组织结构图

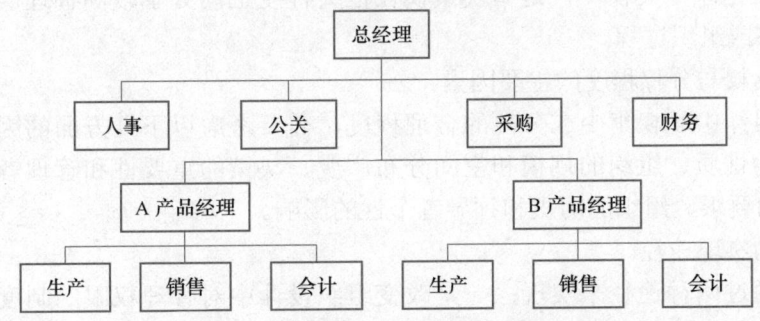

图5-2 典型的产品部门化组织结构图

（3）区域部门化。

按区域划分部门是将一个特定地区的经营活动集中在一起，委托给区域的管理者去完成。对于一个空间分布很广的企业来说，总部的管理人员很难及时了解各地区的具体情况而进行正确的指挥，这是产生区域部门化的一个基本原因。典型的区域部门化的组织结构图如图5-3所示。

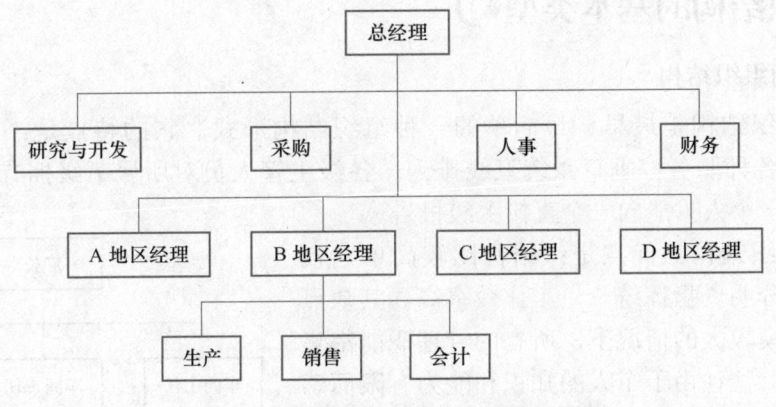

图5-3 典型的区域部门化的组织结构图

（4）综合标准与矩阵组织。

其实，任何组织都不可能根据单一的标准来设计管理组织，而必须同时利用两种或两种以上的部门化方式。在职能部门化的情况下，各职能部门内部可能按地区或产品来组织各个小组（分部门）的业务工作；在利用产品或区域标准的情况下，不仅公司总部保留了必要的人事、财务、采购等职能部门，而且相对独立的地区或产品部门也设立了一些必要的职能机构。矩阵组织就是综合利用各种标准的一个范例。

4．集权与分权

（1）组织中的职权及其分布。

职权是指在组织设计中给某一管理职位所赋予的做出决策、发布命令和希望命令得到执行的权力。职权与组织内的一定职位相关，而与占据这个职位的人无关，所以它通常被称为制度权力或法定权力。

职权在整个组织中的分布可以是集中化的，也可以是分散化的。职权的分散化即"分权"，是指决策权在很大程度上分散到处于较低管理层次职位上的一种组织状态或组织过程。职权的集中化即"集权"，是指决策权在很大程度上向处于较高管理层次的职位集中的一种组织状态或组织过程。

（2）影响集权与分权程度的主要因素。

确定一个组织中职权集中或分散的合理程度，需要考虑以下几方面的因素：经营环境条件和业务活动性质、组织的规模和空间分布广度、决策的重要性和管理者的素质、对方针政策一致性的要求、组织的历史和领导者个性的影响。

（3）分权的实现途径。

分权可以通过两种途径来实现：一是改变组织设计中对管理权限的制度分配；二是促成主管人员在工作中充分授权。前者是对组织中职权关系的一种再设计，是在组织变革过程中实现的；后者则是在组织运行中，通过各层领导者的权力委让行为，系统地将决策权授给中下层管理者，使他们切切实实地得到组织制度所规定的权力。

所谓授权，是指上级管理者随着职责的委派而将部分职权委让给对其直接报告工作的部属的行为。其本质就是管理者不要去做别人能做的事，而只做那些必须由自己来做的事。

5.1.4 组织结构的基本类型

1．直线制组织结构

直线制组织结构是最早、最简单的一种组织结构形式。它的特点是：没有管理职能部门，组织中各种职务按垂直系统直线排列，各级主管人员对所属下级拥有直接的一切职权，组织中每一个人只能向一个直接上级报告。

直线制组织结构的优点是：结构比较简单，权力集中；责任分明，指挥统一，工作效率高。其缺点是：在组织规模较大的情况下，所有的管理职能都集中由一人承担，往往由于个人的知识和能力有限而感到难于应付，顾此失彼，可能会发生较多失误。一般来说，这种组织结构形式只适用于技术较为简单、业务单纯、规模较小的企业或者是对现场的作业管理。直线制组织结构图如图5-4所示。

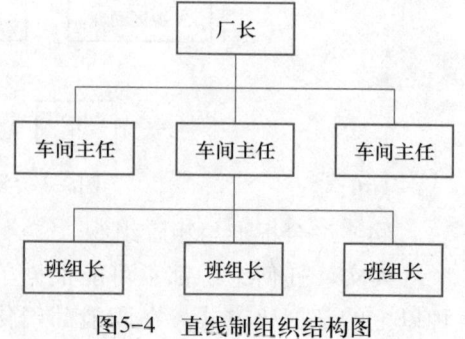

图5-4　直线制组织结构图

2. 职能制组织结构

职能制组织结构是科学管理之父泰勒首先提出的。其特点是：按专业分工设置管理职能部门，各部门在业务范围内有权向下级发布命令，每一级组织既服从上级的指挥，也听从几个职能部门的指挥。

职能制组织结构的优点是：能够适应现代组织技术比较复杂和管理分工较细的特点，能够通过发挥职能机构的专业管理作用减轻上层主管人员的负担。但其缺点也比较明显：这种结构形式妨碍了组织必要的集中领导和统一指挥，形成了多头领导的局面，不利于明确划分直线人员和职能科室的职责权限，容易造成管理的混乱。职能制组织结构图如图5-5所示。

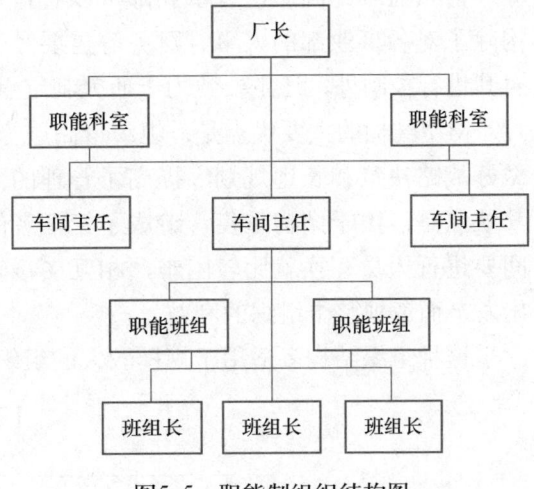

图5-5　职能制组织结构图

3. 直线职能制组织结构

直线职能制组织结构又称U型结构。它是以权力集中于高层为特征的组织结构。它的基本特征为：企业的生产经营活动按照功能划分为若干个职能部门，如生产、销售、研究开发等，每一个部门又是一个垂直管理系统，由企业最高层领导直接进行管理；生产过程的主要决定必须由高层主管和职能部门同时介入才能做出。其优点是：领导集中、职责清楚、秩序井然、工作效率较高、整个组织有较高的稳定性。其缺点是：下级部门的主动性和积极性的发挥受到限制；部门间互通情报少，不能集思广益地做出决策；当职能部门和直线部门之间目标不一致时，容易产生矛盾，致使上层主管的协调工作量增大；难于从组织内部培养熟悉全面情况的管理人才；整个组织系统的适应性较差，因循守旧，对新情况不能及时做出反应。这种组织结构形式对中、小型组织比较适用，但对于规模较大、决策时需要考虑较多因素的组织则不太适用。直线职能制组织结构图如图5-6所示。

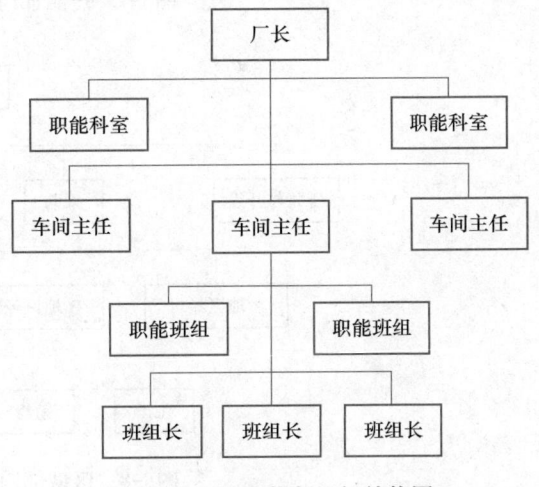

图5-6　直线职能制组织结构图

4. 事业部制组织结构

事业部制组织结构又称M型结构，是美国管理学家阿尔弗雷德·斯隆在20世纪20年代针对企业实行多样化经营所带来的复杂问题而提出来的。

事业部制组织结构是一种分权式结构，是在总公司领导下按产品、地区或市场划分，统一进行产品设计、采购、生产和销售，相对独立经营、单独核算的部门化分权结构。事业部是总公司控制下的利润中心，拥有较大的生产经营权，能够像独立的企业那样根据市场情况自主经营。事业部下设自己的职能部门，如生产、销售、开发、财务等，独立核算、自负盈亏。因此，各事业部可以看作是一个个小公司。在各事业部之上的公司总部机构除了对各事业部的人事、财务等重要经营活动进行监督、评价和协调，并通过利润指标对其进行控制外，还主要致力于研究制定重大方针、政策和战略性计划。

M型结构的主要优点是：组织最高层管理摆脱了具体的日常管理事务，有利于集中精力做好战略决策和长远规划，提高了管理的灵活性和适应性，有利于培养和训练管理人才。其缺点是：由于结构重复，造成了管理者的浪费；由于各个事业部独立经营，各事业部之间要进行人员互换就比较困难，相互支援较差；各事业部主管人员考虑问题往往从本部门出发，而忽视整个组织的利益。

这种组织结构多适用于规模较大的组织，事业部制组织结构如图5-7和图5-8所示。

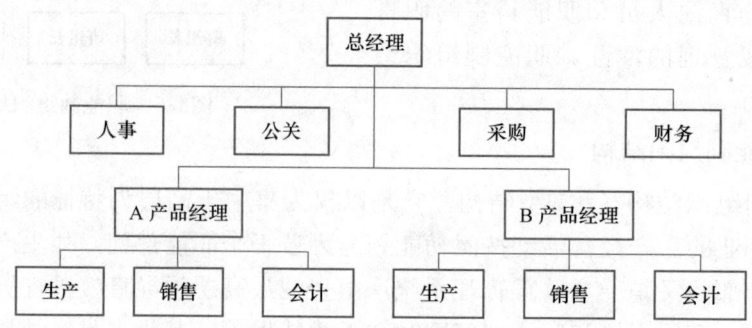

图5-7　产品部门化事业部制组织结构图

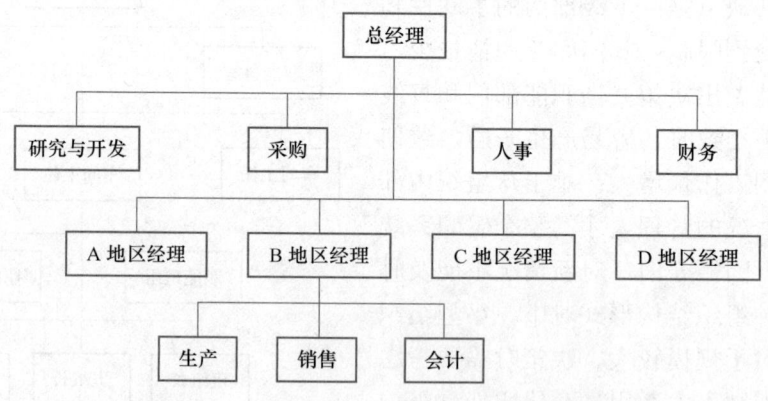

图5-8　区域部门化事业部制组织结构图

5．矩阵制组织结构

矩阵制组织结构又称规划——目标组织结构。这种组织是把按职能划分的部门和按产品（或项目、服务等）划分的部门结合起来组成一个矩阵，使同一名职工既同原职能部门保持组织与业务上的联系，又参加产品或项目小组的工作。

职能部门是固定的组织，项目小组是临时性组织，完成任务以后就自动解散，其成员回原部门工作。为了保证完成一定的管理目标，每个项目小组都要设负责人，在组织的最高主管直接领导下进行工作。它的优点是：高效、灵活，打破了一个员工只受一个部门领导的管理原则，使组织中横向和纵向联系密切；职能部门之间相互沟通、共同决策，提高了工作效率；不同专业的人员组织在一起，有助于激发他们的工作积极性。矩阵制组织结构的缺点是：项目小组成员一般来自不同的部门，隶属关系仍然在原部门，因此，项目经理对成员管理上的困难、指挥上的双重性是矩阵制的一个重要缺陷；同时，项目小组的成员是临时组成的，容易产生临时观念，可能对工作产生一定的不利影响。

矩阵制组织结构的特点决定了这种形式适用于一些需要集中多方面专业人员集体攻关的项目和企业。航天航空企业、工程建设企业等采用这种组织结构形式产生的效益比较明显。矩阵制组织结构图如图5-9所示。

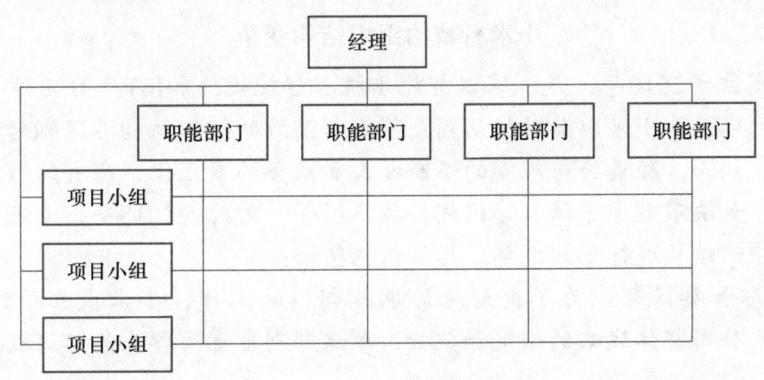

图5-9　矩阵制组织结构图

6．网络制组织结构

网络制组织结构是目前流行的一种新型组织结构，它能够使管理者对于新技术、新时尚或者来自域外的低成本竞争具有更大的适应性和应变能力。它是以一个小的中心组织为核心、以合同的方式与其他组织建立关系，进行制造、分销、营销或其他关键任务的经营活动的结构。网络制组织结构是小型组织的一个可行选择。它可以把众多的各具特色的小型组织联合起来，相互支持、互为补充，不仅可以使每个组织获得开展经营活动所需要的资源，而且在生产经营活动中强化了各自的竞争优势。

网络制组织结构也可以为大型组织所采用。这些组织与独立的设计者、制造商、代理商等建立合同关系，依合约履行其相应的职能。大型组织也可以将某些职能活动对外承包出去，借助合作单位的力量，强强联合，重新整合组织，以提高竞争力。

网络制组织结构并不是所有组织都适用，它也有自己的优势与不足。其优势主要是：组织结构精简，能突出自己的核心功能；组织具有更强的灵活性和适应性。而不足之处在于：组织控制难度大，控制成本高，需要具有专业技术，并且组织受环境的影响也较强。因此，网络制组织结构比较适用于有较大的灵活性、随时对社会风尚做出反应的制造业，同时也适用于那些需要廉价劳动力的组织。网络制组织结构图如图5-10所示。

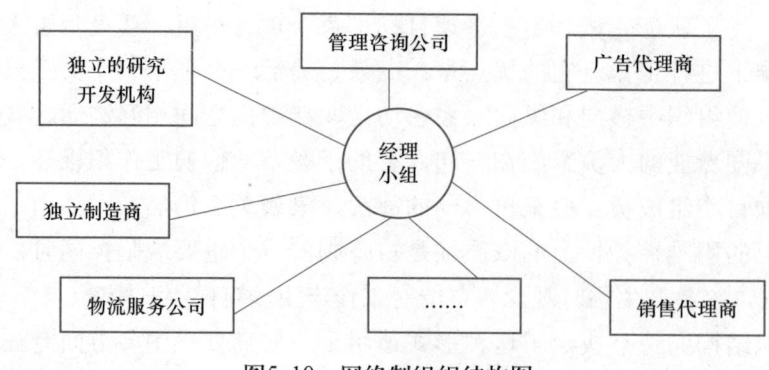

图5-10 网络制组织结构图

阅读材料

小米科技的组织结构变革

小米科技成立于2010年,是一家以智能手机、智能硬件和IoT平台为核心的创新型科技企业。自成立以来,小米以其独特的商业模式和高效的组织结构迅速崛起,成为全球知名的科技公司。然而,随着公司规模的不断扩大和业务的多元化,原有的组织结构逐渐暴露出一些问题,如决策效率下降、部门间协作不畅等。为此,2018年,小米科技创始人雷军宣布对公司组织结构进行重大调整。具体措施包括:

设立组织部和参谋部:为了更好地协调各部门的工作,小米成立了组织部和参谋部。组织部负责公司整体战略的制定和执行,参谋部则负责为各业务部门提供专业支持和建议。

业务部门重组:小米将原有的多个业务部门重组为十大业务板块,包括手机部、生态链部、互联网部等。每个业务板块由一位高级副总裁负责,直接向雷军汇报。

区域市场管理:为了加强对全球市场的管理,小米设立了多个区域总部,如印度总部、东南亚总部等。每个区域总部负责该地区的市场拓展、销售和售后服务。

职能部门的整合:小米将原有的多个职能部门整合为四大职能中心,包括人力资源中心、财务中心、法务中心和行政中心。这些职能中心为各业务板块提供统一的支持和服务。

小米科技的组织结构调整充分体现了组织设计在企业管理中的重要性。通过设立组织部和参谋部,小米加强了对公司整体战略的掌控;通过业务部门重组,提高了各部门的专业性和协作效率;通过区域市场管理,加强了对全球市场的拓展和管理;通过职能部门的整合,提高了资源利用效率和管理水平。

此次组织结构调整不仅帮助小米解决了快速发展过程中遇到的问题,还为公司的持续创新和全球化发展奠定了坚实的基础。小米的成功经验表明,科学合理的组织设计是企业实现战略目标的重要保障。

课堂讨论

1. 小米科技的组织结构调整主要解决了哪些问题?
2. 事业部制组织结构有哪些优缺点?
3. 如果你是小米科技的管理者,你会如何进一步优化公司的组织结构?

5.2 人员配备

> **案例导入**
>
> 王珪鉴才
>
> 在一次宴会上,唐太宗对王珪说:"你善于鉴别人才,尤其善于评论。你不妨从房玄龄等人开始,都一一做些评论,评一下他们的优缺点,同时,和他们互相比较一下,你在哪些方面比他们优秀?"
>
> 王珪回答说:"孜孜不倦地办公,一心为国操劳,凡所知道的事没有不尽心尽力去做,在这方面,我比不上房玄龄。常常留心于向皇上直言建议,认为皇上能力、德行比不上尧舜很丢面子,在这方面,我比不上魏徵。文武全才,既可以在外带兵打仗做将军,又可以进入朝廷搞管理、担任宰相,在这方面,我比不上李靖。向皇上报告国家公务,详细明了,宣布皇上的命令或者转达下属官员的汇报,能坚持做到公平公正,在这方面,我不如温彦博。处理繁重的事务,解决难题,办事井井有条,在这方面,我也比不上戴胄。至于批评贪官污吏,表扬清正廉洁,疾恶如仇,好善喜乐,在这方面,比起其他几位能人来说,我也有一技之长。"唐太宗非常赞同他的话,而大臣们也认为王珪完全道出了他们的心声,都说这些评论是正确的。
>
> 请思考:这个故事说明了什么道理?你从中受到了什么启发?

知识精讲

组织中的人员配备是组织工作的一个重要组成部分。人作为组织活动中的主体,人力资源作为组织的"第一资源",其重要性不容忽视,人员配备工作已不仅仅是行政的支持,还是处于与组织长远发展需要相适应的战略性位置。

5.2.1 人员配备的含义及基本原则

1. 人员配备的含义

人员配备是指组织根据其目标和任务,通过科学的方法和程序,选拔、任用、培训和考核组织成员,以确保组织目标的实现。其本质就是利用合格的人力资源对组织结构中的职位进行不断填充的过程。人员配备包括明确组织人才的需求,对现有的人力资源进行摸底、招募、选拔、安置、提拔、考评、奖惩、训练和培养等一系列活动。通过科学合理的人员配备,组织可以充分发挥员工的潜力,提升整体绩效,增强竞争力。

2. 人员配备的基本原则

为了确保人员配备的科学性和有效性,必须遵循以下原则:

（1）因事择人原则。

因事择人是指根据岗位的需求和职责，选择具备相应能力和素质的人员。这一原则强调岗位与人员的匹配性，避免因人设岗或人岗不匹配的现象。具体而言，组织应根据岗位的工作内容、职责要求以及所需的专业知识、技能和经验，选拔最适合的人员。因事择人原则能够确保每个岗位都由最合适的人担任，从而提高工作效率和组织绩效。

（2）人岗匹配原则。

人岗匹配是人员配备的核心原则之一，强调个人的能力、兴趣、性格与岗位要求的高度契合。这一原则要求管理者在选拔和配置人员时，不仅要考虑其专业能力和工作经验，还要关注其职业兴趣、性格特点和发展潜力。通过人岗匹配，可以最大限度地发挥员工的潜能，提升工作满意度和组织归属感，同时减少人员流动率。

（3）公平竞争原则。

公平竞争原则是指在人员配备过程中，应通过公开、公平、公正的方式选拔人才，避免任人唯亲或偏袒现象。组织应建立科学的选拔机制，如公开招聘、考试、面试、测评等，确保所有候选人在同等条件下竞争。公平竞争原则不仅能够吸引优秀人才，还能增强组织的公信力和员工的信任感。

（4）动态调整原则。

组织的外部环境和内部条件是不断变化的，人员配备也需要根据实际情况进行动态调整。动态调整原则要求管理者定期评估人员配置的合理性，及时调整岗位设置和人员安排，以适应组织发展的需要。例如，当组织战略调整或技术更新时，可能需要重新配置人力资源，甚至进行裁员或招聘。动态调整原则有助于保持组织的灵活性和竞争力。

（5）发展性原则。

发展性原则是指人员配备不仅要满足当前的组织需求，还要考虑员工的职业发展和组织的长远目标。管理者应为员工提供培训、晋升和发展的机会，帮助其提升能力和素质，从而为组织的未来发展储备人才。同时，组织应建立人才梯队，确保关键岗位有合适的继任者。发展性原则有助于实现员工与组织的共同成长。

阅读材料

华为"天才少年计划"的战略价值

2019年华为启动"天才少年计划"，以年薪200万元招募顶尖毕业生，三年内吸纳近百名全球顶尖人才。该计划不仅助力华为突破芯片技术封锁，更重塑了行业人才竞争格局。

课堂讨论

如何通过战略性人员配备实现组织能力跃升？

5.2.2 人员配备过程

1. 确定人力资源的需求

首先，进行任务目标分析，应根据组织的发展目标和战略需要预估企业所需配备的人员的规模和素质状况。例如，开办一家新的工厂或因经济衰退而缩小经营的规模，这些总体经营计划会对企业人力资源需求产生很大影响，应根据这些发展目标制订人员需求计划。

然后，进行职务分析，确定具体的职位空缺计划。职务分析也叫工作分析或岗位分析，旨在确定某项工作的任务和性质，寻找具备相应资格和条件的人来承担这一工作。组织的工作任务明确以后，将它与现有组织职位设计情况相比较，就可以制订出具体的职位空缺计划。职位空缺计划用以反映组织未来需要补充人员的类别和结构。

2．人员选聘

职务设计和分析指出了组织所需人力资源的数量和素质要求，为了保证担任职务的人具备职务要求的知识和技能，必须对组织内外的候选人进行筛选，做出最恰当的选择。这些待聘人员可能来自企业内部，也可能来自外部社会。管理者可以采取各种招聘手段增补人员，如内部选拔、广告应征、就业服务机构介绍、学校毕业分配、员工推荐、临时性借调等，当然也可以减员，如解雇、停薪留职、自然减员、提前退休、调换岗位、缩短工作周等。

3．人员培训

在选聘了能胜任工作的员工以后，管理者需要采取措施帮助这些员工尽快地适应组织及工作，并确保他们的技能和知识能在工作中不断地得到更新和提高。这需要通过上岗引导、岗前实习、在岗培训乃至脱产培训等来实现。培训既是为了使员工适应组织与工作的需要，也是为了实现员工个人的充分发展。使员工看到自己在组织中的发展前途是维持成员对组织忠诚的一个重要方面，因此，要根据组织的成员、技术、活动、环境等特点有计划、有组织、有重点地进行人员培训，特别是要重视对有发展潜力的未来管理者的培训。

4．人员考评

管理者对员工在组织中的工作情况要定期或不定期地进行绩效考评，以便制定客观公正的人事决策。绩效考评是对照工作目标或绩效标准，采用科学的方法来评定员工的工作目标完成情况、工作职责履行情况和发展情况等，并将评定结果反馈给员工的过程。这项工作在人力资源管理过程中占有十分重要的地位。绩效考评对员工工作表现进行评价，为确定员工工作报酬提供了依据；同时给员工提供有关其工作的反馈，使员工了解其工作效果以及与组织要求的差距，并促进了主管与下属的沟通。绩效考评还为人力资源计划的制订提供了依据，它指明了员工的现有技能有哪些不足，有助于组织确定培训和发展的需要和具体方案，并指导员工晋升、岗位轮换及解聘的决策；同时它还可以作为检验前期人员选聘和培训发展方案是否合理的一个标准。

5.2.3 人员配备的挑战与对策

在当今快速变化的商业环境中，人员配备作为组织职能的重要组成部分，面临着诸多挑战。这些挑战不仅影响着组织的运营效率，还直接关系到组织的长期发展。

1．人员配备的挑战

（1）人才短缺与招聘难度。

随着全球化和技术进步，许多行业面临着人才短缺的问题。特别是在高科技、医疗、教育等领域，高素质人才的供给远远不能满足需求。此外，招聘过程中还面临着信息不对称、招聘渠道有限等问题，导致招聘难度加大。

（2）员工流动率高。

员工流动率高是许多组织面临的普遍问题。高流动率不仅增加了招聘和培训的成本，还影响了组织的稳定性和连续性。

（3）多元化与包容性。

随着文化多元化的发展，组织内部的员工构成也越来越多元化。如何在多元化的团队中实现包容性，确保每个员工都能充分发挥其潜力，是人员配备中的一大挑战。

（4）全球化与跨文化管理。

随着全球化的发展，许多组织在多个国家和地区开展业务，跨文化管理成为人员配备中的重要挑战。不同文化背景的员工在价值观、沟通方式、工作习惯等方面存在差异，如何有效管理这些差异，是组织需要解决的问题。

（5）组织变革与人员调整。

在组织变革过程中，人员调整是不可避免的。如何在不影响组织稳定性和员工士气的情况下，进行有效的人员调整，是组织需要面对的挑战。

2．人员配备的对策

（1）加强人才储备。

拓宽招聘渠道，利用多种招聘平台，如社交媒体、专业招聘网站、校园招聘等，扩大招聘范围。通过建立和维护人才库，储备潜在候选人，确保组织在需要时能够及时找到合适的人才。

（2）提高员工满意度。

通过提供有竞争力的薪酬福利、良好的工作环境和发展机会，建立激励机制，加强沟通与反馈，提高员工的满意度和忠诚度，降低员工流动率。

（3）优化培训体系。

根据员工的培训需求和组织的战略目标，优化培训体系，包括文化与技术等方面的培训，提高培训的针对性和有效性，建立学习型组织。

（4）完善绩效评估。

通过制定科学的绩效评估标准和方法，实施多元化激励机制，建立科学的绩效评估体系，确保绩效评估的公平性和客观性，为员工的晋升、奖励和培训提供依据。

（5）加强职业生涯管理。

通过帮助员工制定职业发展路径、建立职业发展机制、提供职业发展机会和支持，提升员工的职业满意度和忠诚度。

> **即问即答**
>
> 面对全球化的深入和人工智能的快速发展而对企业人员配置带来的挑战，管理者应当采取哪些策略应对挑战？请举例说明。

阅读材料

宁德时代"智能制造人才战"

宁德时代新能源科技股份有限公司（以下简称"宁德时代"）是全球领先的动力电池和储能系统研发制造企业。随着全球新能源汽车市场的快速发展，宁德时代面临着巨大的市场需求和技术创新的双重压力。为了保持行业领先地位，宁德时代提出了"智能制造"战略，旨在通过智能化、数字化手段提升生产效率和质量。然而，智能制造的核心在于人才，尤其是高技能、高素质的智能制造人才。因此，宁德时代在人员配置方面展开了一场"智能制造人才战"，通过科学的人员配置策略，支撑企业的战略目标实现。

一、人员配置的挑战

高技能人才短缺：智能制造涉及人工智能、大数据、物联网等前沿技术，对人才的专业技能要求极高，然而，市场上具备相关技能的人才供给不足，尤其是既懂技术又懂管理的复合型人才稀缺。

人才竞争激烈：宁德时代所在的动力电池行业竞争激烈，国内外企业纷纷加大对智能制造人才的争夺力度，导致人才流动性增加，招聘和留用难度加大。

内部人才培养周期长：智能制造需要员工具备跨学科的知识储备和实践经验，而企业内部培养周期较长，难以快速满足业务扩张的需求。

二、人员配置策略

精准招聘，构建多层次人才引进体系。宁德时代根据智能制造的需求，制定了精准的人才招聘策略。首先，通过与国内外知名高校合作，建立"校企联合培养计划"，提前锁定优秀毕业生。其次，针对高端技术人才，宁德时代通过全球招聘平台和猎头公司，吸引海外高层次人才加入。此外，公司还设立了"智能制造专项招聘计划"，重点招聘人工智能、自动化、数据分析等领域的专业人才。宁德时代与清华大学、浙江大学等高校合作，设立"智能制造实验室"，为学生提供实习和研究机会，同时为企业储备未来人才。这种校企合作模式不仅降低了招聘成本，还提高了人才与岗位的匹配度。

内部培养，建立智能制造人才梯队。针对内部员工，宁德时代实施了"智能制造人才培养计划"。该计划包括技术培训、管理能力提升和跨部门轮岗等内容。公司还设立了"智能制造学院"，邀请行业专家和内部技术骨干授课，帮助员工掌握智能制造的核心技能。一名普通生产线员工通过参加"智能制造学院"的培训，掌握了自动化设备操作和数据分析技能，晋升为智能制造工程师。这种内部培养机制不仅提升了员工的职业发展空间，还增强了企业的凝聚力。

灵活用工，优化人力资源配置。为了应对业务波动和项目需求，宁德时代采用了灵活用工模式。例如，在智能制造项目的初期阶段，公司通过外包和兼职的方式引入外部专家团队，快速解决技术难题。同时，公司还建立了"智能制造人才池"，将内部具备相关技能的员工纳入池中，根据项目需求灵活调配。在某智能制造生产线升级项目中，宁德时代通过外包引入了德国自动化专家团队，仅用3个月就完成了技术方案设计。项目结束后，专家团队退出，公司内部团队接手后续工作。这种灵活用工模式既降低了人力成本，又提高了项目效率。

三、人员配置的成效

通过上述人员配置策略，宁德时代在智能制造领域取得了显著成效：

人才结构优化：公司的智能制造团队中，高技能人才占比从2018年的20%提升至2023年的50%，人才结构更加合理。

生产效率提升：智能制造生产线的自动化率从60%提升至90%，生产效率提高了30%，产品不良率降低了50%。

创新能力增强：公司智能制造相关专利申请数量年均增长20%，技术创新能力显著提升。

员工满意度提高：通过内部培养和激励机制，员工满意度调查结果显示，智能制造相关岗位的员工满意度高于公司平均水平。

课堂讨论

1. 宁德时代在智能制造人才战中采取了哪些人员配置策略？这些策略是如何支撑企业的战略目标的？
2. 如果你是宁德时代的人力资源经理，你会如何进一步优化智能制造领域的人员配置？
3. 结合本案例，谈谈人员配置在企业管理中的重要性？

5.3 组织协调

案例导入

阿里巴巴的组织协调与生态化协同

阿里巴巴集团成立于1999年，从最初的B2B电商平台，逐步发展为涵盖零售、金融、物流、云计算、数字娱乐等领域的全球化数字经济体。截至2023年，阿里巴巴拥有超过25万名员工，业务覆盖200多个国家和地区，年交易额突破1万亿美元。在如此庞杂的业务体系中，组织协调成为其持续发展的核心挑战。

一、创业初期：扁平化架构与"江湖文化"的协调模式（1999—2007年）

阿里巴巴创立初期，团队规模小、业务单一（聚焦B2B平台"阿里巴巴国际站"），组织结构高度扁平化。创始人马云提出"江湖文化"，强调"信任、简单与快乐"，通过非正式沟通（如"西湖论剑"内部会议）协调各部门。例如，技术团队与市场团队常以"头脑风暴"形式直接对接需求，快速响应客户问题。这种灵活机制帮助阿里巴巴在早期竞争中脱颖而出，2003年推出淘宝网时，仅用3个月便完成跨部门协作的产品开发。

二、快速扩张期：事业部制与"赛马机制"的协调困境（2008—2014年）

随着淘宝、支付宝、阿里云等业务崛起，阿里巴巴进入多元化扩张阶段。为激发创新，集团采用"事业部制"，各业务线独立运营（如淘宝、天猫、菜鸟网络）。然而，这种"分封制"导致了资源重复投入与内部竞争加剧。例如：2012年，淘宝与天猫在"双十一"促销中争夺流量资源，导致服务器多次崩溃；支付宝与阿里云在数据接口标准上存在分歧，跨业务协作效率低下。为解决矛盾，集团推行"赛马机制"，鼓励内部竞争，但过度分权反而加剧了协调成本。

三、生态化转型："大中台、小前台"战略与协同革命（2015—2019年）

2015年，张勇接任CEO后提出"大中台、小前台"战略，重构组织协调体系：其一是技术中台：整合云计算、数据智能、安全等技术能力，为各业务线提供统一支持；其二是业务中台：建立共享的供应链、物流、支付系统，避免重复建设；其三是数据中台：打通各业务数据孤岛，构建全域用户画像。例如，2016年"双十一"期间，中台系统实时协调天猫、菜鸟、支付宝的资源，实现1 207亿元交易额零重大故障。同时，集团成立"组织部"（由200多名高管组成），通过季度战略协同会推动跨业务目标对齐。

四、技术驱动协同：钉钉与"数字孪生组织"的实践（2020—2022年）

2020年，阿里巴巴加速数字化转型，其自主研发的协同办公平台"钉钉"成为组织协调的核心工具：通过智能会议，AI自动生成会议纪要并分配任务，跨部门项目协作效率提升40%；通过数据看板，实时展示各业务线KPI，管理层可快速识别协同堵点；通过生态连接，向外部合作伙伴开放接口，实现与菜鸟物流、盒马供应链的无缝协同。2022年，阿里巴巴进一步提出"数字孪生组织"概念，通过区块链技术实现合同流、资金流、物流的可视化追踪，将协调周期从平均7天缩短至2小时。

五、全球化挑战：跨文化协调与本地化适配（2023年至今）

在东南亚市场，阿里巴巴面临复杂的跨文化协调问题。例如：东南亚电商平台，初期直接复制中国模式，因忽视本地支付习惯（现金支付占比70%）导致运营受挫；达摩院（技术研发机构）在印度尼西亚推广AI农业技术时，因缺乏与当地农会的协调，而导致技术落地困难。为此，阿里巴巴推行"全球化+本地化"策略，设立区域协调中心，选拔本地人才进入管理团队；开发了适配多语言、多宗教文化的协同工具（如支持伊斯兰历的钉钉版本）。

阿里巴巴的组织协调实践，展现了从"人治"到"数治"、从"竞争"到"共生"的管理智慧。其经验表明，组织协调不仅是权责分配与流程设计，更是战略、技术与文化的系统融合。通过此案例可深刻理解：在数字经济时代，组织协调能力已成为企业核心竞争力的重要组成部分。

请思考：
1. 传统项目管理铁三角（范围、时间、成本）在极限情境下如何重构？
2. 数字化转型如何提升组织协同韧性？

知识精讲

组织协调是管理组织职能中的重要组成部分，它涉及组织内部各部门、各成员之间的协作与配合，以确保组织目标的顺利实现。组织协调的核心在于通过有效的沟通、资源配置和冲突管理，使组织内部的各个部分能够协同工作，形成合力，从而提高组织的整体效率和效果。

5.3.1　组织协调的含义与基本原则

1．组织协调的含义

组织协调是指在组织内部，通过一系列的管理活动和手段，使各部门、各成员之间的工作相互配合、相互支持，以达到组织目标的过程。组织协调不仅仅是简单的任务分配和指令传达，它更强调在复杂多变的组织环境中，如何通过有效的沟通和资源配置，实现组织内部的高效运作。

2．组织协调的基本原则

在进行组织协调时，需要遵循一些基本原则，以确保协调工作的有效性和可持续性。

（1）目标一致性原则。组织协调的首要原则是确保各部门和成员的工作目标与组织的整体目标保持一致。只有在目标一致的前提下，各部门和成员才能形成合力，共同为实现组织目标而努力。

（2）沟通畅通原则。有效的沟通是组织协调的基础。组织内部的沟通渠道必须畅通，信息传递要及时、准确，以确保各部门和成员能够及时了解组织的整体状况和各自的任务要求。

（3）资源配置合理原则。组织协调需要合理的资源配置，包括人力资源、物力资源和财力资源等。资源配置的合理性直接影响到组织内部的协调效果，因此，管理者在进行资源配置时，必须充分考虑各部门和成员的实际需求，确保资源的有效利用。

（4）权责明确原则。组织协调要求各部门和成员的权责明确，避免因权责不清而导致的工作推诿或冲突。明确的权责分工有助于提高工作效率，减少内部摩擦，增强组织的协调性。

5.3.2　组织协调的类型

组织协调可以根据不同的标准进行分类，常见的分类方式如下：

1．纵向协调与横向协调

（1）纵向协调。指组织内部上下级之间的协调，如高层管理者与中层管理者、中层管理者与基层员工之间的协调。纵向协调主要通过指挥链、报告制度和绩效评估等手段实现。

（2）横向协调。指组织内部同级部门或成员之间的协调，如不同部门之间的协作、团队成员之间的配合等。横向协调主要通过跨部门会议、项目团队和信息系统等手段实现。

2．正式协调与非正式协调

（1）正式协调。指通过正式的组织结构和制度进行的协调，如组织结构图、规章制度、工作流程等。正式协调具有明确性和规范性，能够确保组织内部的协调工作有序进行。

（2）非正式协调。指通过非正式的沟通渠道和人际关系进行的协调，如员工之间的私下交流、组建非正式团队等。非正式协调具有灵活性和及时性，能够弥补正式协调的不足，增强组织内部的协调效果。

3．内部协调与外部协调

（1）内部协调。指组织内部各部门、各成员之间的协调，如生产部门与销售部门之间的协调、研发团队与市场团队之间的协调等。内部协调是组织协调的核心，直接影响到组织的运作效率和目标的实现。

（2）外部协调。指组织与外部环境之间的协调，如与供应商、客户、政府机构等的协调。外部协调是组织适应外部环境变化、获取外部资源和支持的重要手段。

5.3.3 组织协调的方法

1．建立有效的信息系统

通过建立有效的信息系统，确保组织内部的信息传递及时、准确，减少信息不对称带来的协调问题。信息系统可以包括内部通讯平台、项目管理软件和数据分析工具等。

2．优化组织结构

通过优化组织结构，增强组织的灵活性和适应性，减少组织结构僵化对组织协调的影响。组织结构优化可以包括扁平化管理、成立矩阵式组织和跨部门团队等。

3．加强跨部门沟通

企业定期召开各部门的协调会议，确保各方能够及时沟通，减少信息不对称带来的协调问题。

4．加强文化建设

通过加强组织文化建设，增强组织内部的凝聚力和认同感，减少文化差异对组织协调的影响。文化建设可以包括价值观培训、团队建设活动和跨文化交流等。

5．制定合理的激励机制

通过制定合理的激励机制，平衡各部门和成员之间的利益，减少利益冲突对组织协调的影响。激励机制可以包括绩效奖金、晋升机会和团队奖励等。

5.3.4 组织协调的基本程序

1．明确协调目标

在进行组织协调时，首先需要明确协调的目标。协调目标应与组织的整体目标保持一致，确保各部门和成员的工作方向一致，形成合力。

2．制定协调计划

明确协调目标后，需要制定详细的协调计划。协调计划应包括协调的具体内容、时间安排、资源配置和责任分工等，确保协调工作有序进行。

3．实施协调措施

根据协调计划，实施具体的协调措施。协调措施可以包括会议协调、任务小组、信息系统、流程优化、文化建设、激励机制、冲突管理、项目管理、跨部门团队和外部协调等，确保协调工作的有效性和可持续性。

4．监控协调效果

在实施协调措施的过程中，需要不断监控协调效果，及时发现和解决协调中的问题。

监控协调效果可以通过绩效评估、反馈机制和数据分析等手段进行，确保协调工作的科学性和准确性。

5．调整协调策略

根据监控结果，及时调整协调策略。协调策略的调整应根据实际情况灵活进行，确保组织能够迅速适应内外部环境的变化，保持高效运作。

阅读材料

华为公司的组织协调

华为技术有限公司（以下简称"华为"）是全球领先的信息与通信技术（ICT）解决方案提供商，业务遍及170多个国家和地区。作为一家全球化运营的高科技企业，华为的组织结构复杂，业务范围广泛，涉及研发、生产、销售、服务等多个环节。在如此庞大的组织体系中，如何实现高效的协调与合作，成为华为管理中的核心问题之一。华为的组织协调实践主要体现在以下几个方面：

一、矩阵式组织结构的应用

华为采用矩阵式组织结构，将职能部门和项目团队相结合。这种结构既保证了职能部门的专业性和稳定性，又能够灵活应对不同项目的需求。例如，在研发部门，工程师既属于某个技术领域的职能部门，又可能同时参与多个项目团队。这种双重归属的结构要求华为在组织协调上具备高度的灵活性和效率。矩阵式组织结构在华为的应用中展现了显著的优势。首先，它能够充分利用公司内部的资源，提高资源的使用效率。其次，矩阵式结构增强了组织的灵活性，使华为能够快速响应市场变化和客户需求。然而，这种结构也带来了协调上的挑战。双重归属可能导致员工在职能和项目之间产生冲突，增加管理难度。华为通过明确的职责划分和有效的沟通机制，成功应对了这些挑战。

二、跨部门协作机制

华为建立了完善的跨部门协作机制，确保各部门之间的信息流通和资源共享。例如，在产品开发过程中，研发部门需要与市场部门、生产部门、供应链管理部门等多个部门紧密合作。华为通过定期的跨部门会议、项目管理工具和内部沟通平台，确保各部门能够及时了解项目进展，协调资源，解决问题。华为的跨部门协作机制在确保信息流通和资源共享方面发挥了重要作用。通过定期的跨部门会议和项目管理工具，各部门能够及时了解项目进展，协调资源，解决问题。这种机制不仅提高了工作效率，还增强了部门之间的信任与合作。然而，跨部门协作也面临着沟通成本高、决策效率低等问题。华为通过信息化管理系统的支持，有效降低了沟通成本，提高了决策效率。

三、信息化管理系统的支持

华为投入大量资源建设信息化管理系统，包括ERP（企业资源计划）、CRM（客户关系管理）、PLM（产品生命周期管理）等系统。这些系统不仅提高了内部管理的效率，还为组织协调提供了强有力的技术支持。例如，通过ERP系统，华为能够实时掌握全球各地的库存情况，优化供应链管理，确保生产和销售的顺利进行。信息化管理系统在华为的组织协调中起到了关键作用。通过ERP、CRM、PLM等系统，华为能够实时掌握全球各地的运营情况，优化资源配置，提高管理效率。这些系统不仅提高了内部管理的透明度，还为组织协调提供了强有力的技术支持。然而，信息化管理系统的建设和维护需要大量的资金和人力资源投入，华为通过持续的技术创新和管理优化，确保了这些系统的有效运行。

四、文化融合与团队建设

华为注重企业文化建设和团队建设，通过多种方式增强员工的归属感和团队协作精神。例如，华为定期组织团队建设活动，鼓励员工跨部门交流与合作。此外，华为还推行"狼性文化"，强调团队合作和集体奋斗精神，这种文化在组织协调中起到了积极的促进作用。然而，文化融合也面临着多样性和包容性的挑战。华为通过多元化的文化政策和包容性的管理措施，成功应对了这些挑战。

华为的组织协调实践展示了在复杂多变的全球化环境中，如何通过矩阵式组织结构、跨部门协作机制、信息化管理系统和文化融合与团队建设，实现高效的协调与合作。这些实践不仅为华为的持续发展提供了有力支持，也为其他企业提供了宝贵的经验和启示。通过学习和借鉴华为的组织协调实践，企业可以在激烈的市场竞争中保持竞争优势，实现可持续发展。

课堂讨论

1. 华为的跨部门协作机制在确保信息流通和资源共享方面发挥了哪些作用？这些机制在实际操作中面临哪些问题？

2. 信息化管理系统在华为的组织协调中起到了哪些关键作用？这些系统的建设和维护需要哪些资源投入？

3. 华为的企业文化和团队建设在组织协调中起到了哪些积极的促进作用？这些文化和建设措施在实际操作中面临哪些挑战？

4. 通过学习和借鉴华为的组织协调实践，你认为其他企业可以在哪些方面进行改进和优化？

同步练习与测试

一、单项选择题

1. 对组织进行部门划分最普遍运用的方法是（　　）。
   A. 按人数划分　　B. 按产品划分　　C. 按职能划分　　D. 按地区划分

2. "确立一种正式的、用来协调各种活动和任务的框架，以便明确人们在其中各自所扮演的角色和所起的作用。"这属于管理的（　　）职能。
   A. 计划　　　　　B. 组织　　　　　C. 领导　　　　　D. 控制

3. "集中政策，分散经营"是（　　）组织结构的特征。
   A. 直线制　　　　B. 职能制　　　　C. 事业部制　　　D. 矩阵制

4. 在组织工作中，职务、职责、职权三者是对等的，如同一个等边三角形，这体现了（　　）。

A．分工协作原理 B．集权与分权相结合的原理
C．责权一致原理 D．目标统一原理

5．对于科研院所等研究项目较多、创新功能较强的组织或企业，（　　）组织形式是最适合的。

A．直线制 B．事业部制 C．矩阵制 D．职能制

6．矩阵制组织形式的采用容易破坏管理的（　　）。

A．统一指挥原则 B．权责一致原则 C．跳板原则 D．分工原则

7．下列组织结构中分权程度最高的是（　　）。

A．直线制 B．事业部制 C．矩阵制 D．直线职能制

8．"尺有所短，寸有所长"说明组织在进行人员配备时（　　）。

A．不能对员工的工作要求过于苛刻，宽松的环境更能使员工有超常的发挥
B．应该允许员工犯错误，特别是高层职员
C．学历高的人适合所有的岗位
D．就具体工作职位来说，应安排最擅长该工作的人

9．军队中连、排、班是最原始、简单的部门划分，其依据的是（　　）。

A．职能 B．时间 C．人数 D．地区

10．某家进出口公司设有：一名总经理、一名主管生产的副总经理、一名主管营销的副总经理和一名主管财务的副总经理，则该公司的组织结构是按（　　）。

A．区域划分部门 B．职能划分部门
C．顾客划分部门 D．生产工艺划分部门

二、判断题

1．组织设计的目的是发挥整体大于部分之和的优势，使有限的人力资源形成综合效果。（　　）

2．工作划分是在职务设计的基础上，是组织设计的基础工作。（　　）

3．工作能力、工作内容和性质、工作条件和环境都是有效管理幅度设计应考虑的因素。（　　）

4．扁平式结构是管理层次少而管理幅度大的组织结构。（　　）

5．有利于控制，权责关系明确，有利于增强管理者权威是高长式组织结构的特点。（　　）

6．管理幅度与管理层次之间成正比，管理层次与组织规模成正比。（　　）

7．部门化是组织的横向设计方式，须按职能划分形成组织部门。（　　）

8．职权是管理职位所固有的发布命令和希望命令得到执行的权力，与职位无关，与人相关。（　　）

9．"集中决策，分散经营"，是直线制组织结构的特点。（　　）

10．按职能划分的纵向指挥系统与按项目组成的横向系统结合而成的组织结构是事业部制组织结构。（　　）

三、简答及论述题

1．常见的组织结构类型有哪几种？简要说明各种类型的优缺点。

2. 什么是管理幅度？什么是管理层次？它们之间的关系是什么？

管理技能训练

一、管理实战案例分析

上海家家保健品有限公司的组织结构

上海家家保健品有限公司（以下简称"家家公司"）是一家成立于1994年，以生产与销售保健品为主业的企业。

1994年家家公司刚成立时，生产和销售的产品只有一种，即家家1号。产品推出刚两年，家家1号就已经在上海及周边市场站稳了脚跟。1996年6月，家家公司决定乘胜追击，开拓以北京为中心的华北市场和以广州为中心的华南市场。具体的做法是先后成立华东、华北和华南三个销售分公司，分别负责上海、北京、广州及其周边市场的市场拓展业务。为了配合分公司的成立，家家公司投入巨资，在三个地区开展各种促销活动，并辅以大量的广告投入。

1997年初，家家公司又推出了家家2号产品。家家2号与家家1号一样，是一种深受消费者喜爱、老少咸宜的保健产品。

1999年之后，家家公司新的保健系列产品不断地推向市场，其中，既有面向青少年的保健系列产品家家青春1号、家家青春2号，又有面向妇女的家家娇丽1号、家家娇丽2号、家家娇丽3号，也有面向中老年顾客的家家青松1号、家家青松2号，还有一些面向特殊消费群体的保健产品，如面向糖尿病人的家家唐人1号等。1999年至2001年底，公司先后共推出12种新产品。

面对新产品的不断推出，各个销售分公司一开始的态度还是比较积极的，出于对新产品的期望，分公司下属的销售网点总是将新上市的产品放在销售柜台比较醒目的位置。然而，随着新产品的不断上市，出现了一些新产品市场表现平平的情况，并且市场销售的数据似乎也显示出顾客还是比较喜欢家家1号、家家2号等早期推出的产品。例如，公司保健品业务中，仅家家1号、家家2号两种产品就占到了公司全部保健品销售收入的70%左右。

随着时间的推移，分公司对新产品表现得越来越不感兴趣。很多的新产品上市之后，往往被放在并不显眼的位置上销售，有些品种甚至没放多少日子，就被悄悄地撤下了柜台。

2002年初，上海总部已明显地感到这一问题的严重性和紧迫性。在春节后的第一次有中高层管理者参加的会议上，公司专门就这一问题进行讨论。

公司总经理王晔说道："我们公司在新产品开发方面的投入是非常大的，根据公司的发展规划，今后三年，我们还将有10多种新产品推向市场。但是，尽管我们开发的保健产品在技术上是国内比较领先的，而且投产前的市场调研结果也显示出我们研制的新产品目标市场非常明确、技术含量高，有着较好的市场发展前景。可现在实际的市场效果却不尽如人意。这需要我们好好去分析一下原因。"

主管分公司业务的副总经理李明娜认为："分公司对新产品的开发都曾寄予过很高的期望。但是，作为一个利润中心，分公司希望的是总公司研究所能多开发些像家家1号、家家2号那样畅销的产品。"

北京分公司的刘升经理对公司的广告策略也提出了自己的看法："1996、1997年的时候，当时我们在北京市场的产品只有一两种，因此家家公司在广告上的投入是非常奏效的。但是，随着新的系列产品的逐步上市，总公司在新产品方面的广告力度明显不足。我们希望公司能在2002年增加对新产品的广告投入，使更多的消费者能认识并接受这些新产品。"

广州分公司的黄一鸣经理则认为："从分公司的角度看，过多的新产品分散了我们宝贵的资源和精力。我认为与其再上10多种新产品，还不如专心致志地攻几种核心产品更好。"

"若只做几种核心产品的话，研究所的前期巨额投入就要打水漂了。"人事部的王日民经理认为，"从我们公司的发展来看，我们可以在组织结构调整上做些文章。譬如，我们能否将现在的按区域划分的组织结构调整为按产品划分的组织结构。这样，我们可以组建5个产品部，即家家保健品部、青春保健品部、娇丽保健品部、青松保健品部和特殊产品部。每个部门作为一个利润中心对其系列产品负责，独立运作各自的系列产品，并全权处理诸如产品定位、市场开发、资源配置、广告投入等业务。"

北京分公司刘升经理提出他的疑惑："这一做法是否意味着各个分公司的权利都要划给产品部呢？如果是这样的话，我们该如何处理和协调与各个产品部的关系呢？"

对于组织结构调整，公司总经理王晔也曾考虑过这个问题。由于部门组织结构的调整必然将涉及公司内部权利的再分配，处理这一问题必须非常慎重。因此，王晔总经理决定，让李明娜准备一套改进、完善现有组织结构的方案，并让王日民准备一套调整现有组织结构的方案，供下个月的中高层会议继续讨论。

问题：

1. 家家公司的组织结构是怎样的？这种组织结构形式曾经起到了怎样的作用？
2. 家家公司当前面临着怎样的问题？若把组织结构调整为按产品划分的结构形式，可以带来哪些好处？
3. 家家公司组织变革的动力和阻力来自哪里？如何排除阻碍、实施变革？

二、大学生模拟公司系列实训

模拟公司组织结构的设计实训

1. 实训目的

通过模拟公司组织结构的设计实践，使学生掌握组织职能核心要素，理解权责划分与协作机制，培养基于战略目标的组织结构优化能力，提升团队协作与系统思维水平。

2. 任务概述

学生以5~7人为一组组建模拟公司，选定行业领域（如科技/零售/文创），根据战略定位设计组织结构。要求包含部门设置、管理层级、岗位说明书等要素，绘制组织结构图，并通过角色扮演模拟日常运作，最终提交设计报告并进行现场答辩。

3. 方案制定

第一阶段（调研）：通过企业调研或案例库分析，收集同行业典型组织结构模式（直线制/矩阵制/事业部制等），结合公司战略确定设计方向。第二阶段（设计）：运用劳动分工、管理幅度等原理，划分市场部、研发部等职能部门，明确纵向指挥链与横向协调机制，编写关键岗位职责说明书。第三阶段（验证）：通过模拟企业年度预算编制、跨部门协作等场景，检验信息传递效率，发现结构缺陷并进行迭代优化，形成最终版组织架构图及配套制度文件。

4. 文化交流与展示

班级组织一次交流会，每个模拟公司需推荐一名成员，就本公司的组织结构设计方案及其理论依据进行汇报，分享设计思路、实施计划及预期效果，以促进相互学习与启发。

三、管理技能自我测试

团队建设能力自我评估

团体精神不只是运动场上的成功要素，也是现代企业在你死我活的竞争中求生存的关键。随着科学技术的日益高深复杂，许多工作必须靠团结协作才能完成。

你可能很会处理企业与个人的关系，作为团体首领你表现如何？请思考下列问题，回答"是"或"否"。

1. 你能预见部下对某项新任务、新计划的消极反应，并准备好相应对策吗？
2. 你能公正地对待影响整个部门声誉的人吗？
3. 你鼓励本部门成员彼此合作、互相帮助、互通信息吗？
4. 你能及时解决可能会引起纠纷的部门内部成员之间的分歧吗？
5. 你是否让部下对影响他们工作的公司内部变化有清楚的了解？如公司业绩、组织变动、人事政策等。
6. 无论是与同事交谈或向上级汇报，在提到自己部下们的成就时，你引以为傲吗？
7. 你曾否邀请全体部下一起出去喝酒或聚餐？
8. 你曾否邀请下属携夫人去你家吃饭？
9. 你不在公司时，部下们表现得一如既往吗？
10. 你是否在征求过全体部下的意见后，才制定指标明确、切实可行的部门规划？
11. 你是否召开讨论该规划的会议，回答问题，征求意见？
12. 你是否把工作计划打印出来，发到每位员工手中？
13. 你是否定期召开部门会议，听取汇报，检查工作？
14. 你愿意根据会议反馈的信息对原计划做必要的修改吗？
15. 你如果觉察出有人对公司或部门实行的变革不满或抵制，能否积极调查研究，消除他们的疑虑与误解？

【结论检测】

回答"是"得1分，回答"否"得0分。

13～15分：你是一个出色的首领，能够把诸位下属紧密地团结在自己周围，朝着共同的目标努力，并取得令人瞩目的成就。

8～12分：你懂得怎样领导一个集体，但在某些方面还需要继续摸索。

4～7分：你要设身处地为部下着想，多从他们的角度考虑问题，这样才能形成一个团结战斗的集体。

0～3分：你实在欠缺领导才华，极不适于做与人打交道的工作。

单元 6 组织文化

学习目标

素养目标
1. 理解政治认同,坚定文化自信,涵养家国情怀。
2. 树立合作意识,激发创新精神,增强创业能力。

知识目标
1. 了解组织文化的构成、功能与类型。
2. 掌握组织文化建设的原则、步骤与方法。

能力目标
1. 能够进行组织文化分析。
2. 能够进行初步的组织文化设计。

知识导图

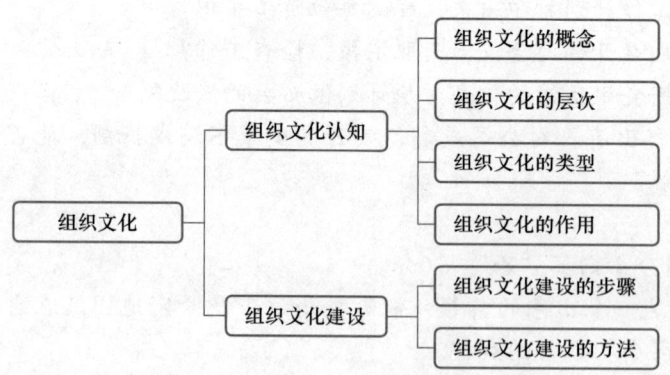

单元引例

宜家的组织文化

宜家于1943年在瑞典创立,最初只是一家小型邮购公司,主要售卖钢笔、皮夹等日用品。随着业务的发展,宜家开始涉足家具领域,以简洁实用的设计和亲民的价格受到当地消费者的喜爱。此后,宜家不断发展壮大,成为全球家居行业的领军品牌。同时,宜家还有着独树一帜的企业文化,宜家的企业文化不仅是一组抽象的理念,更是贯穿于产品设计、员工管理、客户服务以及社会责任等各个运营环节的实践准则。

宜家将"为大众创造更美好的日常生活"作为企业的核心使命,为了解决城市小户型居民的居住痛点,宜家的设计师团队深入研究空间利用与功能整合的方案,推出了一系列极具创意的产品。例如,宜家售卖的一款多功能床,在白天,它可以巧妙地收纳在墙壁之中,为房间腾出宽敞的活动空间;到了夜晚,只需简单操作,便能轻松展开,成为一张舒适的床铺,完美地解决了小户型空间有限的难题。这样的设计不仅兼顾了美观与实用性,更充分体现了宜家对消费者生活需求的深刻洞察。

宜家深知员工是企业发展的核心动力,因此十分注重员工的成长与发展。公司建立了完善的培训体系,涵盖了产品知识、销售技巧、客户服务等多个领域,帮助员工不断提升专业素养。此外,宜家还营造了开放、平等的工作氛围,鼓励员工积极分享自己的想法和创新建议。在可持续发展方面,宜家积极履行社会责任。在产品制造过程中,宜家大力推广使用可再生材料,如可回收的木材和环保板材,以减少对环境的负面影响。在门店运营中,宜家广泛采用节能设备,降低能源消耗。

正是凭借这种全方位融入企业运营的独特文化,宜家在全球家居市场中脱颖而出,持续发展壮大,为无数家庭带来了兼具品质与性价比的家居生活体验,成为全球家居行业的标杆。

请思考: 什么是组织文化?组织文化能对企业的经营发展有什么影响?

组织文化在管理领域具有至关重要的作用,它是企业发展的核心动力和灵魂。组织文化为企业的战略目标提供了明确的方向和动力,能够有效提升员工的凝聚力和归属感,使员工成为企业发展的有力支持者。此外,独特的企业文化价值观不仅提升企业的品牌形象,还能赢得客户的信任和尊重,有助于企业在市场竞争中形成独特的竞争优势,是企业实现可持续发展的关键因素。

6.1 组织文化认知

案例导入

海尔:以创新与人文为核心的组织文化实践

海尔是我国家电行业的领军企业,其组织文化的兴起和发展体现了"创新为大""以人为本"和国际化与本土化结合的核心理念。海尔强调创新,提出"斜坡球理论""OEC管理法"等创新理念，通过制度创新激发员工创造力，提升企业效率。同时，海尔注重人才的使用与开发，投入大量资源进行员工培训，打造学习型企业，满足员工对知识和技能的需求，促进员工与企业共同发展。

海尔还倡导"以人为本"的管理理念，通过提供良好的工作环境、公平的晋升机制和丰富的培训机会，激发员工的积极性和创造力。此外，海尔在国际化进程中，成功地将自身文化与不同国家和地区的文化相结合，既输出了管理理念，又吸收了当地文化特色，形成了具有国际竞争力的企业文化。

海尔的组织文化不仅提升了企业的竞争力和员工的凝聚力，还为其他企业提供了宝贵的经验。通过创新、人才开发和文化融合，海尔在激烈的市场竞争中保持了领先地位，成为我国企业文化的典范。

请思考：如何理解组织文化在企业国际化和员工行为管理中的重要性？

知识精讲

组织文化起源于20世纪中叶，随着社会文化环境变化和企业管理需求的提升而逐渐兴起。早期工业革命的管理方式忽视了员工的情感需求和价值观，导致员工满意度低。为解决这一问题，企业管理者开始关注员工的内在动机、归属感和凝聚力，强调通过共同价值观和行为规范来提升企业竞争力和员工忠诚度，从而形成了现代组织文化。

6.1.1 组织文化的概念

组织文化是组织在特定社会环境中长期形成的共有价值观、制度规范及行为模式的总和。作为成员共同认可的价值体系，它通过解决内外部问题的实践逐步构建，并具有代际传导特性，引导新成员形成与组织相符的认知方式和行为准则。

组织文化从表现形态可分为显性与隐性两类：显性文化通过物质载体具象呈现，包含组织标识、物理环境、规章制度及管理行为等可感知要素；隐性文化则是深层的意识形态，涵盖组织哲学、核心价值、道德准则及精神理念等本质要素，决定着组织的基本特性和发展方向。二者构成有机整体，隐性文化作为内核主导显性文化的表现形式，共同维系组织的文化生态。

6.1.2 组织文化的层次

组织文化可分为三个层次进行分析研究，即表层、中介层和核心层，根据这三个层次的基本内容，分别称为物质层、制度层和精神层，如图6-1所示。

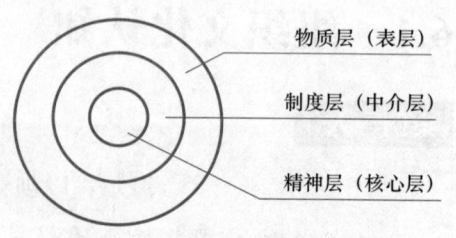

图6-1 组织文化的层次

1. 物质层

组织文化的物质层是最直观的部分，包括组织标志、工作环境、产品等可直接感知的物化内容。例如，组织标志（厂牌、厂服、厂徽、厂旗、厂歌、商标和标志性建筑等）能够彰显组织特色，与其他组织区分开来，有助于塑造组织形象，激发员工的自豪感和责任感。工作环境涵盖员工办公、生产和休息的场所，良好的工作环境不仅体现了领导对员工的关怀，还能激励员工积极工作，是组织文化建设的重要内容。企业的产品分为有形产品和无形服务。有形产品包括产品实体、品质、特色、品牌和包装；无形服务则包括售后服务、保障、销售声誉等，这些都能为消费者带来附加利益和心理上的满足感与信任感。

2. 制度层

组织文化的制度层是指具有本组织文化特色的各种规章制度、道德规范和员工行为准则等的总和，是组织文化的中介层。它是精神与物质的结合，既是组织文化物质层的固定形式，也是塑造精神层的主要载体。制度层文化通过约束员工行为，规范组织运营，确保组织目标的实现，是组织文化落地的关键。例如，在经营管理中，"质量第一"的生产活动、"顾客至上"的营销活动以及"建立良好人际关系"的公共关系活动等，都是组织哲学、价值观念和道德规范的具体体现。没有制度层的组织文化，将缺乏实际支撑，难以发挥作用。

3. 精神层

组织文化的精神层是员工长期形成并共同接受的思想意识活动，涵盖组织精神、组织哲学、价值观念、道德规范等，是组织文化的核心与最深层次。组织精神是群体的共同心理定式和价值取向，是组织哲学、价值观念和道德规范的综合体现，通常以精练语言概括，如海尔的"敬业报国，追求卓越"。组织哲学是组织的理论化、系统化的世界观和方法论，指导生产、经营和管理活动，指导其他文化内容的发展方向。价值观念是成员对生产经营活动和行为价值的总看法，涵盖组织存在的意义、规章制度的价值和行为与利益的关系，为组织发展提供行动指南，奠定共同行为准则的基础。道德规范是成员自觉遵守的行为准则，包括是非界限、善恶标准和荣辱观念等。

组织文化的三个层次的内容相互依存、相互作用。组织精神层的内容受社会、政治、文化传统、企业经营实践的影响较大，一旦形成就难以改变。它决定了物质层和制度层的内容，是组织文化的核心。制度层是精神层和物质层的中介，没有制度层的支持，精神层的内容就有可能成为空谈。同时，制度、准则的推行和实施又需要组织创建一定的工作环境、文化设施等来配合，即建立一定的物质层文化。物质层和制度层是精神层的直观体现，组织的工作环境、文化设施、规章制度等以其外在的形式体现了组织文化精神层的价值观念、经营哲学和道德规范等内容。

6.1.3 组织文化的类型

查尔斯·汉迪（Charles Handy）提出将组织文化划分为四种主要类型：权力导向型、角色导向型、任务导向型和个人导向型。

1. 权力导向型

权力导向型组织文化以权力为中心，强调个人力量，组织的发展依赖处于中心地位的人物。组织规则少且模糊，不注重规范化。控制由中心人物实施，员工对上级忠诚，工作动力源于兴趣。决策多基于权力平衡而非程序或逻辑，这类文化常见于小企业。

2. 角色导向型

角色导向型组织文化注重官阶和等级，强调程序、条例和规章，对角色要求明确。权力主要来源于职位，职务本身比担任职务的人更为重要，员工因能胜任角色任务而被选中。规章制度是主要管理手段，效率取决于工作和责任分配的合理性，而非个人特质。

3. 任务导向型

任务导向型的组织强调团体的责任，有很大程度上的灵活性和自主权，其工作环境有利于发挥创造力。

4. 个人导向型

个人导向型组织文化往往适用于培养个人的能力、加速个人的成长和满足个人的需要。

6.1.4 组织文化的作用

组织文化对企业价值难以量化，但其在市场竞争中的重要性不容忽视。对企业的发展具有不可替代的作用，是企业核心竞争力的重要组成部分。

1. 导向作用

组织文化决定企业的价值取向，规定企业追求的目标，对员工行为起导航作用。优秀的组织文化体现了企业崇高的理想和追求，指引员工朝着组织目标发展。

2. 凝聚作用

组织文化通过建立共享价值观，将员工个人目标同化于企业目标，使员工产生集体意识和归属感，自觉约束自身行为，增强组织凝聚力。

3. 激励作用

组织文化通过满足员工基本需求（如工资、福利、职业保障等），尊重和信任员工，激发其积极性和创造性。员工在实现组织目标的同时，满足自我价值，形成良性循环，保持长期的工作热情。

4. 约束作用

组织文化不仅通过物质层和制度层的规章制度约束员工行为，更重要的是通过文化形成无形的群体压力，使员工在价值观上与组织达成一致，实现自我控制和自我约束。

单元6 组织文化

> **阅读材料**
>
> 京东企业文化
>
> 　　2024年3月29日，京东集团发布全员信，宣布京东企业文化升级。企业使命由"技术为本，致力于更高效和可持续的世界"变更为"技术为本，让生活更美好"。核心价值观由"客户为先、诚信、协作、感恩、拼搏、担当"变更为"客户为先、创新、拼搏、担当、感恩、诚信"。
>
> 　　京东于2017年初全面向技术转型，如今的供应链网络，覆盖全国超过99%的地区，后台可支撑上亿人同时购物。当下，以人工智能为代表的新一代技术正加速与实体场景深度融合，京东也不想错过这趟快车。
>
> 　　2010年到2012年之前，京东当时的核心价值观包含了创业团队所需要的一系列精神，如激情、学习、团队精神、追求超越等。
>
> 　　2012年左右，考虑到成本运营和效率提升，京东在核心价值观里加入"杜绝浪费"。后来又做了一次关键词的整合，把追求超越和激情合并，变成激情超越，这是旧版核心价值观的一个演变。
>
> 　　2018年3月，京东又发布了新版核心价值观，"正道成功""客户为先"和"只做第一"。
>
> 　　相对最早期的核心价值观，"客户为先、诚信"被一直延续至今。而在最新的这次调整里，"创新"被重新提及。一位京东员工在日常打包工作中，在不影响快件包装效果和美观度的前提下，想办法优化快递箱的打包胶带，把胶带宽度从53毫米缩短到45毫米。在全国推广后，京东每年减少了500万平方米胶带的浪费。创新无大小，从一卷胶带的改进，到自建物流、211限时达、售后100分等业务的迭代，京东的每一个人都可以成为创新的主体。
>
> **课堂讨论**
>
> 组织文化的更新受到哪些因素的影响？

6.2 组织文化建设

> **案例导入**
>
> 　　中国中铁是总部位于北京的特大型企业集团，业务覆盖基建、勘察设计、工业制造等多个领域。前身是1950年的铁道部工程总局和设计总局，2007年中国铁路工程总公司发起成立中国中铁股份有限公司，并于同年在上海证券交易所和香港联合交易所两地上市，连续多年入选世界企业500强，在全球多地提供铁路建设服务。

中国中铁旗下企业如中铁山桥集团有限公司，将"红桥精神"融入企业文化。中铁山桥通过建设红色教育基地、开展红色教育活动、选树先进典型等方式，增强员工对企业文化的认同感。这种红色基因的传承不仅凝聚了员工，还推动了企业的高质量发展。

中国中铁坚持党建引领，将企业文化与党建工作深度融合。例如，中铁交通通过实施"六通"工程、"两心"计划等特色党建品牌，将党建与生产经营紧密结合，增强员工的凝聚力和向心力。中铁华铁在2024年7月举办了新员工入职培训，通过参观"开路先锋"文化展览馆、走进在建项目现场等方式，不仅帮助新员工快速融入企业，还增强了他们对企业文化的认同感。

中国中铁通过开展形式多样的文化活动，如征文演讲、知识竞答、微党课等，推进企业文化核心理念的宣传和普及。同时，通过品牌建设活动，如品牌故事创作、新媒体宣传等，增强员工对企业品牌的认同感。这些文化活动不仅丰富了员工的业余生活，还提升了员工对企业文化的认同感和归属感。

请思考： 结合中国中铁的企业文化建设案例，分析组织文化在企业高质量发展中的作用，并探讨如何通过组织文化建设提升员工的凝聚力和归属感。

知识精讲

6.2.1 组织文化建设的步骤

1. 组织环境分析

组织文化的塑造，首先需要全面了解组织的经营状况，对组织现有的价值观、精神、道德风尚和形象等因素进行评估，淘汰陈旧过时的内容、更新升级。可以使用PESTLE分析法、SWOT分析法等来分析外部宏观环境和内部经营环境，为组织文化的塑造提供科学依据。

组织文化建设

2. 明确组织的核心价值观

在经过以上的分析后，明确组织的长期目标和愿景，回答"我们为什么存在"和"我们希望成为什么样的组织"。确定组织的核心价值观，这些价值观应体现组织的信念和行为准则，如诚信、创新、团队合作等。将价值观转化为具体的行为准则，指导员工的日常行为。

3. 框架设计与文化传播

根据使命、愿景和价值观，设计组织文化的总体框架，包括文化理念、行为规范和制度支持。选择合适的文化载体，如标志、口号、仪式、故事、英雄人物等，使文化更易于传播和理解。设计和规划一系列文化活动，如培训、团队建设、文化庆典等，以增强员工对文化的认同感。

4. 强化执行与持续改进

领导层的支持和示范对文化建设至关重要。领导者应以身作则，践行文化理念，并通过表彰优秀员工树立榜样。同时，促进跨部门合作、营造团队协作氛围。组织应力求使组织文化深入人心，创造浓厚的组织文化氛围。鼓励员工参与文化建设，建立有效的反馈机制，定期评估文化建设的效果，根据员工反馈和业务变化进行调整，增强员工的归属感和责任感，确保文化与时俱进。

6.2.2 组织文化建设的方法

1．员工的甄选和教育

首先，企业在新员工招聘过程中，通过选择与本企业的价值观相符合的人员，使得新员工能融入企业中来。其次，员工在企业中获得晋升和奖励时，对企业文化的认同与履行可以纳入考核标准。第三，对员工的有意识宣传和教育也是建设组织文化的有效手段，并且经常性地将其渗透于日常行为来强化员工的组织文化价值观。

2．树立榜样和典型人物

企业的创业者，德高望重、有影响力的人物，或者是劳模、标兵等都是振奋人心、鼓舞士气的因素，他们的人格魅力、工作成果都体现了企业的价值观。作为榜样的员工能通过自己的行为，树立体现着企业价值观念的典范，向企业员工提供样板，取得建设和强化组织文化的效果。

3．文化传播

抽象的组织文化价值观往往要通过具体的礼节和仪式变为有影响的、可见的、可遵循的东西。例如，内部刊物、公司之歌、迎宾礼节、节庆活动、统一的工作服等。还可以经常开展一些主题活动，如内部的体育比赛、文化沙龙、亲子活动、休闲活动、年会宴会等。通过对企业的各种仪式进行和谐的安排与设计，让员工从具体的事情和行为方式中对组织文化有更深层次的理解。

4．环境建设

打造符合组织文化理念的办公空间，如开放式的协作区域、舒适的休息区、文化展示墙等，促进员工之间的交流与合作。在办公场所的显眼位置设置文化标语、标志和海报，展示组织的核心价值观和理念，增强文化的可视性。借助绿植布置、艺术装饰等手段美化工作环境，提升员工的工作舒适度和幸福感。通过这些措施，组织不仅能够提供一个舒适的工作环境，还能让文化理念在日常工作中潜移默化地产生影响，从而提升员工的凝聚力和工作效率。

5．社会责任

积极参与社会公益活动和推动可持续发展，展示组织的社会价值和良好形象。

组织员工参与社区服务、环保活动、慈善捐赠等志愿者活动，增强员工的社会责任感。设立专项公益基金，支持教育、扶贫、环保等公益项目，展示企业的社会责任。与慈善机构、非营利组织合作，开展定向捐赠活动，帮助弱势群体。在公司内部推行节能减排措施，如使用环保材料、推广无纸化办公、优化能源管理。将可持续发展理念融入组织文化，推动绿色低碳技术创新，减少生产对环境的影响。

> **课堂讨论**
>
> 请谈谈对毕业后第一份工作的希望与计划，希望能体验到什么样的企业文化？

阅读材料

中国联通的"中国结"

中国结是中国特有的手工编织工艺品，它原本是旧石器时代的缝衣打结，后推展至汉朝的仪礼记事，再演变成今日的装饰手工艺品。由于其寓意吉祥，环环相扣，设计巧妙，也经常用于LOGO设计中。中国联通的LOGO采用的中国结图形，象征着信息传递、互相依存和永无止境。这种设计不仅体现了中国传统文化的深厚底蕴，还寓意着人与人之间联通的迅达畅通和长久的关系。在色彩方面，中国联通的LOGO以红色为主色调，这种红色被称为"中国红"，在中国文化中具有强烈的吉祥寓意，能够给消费者带来积极的情感联想。

LOGO中的"China unicom"字样中，两个红色的"i"采取上下相连的形式，寓意着沟通和连接。同时，"i"在英文中有"我"和"信息"的含义，这与中国联通"以客户为中心"以及"向客户提供一体化的通信与信息服务"的品牌理念相契合。其国际品牌UniCom的"Com"代表着Communication（通信）、Computation（计算）和Community（社区）。整个LOGO的核心寓意是连接与沟通，无论是中国结的环环相扣，还是双"i"的相连，都强调了中国联通致力于打破信息壁垒，实现人与人、人与信息之间的自由连通。中国联通将"创新"作为品牌的核心基因，并在LOGO设计中体现了这种精神。例如，LOGO设计中还融入了人文关怀的理念，如"i"所代表的"爱"以及爱心图形，传达了中国联通对客户的关怀和对社会责任的担当。

课堂讨论

中国联通的LOGO设计如何体现其组织文化的核心价值观？LOGO设计如何增强员工对组织文化的认同感？

同步练习与测试

一、判断题

1. 物质层文化是组织文化中最直观、最表象的部分。（   ）
2. 精神层文化是组织文化的中介层。（   ）
3. 角色导向型组织文化注重组织中的官阶和等级。（   ）
4. 在组织文化塑造方面，可以经常开展一些主题活动，如体育比赛、文化沙龙等。（   ）
5. 组织文化对员工的行为形成一种无形的群体压力。（   ）

二、简答及论述题

1. 什么是组织文化？其主要内容有哪些？
2. 组织文化的物质层、制度层和精神层之间的关系是什么？
3. 组织文化的作用是什么？
4. 组织文化建设应遵循哪些基本原则和步骤？
5. 组织文化建设的基本方法是什么？

管理技能训练

一、管理实战案例分析

网易公司的组织文化设计

网易公司（NetEase）成立于1997年6月，由丁磊在广州创立。1997年11月，网易推出中国第一家免费邮箱系统，奠定了其在中国互联网史上的重要地位。1998年5月，网易转型为门户网站模式，逐步发展成为与新浪、搜狐齐名的"三大门户"之一。2000年，网易在美国纳斯达克成功上市。2001年，网易推出自主研发的第一款网络游戏《大话西游》，标志着其从门户网站向多元化业务的转型。2004年，网易推出《梦幻西游》，该游戏迅速成为中国最受欢迎的网络游戏之一。网易的发展历程见证了中国互联网的兴起与发展，如今，网易已成为涵盖在线游戏、音乐、电商、教育等多元化业务的互联网巨头，展现了其不断创新和适应市场变化的能力。

网易的使命愿景为"网聚人的力量，以科技创新缔造美好生活"。这一理念强调，网易的核心财富是员工，通过科技创新为用户创造更美好的生活是网易的不懈追求。网易将"为热爱全心投入"作为核心价值观之一，鼓励员工在工作中投入热情和创造力。同时，网易强调"和用户在一起"，关注用户需求是网易产品成功的关键。

为了将企业文化落地，网易采取了多种措施。公司通过在办公区域展示企业文化标语，如"为热爱全心投入""和用户在一起"等，让员工在日常工作中时刻感受到企业文化。公司设有文化展览空间，介绍网易创办至今的发展历程，以及各个品牌的优秀成果展示，营造浓厚的文化氛围。根据不同部门的业务特点，设计具有特色的办公区域。通过文创周边产品和吉祥物增强员工的文化认同感。同时，推出《员工手册》和《人才发展手册》，并利用多媒体形式传播企业文化。公司会定期举办主题月活动，如在"创新月"期间，组织创新大赛、创意展示活动；在"用户月"期间，开展用户反馈活动、用户体验改进项目等，强化员工对用户需求的关注。在每年的公司周年庆上，公司会表彰优秀员工、创新团队，颁发"敢闯奖""创新奖"等，激励员工在工作中勇于创新、敢于突破。在对待老员工方面，网易有一项传统的活动——十年匠人授戒仪式。司龄超过10年以上，就可以获得一枚象征荣誉和责任的戒指。除了十年匠人指环外，入职1年、3年、6年的员工也将收到一份独特的司龄纪念品。老员工通过写信的方式向新员工传递企业文化，促进文化的传承因此，"13610"也成为网易的文化密码。

问题：
1. 网易公司的企业文化是如何通过具体措施落地的？
2. 网易公司的使命愿景如何体现在其业务发展中？

二、大学生模拟公司系列实训

大学生模拟公司组织文化设计

1．实训目的
通过模拟公司组织文化设计，增强学生对组织文化建设的理解，掌握组织文化的内容与建设步骤，培养学生团队协作与创新思维能力，为未来的职业发展奠定基础。

2．任务概述
各模拟公司需结合管理学课程中的组织文化建设内容与步骤，设计一套完整的组织文化方案。方案应包括企业核心价值观、愿景规划、LOGO设计、员工文化活动等方面。通过本次实训，学生将深入理解组织文化的重要性，并学会如何将其应用于实际情境中。

3．方案制定
要求每个模拟公司综合分析组织内外环境条件、员工需求、公司策略，制定一份详细的组织文化方案，包括企业核心价值观、愿景规划、LOGO设计、员工文化活动等方面。

4．文化交流与展示
班级组织一次交流会，每个模拟公司需推荐一名成员，汇报本公司的组织文化建设方案及其理论依据、执行办法并分享设计思路。

三、管理技能自我测试

哪一种组织文化最适合你？

说明：请根据你的实际情况，选择最符合你想法的选项。每个问题只有一个正确答案。

1. 你更喜欢哪种工作环境？（　　）
   A. 规规矩矩，有明确的规则和流程　　B. 自由灵活，可以尝试新方法
   C. 团队氛围好，大家关系融洽　　　　D. 有挑战性，竞争激烈
2. 你觉得哪种领导风格更能激励你？（　　）
   A. 领导明确告诉你该做什么　　　　　B. 领导支持你，让你自己做决定
   C. 大家一起讨论，共同做决定　　　　D. 领导看重结果，鼓励你做得更好
3. 你觉得公司文化应该更注重什么？（　　）
   A. 稳定，有清晰的职业发展路径　　　B. 创新，鼓励尝试新东西
   C. 关心员工，福利好　　　　　　　　D. 效率高，做事快
4. 你希望团队合作是怎样的？（　　）
   A. 分工明确，各做各的　　　　　　　B. 自由组合，大家一起想点子
   C. 大家一起紧密合作，完成任务　　　D. 自己独立完成，少被打扰
5. 你希望公司怎么评价你的工作？（　　）
   A. 看成绩，用数据说话　　　　　　　B. 看创新，有没有新点子

  C. 听同事评价，看大家怎么说　　D. 看成果，有没有做出成绩
6. 你觉得哪种公司文化最吸引你？（　　）
  A. 传统，按部就班　　　　　　B. 开放，年轻有活力
  C. 关心员工，工作生活平衡　　D. 高效，追求业绩
7. 你希望公司提供哪些帮助来支持你的工作？（　　）
  A. 提供培训，帮助我成长　　　B. 提供资源，让我尝试新东西
  C. 提供福利，让我工作生活平衡　D. 提供工具，让我更高效
8. 你觉得哪种公司文化最能激发你的热情？（　　）
  A. 有明确目标，大家一起努力　B. 鼓励创新，不怕犯错
  C. 团队合作，大家一起加油　　D. 追求卓越，结果最重要

【结论检测】

1、2题：评估你对工作环境和领导风格的偏好。
  A. 适合传统、规范的组织文化
  B. 适合创新、灵活的组织文化
  C. 适合和谐、团队导向的组织文化
  D. 适合竞争、结果导向的组织文化

3、4题：评估你对组织文化中价值观的偏好。
  A. 适合稳定、有序的组织文化
  B. 适合创新、开放的组织文化
  C. 适合人文关怀、员工友好的组织文化
  D. 适合高效、竞争的组织文化

5、6题：评估你对绩效评价和公司整体文化的偏好。
  A. 适合以绩效为导向的组织文化
  B. 适合以创新为导向的组织文化
  C. 适合以团队为导向的组织文化
  D. 适合以结果为导向的组织文化

7、8题：评估你对支持和激励机制的偏好。
  A. 适合提供完善培训和职业发展的组织文化
  B. 适合提供创新资源和实验环境的组织文化
  C. 适合提供良好福利和工作生活平衡的组织文化
  D. 适合提供高效工具和系统支持的组织文化

单元 7 领导

学习目标

素养目标

1. 培养优秀领导者应具备的社会责任和管理伦理素养。
2. 认可、热爱中国式领导智慧,坚定文化自信。

知识目标

1. 掌握领导的定义与作用,熟悉领导者权力的来源。
2. 掌握领导特质理论、行为理论、权变理论的基本观点。

能力目标

1. 具备实施领导行为的意识和潜质。
2. 能够运用领导理论分析组织的领导行为以及解决实际领导问题。

知识导图

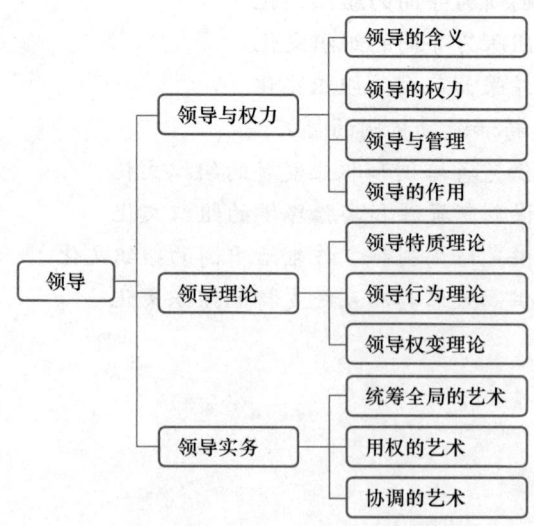

单元引例

任正非的传奇故事

华为作为世界优秀企业，在全球170多个国家和地区开展业务，服务超过30亿人口。它是如何在领导人任正非的带领下逐步成长起来的呢？

华为成立于1987年，最初只是一家注册资本仅2.1万元的小公司，主要业务是代理销售香港的通信设备。任正非当时已经43岁，经历了失业和家庭变故，但他凭借敏锐的市场嗅觉和坚定的信念，决定进入通信行业。

从代理到自主研发。华为最初的主要业务是代理香港一家公司的"用户交换机（PBX）"设备，在代理业务中，任正非意识到依赖外部技术无法让华为走得更远。于是，他决定将公司重心转向自主研发。尽管资金紧张，任正非仍坚持将大部分利润投入研发。1990年，华为成功研发出第一台自主研发的交换机HJD48，这标志着华为从代理商转型为技术公司。

坚持技术创新。任正非始终将技术创新视为华为的核心竞争力。即使在公司早期资金紧张的情况下，他仍坚持每年将公司收入的10%以上投入研发。这种对技术的执着使华为在5G、云计算和人工智能等领域取得了全球领先地位。

全球化战略。任正非很早就意识到全球化的重要性。他推动华为进入国际市场，从发展中国家起步，逐步扩展到发达国家。通过本地化运营和与当地合作伙伴的合作，华为成功在全球建立了强大的市场地位。

长期战略眼光。任正非具有长远的战略眼光。他早在2000年就预见到通信行业的变革，并开始布局5G和云计算等未来技术。这种前瞻性思维使华为在技术变革中始终处于领先地位。

人才培养与激励机制。任正非非常重视人才培养和激励机制。他推行员工持股计划，让员工分享公司成长的红利。同时，他注重内部培训和创新氛围的营造，使华为成为吸引全球顶尖人才的平台。

请思考：领导对一个企业的发展有多重要？如果你创立一家公司，你将如何领导它的发展？

在管理实践中，领导是一项重要的管理职能。就像案例中，华为从一家小企业逐步成长为世界优秀企业与任正非的领导是分不开的，可以说任何一个组织的发展都离不开领导。本单元的任务是阐述如何应用领导理论分析和解决现实中的管理问题。本单元主要说明三个问题：第一，什么是领导——领导的内涵、权力来源和作用；第二，领导理论——领导特质理论、领导行为理论、领导权变理论；第三，领导实务——如何统筹全局、用权、协调。

7.1 领导与权力

> **案例导入**
>
> 强生泰诺事件中的詹姆斯·伯克
>
> 1982年，强生的泰诺胶囊遭遇投毒事件，7人因此丧生，强生面临巨大的信誉危机。面对危机，CEO詹姆斯·伯克当机立断，决定立即召回全美3 100万瓶药品，并要求在48小时内完成。这一决策直接造成约1亿美元的巨额损失，相当于当时强生年销售额的15%，公司内部很多人反对，但伯克坚持这一决策，他说，这并非单纯出于商业考量，而是基于强生自1943年确立的企业信条"客户利益第一"。伯克还要求公司在一周内推出更安全的片剂替代方案，并设立24小时客服热线，这种坚守价值观的快速反应有效地控制了危机的影响。
>
> 同时，伯克主动接受权威媒体采访，公开事件详情，并配合政府调查，这种开放的态度有效遏制了舆论恶化。事件平息后，伯克并未止步于危机公关，而是着力推动研发了防篡改药品包装，并将专利开放给全行业。这一技术不仅解决了强生自身产品安全隐患，还推动了整个医药行业的包装安全标准升级，体现了伯克卓越的前瞻性领导力。
>
> 强生一系列的举措效果显著，使泰诺的市场份额在6个月内从7%回升至70%，强生也因此赢得了更高信任。
>
> 请思考：在公司危机时，詹姆斯·伯克发挥了哪些重要作用？这对你有什么启示？

知识精讲

领导是一种管理职能，关于领导的含义有多种表述，如领导是一种对下属进行指挥和控制的统治形式；领导是为实现目标而实施的影响力；领导是一门激励下属努力完成任务的艺术；领导是权力、责任、服务的统一体等。

7.1.1 领导的含义

究竟什么是领导？领导一词一般有两种词性，一是名词，二是动词。作为名词，是指领导者，即利用影响力带领人们实现组织目标的人；作为动词，领导可以定义为激励和引导人们去实现组织目标的过程。领导是有效管理的一个重要方面，是一项重要的管理职能，并直接影响其他职能作用的发挥。

其基本含义包括以下几个方面：

（1）领导是一种活动，是带领、引导和鼓舞组织成员完成工作、实现目标的过程。

（2）领导的本质是一种影响力。领导者拥有影响被领导者的能力或力量，既是因为组织赋予的职位权力，也由于领导者个人具有影响力。当一个领导者的职位权威不足以说服下属从事适当的活动时，领导是无效的。

（3）领导的目的是实现组织目标。领导必须通过影响下属，使其为实现组织的目标而努力。

7.1.2 领导的权力

这里的领导是名词属性，即领导者。领导的权力既是一种控制力又是一种影响力，是指一个人主动影响他人行为的潜在能力。"影响"意味着能使他人的态度和行为发生改变；"潜在"就是说一个人拥有一定的权力，尽管领导者可能根本就没有行使这种权力。领导者要成功地实现其领导功能，就必须具备权力。

领导影响力（或权力）的基础有两大类：一是职位性影响力，二是非职位性影响力。职位性影响力是一种强制性权力，对人的影响带有强迫性、不可抗拒性。

另一种影响力是非职位性影响力，也称为非强制性影响力，它主要来源于领导者个人的人格魅力。

领导的权力具体可分为以下五种：法定权力、奖赏权力、强制权力、专家权力、感召和参考权力。

1．法定权力

合法的权力即法定权力，来自领导者在组织中职位的合法性。领导在特定职位上掌握支配下属的权力，并期望下属服从法规的要求。法定权力包括任命、罢免等权力。

2．奖赏权力

奖赏权力是指领导者通过奖赏他人的行为来影响他人行为的能力，如领导者可借助发放奖金、提高薪资、推荐升职以及安排理想的工作或其他任何令人愉悦的东西来获得下属的服从和顺从。

3．强制权力

强制权力是指领导者通过惩罚他人的不合心意的行为来影响他人行为的能力，即给予扣发工资奖金、降职、批评、分配较差的工作甚至开除等惩罚性措施的权利。强制权力和奖赏权力一样，都是与法定权力密切相关的。

4．专家权力

专家权力是指由于领导者具有某种专业知识和特殊技能而产生的权力，并因此而赢得同事和下级的尊敬和服从。例如，律师、医生、大学教授和企业中的工程师、高级技师等可能拥有相当大的影响力。

5．感召和参考权力

感召是指与个人的品质、魅力、经历、背景等相关的权力，这种权力是因为领导者具有好的思想品质、作风等，并因而受到下级的敬佩。除这种权力之外，有些人因为与某领导者或某权威人物有着特殊的关系，可能具有与普通人不同的影响力，这称为参考权力。

法定权力、奖赏权力、强制权力属于职位性影响力。专家权力、感召和参考权力则属于非职位性影响力。组织控制着法定权力、奖赏权力、强制权力的基础，但领导者个人控制着专家权力、感召和参考权力的基础。

7.1.3 领导与管理

领导与管理是两个既有联系，又有区别的概念。二者的共性都是通过指挥他人行为有效实现组织目标的活动。从管理学的角度而言，领导是管理的基本职能之一。但是，和管理活动的特点和重点有所不同。领导活动与人的因素密切关联，侧重于对人的指导和激励，更强调通过领导者的影响力、艺术性和非程序化管理，来组织成员完成实现目标的行动。而管理活动则强调管理者的职责以及管理工作的科学性和规范性，偏重于计划、组织与控制等具体的职能和活动。例如，管理意味操纵事件、维持秩序、控制偏差，领导意味着前进、指引、带领跟随者探索新领域。

同样，领导者与管理者也不一样，主要区别见表7-1。

表7-1 领导者与管理者的区别

方面	管理者	领导者
任命方式	组织正式任命	组织正式任命或从群众中自发产生
肩负使命	应对复杂局面，解决实际问题	掌控变化，引导变革
主要职能	计划、组织、领导、协调、控制	生成和传达组织愿景，说服、激励成员为实现组织愿景而努力
权力基础	职位权力	职位权力或个人影响力
行为目标	稳定组织秩序，维持组织高效运转	制定战略、建构、变革组织结构，激发员工忠诚感

7.1.4 领导的作用

领导职能在实现组织目标过程中起着非常重要的作用，具体表现在以下几个方面。

1．指挥作用

在组织的集体活动中，领导者具有引导、指挥、指导和帮助组织成员最大限度地实现组织目标的作用。在整个活动中，要求领导者作为带头人来引导组织成员前进，鼓舞人们去奋斗、去实现组织目标。在企业的生产经营活动中，各种生产要素的合理使用都需要有企业领导者的正确指挥。

2．激励作用

领导者为了使组织内的所有人都最大限度地发挥其才能以实现组织的既定目标，就必须关心下属、激励下属的斗志，发掘、充实和增强他们积极进取的动力，使组织中的每个人都自觉地融入组织的目标体系中去，为实现共同的组织目标而努力工作。

3．协调作用

领导者的任务之一就是协调各方面的关系和活动，保证各个方面朝着既定的目标前进。具体而言，领导者需要进行思想协调、目标协调、利益协调和信息协调。

（1）思想协调。组织内的每个人对工作的认识、看问题的角度、处事的风格都有可能存在差异。因此，领导者要将思想协调放在首位。

（2）目标协调。领导者必须不断地协调企业的长远利益与短期利益，调整内部各种关系，使之与企业的战略协调一致。

（3）利益协调。领导者应从员工的实际出发，依据现行政策及员工的贡献或绩效给予利益上的协调。

（4）信息协调。领导者在上下级之间、下级相互之间要加强信息的沟通与协调。此外，领导者还必须代表企业，与企业的相关利益者协调好各种关系。

管理案例　蒂姆·库克的职业生涯危机

蒂姆·库克（Tim Cook）在接替史蒂夫·乔布斯（Steve Jobs）成为苹果公司CEO之初，曾面临多方面的质疑，一度引发其职业生涯危机。库克被批评是一个管理者而非领导者，主要有以下几方面原因：

一是创新不足，产品把控能力弱。据《乔布斯传》中披露，乔布斯曾评价库克是个不会做产品的人，这意味着库克在产品的规划、设计、开发等方面的把控能力相对较弱，难以像乔布斯那样对产品有着极致的追求和敏锐的洞察力，从而带领公司推出具有开创性和变革性的产品。

二是战略决策失误。库克自接手苹果公司以来犯下一些战略错误，如没有买下网络影音平台Netflix，而购买Netflix可能会有助于苹果公司在服务类产品方面的发展，进而提升公司业绩，但库克未能抓住这样的机会，这体现出他在公司战略决策上可能存在一定的局限性。

三是缺乏远见卓识。库克没有为投资者提供一个有远见的计划，以帮助苹果公司摆脱当时的窘境。一个领导者需要具备高瞻远瞩的眼光，能够预见行业的发展趋势和公司未来可能面临的挑战，并提前制定相应的策略和规划，而库克在这方面的表现未能让人满意。

请思考：作为领导者蒂姆·库克为什么被质疑？如何才能避免仅仅是管理者而不是领导者？

7.2　领导理论

案例导入

领导者的风格

假如你是某公司部门经理，刚调换到一个新部门，团队里有4名风格各异的员工。22岁的张宇大学刚毕业，刚入职不久，对业务还不熟悉，工作能力较弱，而且缺乏自信，做事有点畏首畏尾，什么事都要请示。28岁的王丽硕士研究生毕业，虽然工作经验也不是很丰富，但她学习能力强，积极性高，总是主动要求承担更多的工作任务。30岁的刘浩在公司已经工作了一段时间，业务能力不错，但最近因为工作压力大，对工作有些懈怠，积极性不高。赵欢是团队中的老员工，业务能力强，工作态度积极，而且非常有责任心，能够独立完成各种复杂的任务。

请思考：你打算采用什么样的领导风格带领这些下属们开展部门工作呢？

知识精讲

领导理论大致可以分为三类：第一类是领导特质理论，主要描述有效的领导者应具备的个人特性；第二类是领导行为理论，主要描述领导者的工作作风或领导者行为对领导有效性的影响；第三类是领导权变理论，主要描述在不同的情境下何种领导行为效果最佳。

7.2.1 领导特质理论

领导特质理论形成于20世纪初到20世纪40年代，重点研究领导者的性格品质方面的特征，作为描述和预测其领导成效的标准。其目的是区分领导者与一般人的不同特点，并以此来解释他们成为领导者的原因，同时作为培养、选拔和考核领导者以及预测其领导有效性的依据。

该理论认为，要有效地发挥领导作用，必须具备某些优秀的个人特性或品质。该理论分为传统特质理论和现代特质理论。传统特质理论认为，领导者的品质生而具有；而现代特质理论认为，领导者的品质在实践中形成，可以培养与训练。

但是一些管理学家通过试验研究表明，领导者并不一定都具有比被领导者高明的特殊品质，实际上他们与被领导者在个人品质上并没有显著的差异。此外，特质理论并不能使人明确，一个领导者究竟应在多大程度上具备某种特质。因此，对领导特质理论需要正确的理解和恰当的应用，不能绝对化。

尽管如此，领导者有六项特质不同于非领导者，即进取心、领导愿望、正直与诚实、自信、智慧。

7.2.2 领导行为理论

从20世纪40年代开始，许多学者将目光转向领导者所表现出来的行为上，因而被称为领导行为理论。这种理论主要探讨什么样的行为是最有效的领导行为，并认为有效的领导行为与无效的领导行为有很大的区别，有效的领导行为在任何环境中都是有效的。

一、三种基本领导风格

德国社会学家勒温（P. Lewin）于1939年提出了领导风格理论。他根据权力定位于谁，将领导类型分为三种形式：专制型领导、民主型领导和自由放任型领导。

（1）专制型领导——权力掌握在领导者个人手中，一切由领导者个人决定。该类型领导者喜欢发号施令，不考虑别人的意见和想法，不愿与下属沟通，要求下属绝对服从，而且由领导者去监督执行情况。

（2）民主型领导——权力定位于群体。成员在很大程度上能参与决策，通过集体讨论，集思广益，他们在一定的范围内可以自己决定工作内容和工作方法。其成员的工作有一定的自主权和灵活性。

（3）自由放任型领导——权力定位于每个成员个人。领导者很少运用自己的权力，在工作中给予下属高度的独立性甚至是"自由放任"。这类领导者主要依靠下属自己确定他们的目标以及实现目标的方法，而领导者充当信息的提供者以及与组织外部进行联系。领导者只做任务布置，既不监督执行，也不检查完成，而是放任自流。

以上三种领导方式各有其优点和缺点。专制型领导方式能够通过严格的管理达到目标，但组织成员没有责任感，情绪消极、士气低落；民主型领导方式工作效率高，不但能实现工作目标，而且组织成员有工作积极性和创造性；自由放任型领导方式效率最低，能达到组织成员的社交目标，但难以实现工作目标。

二、领导行为四分图

美国俄亥俄州立大学人事研究委员会以亨普希尔为首的一批学者，从1945年开始研究领导行为，并提出了领导行为四分图。他们经过调查列出了1790种刻画领导行为的因素，通过逐步概括，最后归纳为"关心人"和"抓组织"两大类。

（1）"关心人"的领导行为：注重与下属之间的友谊，相互信任，尊重下级的意见，关心他们的需求，分担他们的忧虑，鼓励部下与他交谈，对待所有下属一视同仁，帮助下属解决私事等，这是重视人际关系的领导行为。

（2）"抓组织"的领导行为：注重工作的组织、计划和目标，规定成员的工作职责和关系，建立明确的组织形态、信息沟通渠道及工作程序方法，要求群体成员遵守标准的规章制度。

按照"关心人"和"抓组织"的不同内容，他们设计了"领导行为描述答卷"，每次内容列举15个问题，发给有关领导者进行调查。结果发现两种领导行为在一个领导者身上有时一致，有时并不一致，因此，他们认为领导是两种行为的具体组合。他们用"四分图"的形式将这一概念加以表示，根据调查结果在图上评定领导者的类型。这是以二维空间表示领导行为的首次尝试，为以后领导行为的研究开辟了一条新的途径，如图7-1所示。

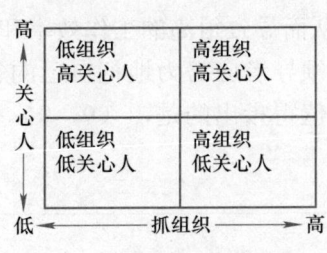

图7-1　领导行为四分图

三、管理方格理论

罗伯特·布莱克和简·穆顿在1946年出版的《管理方格》一书中就企业中的领导方式提出了所谓的管理方格理论，如图7-2所示。

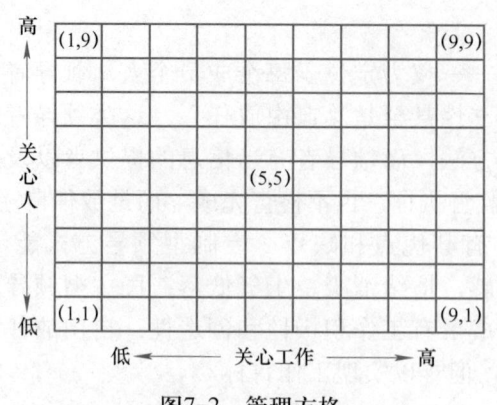

图7-2 管理方格

布莱克和穆顿认为在对工作关心和对人关心的领导方式之间，可以有各种不同的混合领导方式。

（1，1）被称为贫乏式的管理。领导者既不关心工作，也不关心人，只求维持工作的基本水平。这样的领导自然是不称职的。

（9，1）被称为任务式的管理。领导者只注意工作效率，致力于有效地组织和安排工作，并将工作环境安排好，从而使个人需求的成分对工作的影响降低到最低限度。在这种管理方式下，领导者严格控制下属，要求下属唯命是从，以保证工作效率。

（1，9）被称为乡村俱乐部式的管理。领导者只强调人的因素，强调满足人的需要，注意搞好人际关系、建立和谐的组织气氛，但对工作不关心，对指挥监督、规章制度等重视不够。

（5，5）被称为中间道路式的管理。这是一种一般水平的管理。这种方式既不偏重人的因素，也不偏重工作的因素，保持组织需要和员工需要之间的平衡。这种方式往往会束缚工作的革新和员工的创造性。

（9，9）被称为团队（或战斗集体）式的管理。领导者对工作的关心和对人的关心都达到了最高水平。这种管理方式能使组织的目标和个人的需求最有效地结合起来。它要求创造出的工作条件能使得员工了解问题，关心工作的成果，员工和企业的利益相结合。这样员工就会自我指挥和自我控制，从而导致很高的工作效率和成果。

布莱克和穆顿认为，企业的领导者应努力地把自己的领导方式改造成（9，9）型的方式，以求企业的最高效率。但是值得指出的是，（9，9）型并不是在什么时候都是最佳的领导方式，要根据具体情况而定。

课堂讨论

如果你是员工，你期望你的领导采用什么领导风格；如果你成为领导，你又会采用什么风格领导你的部门呢？

管理案例　扭转困境的CEO

某物流公司正处于危机之中，其货运量与利润在不断地下滑，股票市值一落千丈，股东一片哗然。为此董事会聘请了一位新的CEO，此人以扭转困境的能力而闻名。该CEO采用的就是专制式领导风格,上任之后就开始大力裁员,出售分部,做出了本应几年前就该实施的决定。最后,公司得救了,至少在短期内度过了危机。

但好景不长,由于他实行的是"恐怖统治"。威逼、贬低手下的管理人员,对他们工作中的一丁点儿错误都大发雷霆。他的乖张暴戾导致了众叛亲离,公司的最高管理层最后几乎瓦解。他的直接下属员工因为害怕将坏消息告诉他而挨骂,不再向他提供任何坏消息。员工的士气是有史以来最低落的,公司在短暂的复苏后又再次陷入困境。最后,公司董事会不得不将他罢免。

请思考:该CEO的领导风格有什么特点?为什么一开始产生了作用,后来又失去了效用呢?

7.2.3 领导权变理论

一、领导连续统一体模型

美国学者坦南鲍姆和施密特在1958年提出了领导连续统一体模型。他们指出:领导风格并不是只有独裁和民主这两种极端的方式,而是在这两种极端之间,以领导者为中心还是以下属为中心程度不同地存在着一系列领导方式。这些方式有相应的对下属的授权程度和决策方式,如图7-3所示。

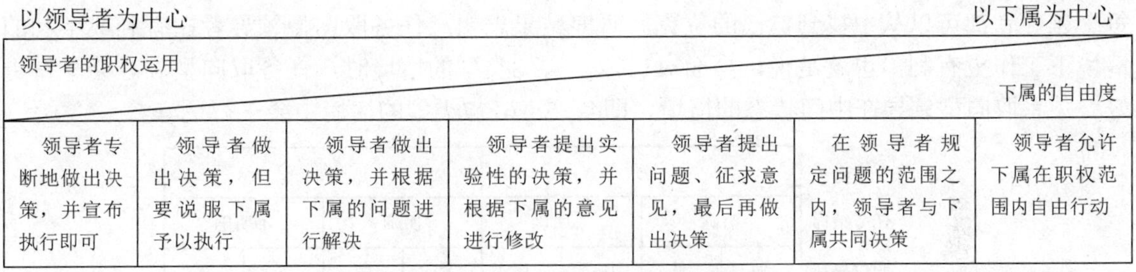

以领导者为中心   以下属为中心

领导者的职权运用							下属的自由度
领导者专断地做出决策,并宣布执行即可	领导者做出决策,但要说服下属予以执行	领导者做出决策,并根据下属的问题进行解决	领导者提出实验性的决策,并根据下属的意见进行修改	领导者提出问题、征求意见,最后再做出决策	在领导者规定问题的范围之内,领导者与下属共同决策	领导者允许下属在职权范围内自由行动

图7-3 领导连续统一体模型

图7-3中所示的7种领导风格,没有哪一种总是正确的或错误的,也没有哪一种是最好的或最坏的。在不同的领导者、下属和情景之中,有不同的最适合的领导风格。此外,组织环境和社会环境也会对领导风格产生影响。坦宁伯姆和施密特认为,一个成功的领导者,不一定是专权的人,也不一定是放任自由的人,而是能够针对不同环境采取恰当措施的人。例如,一个好的化学实验室主任,在设计危险化学品的使用时,他是专制的;但设计制定研究方向与计划时,他又是民主的。

二、菲德勒的权变领导模型

这个模型是美国伊利诺伊大学的教授菲德勒经过10多年的研究后提出来的。他认为,任何领导行为都可能是有效的,也可能是无效的,关键要看这种领导行为是否与环境相互适应。菲德勒定义的环境包括以下三项内容:

(1)领导者与被领导者的关系,是指下属对领导人的信任、喜爱、忠诚和愿意追随的程度,以及领导者对下属的吸引力。它是决定领导者在群体中的控制力和影响力的主要因素。

(2)工作任务结构,是指下属担任工作任务的明确程度,即表明任务的目的、方法和绩效标准的清楚程度。含义模糊不清的任务会带来一种不确定性,从而降低领导者对情境的控制度。

(3)领导者的职位权力,是指领导者拥有的权力变量(如聘用、解雇、训导、晋升、加薪)的影响程度。

为了测定领导者的人格特征与情境之间的关系,菲德勒对1 200个群体进行了广泛调查,也设计了一个"最不愿与之共事者"(Least Prefered Co-worker)问卷,简称LPC问卷。问卷由16组双极性问题组成,让作答者想出一个与自己最难共事者,然后对他进行评价。问卷以1～8等级计分,最后累加得分高者,说明即使对最不喜欢共事者也会给好的评价,那么,他一定是关心人而宽容的领导,属关系取向型。LPC得分低者则相反,他对人苛刻,是以工作为中心的,属于任务取向型。菲德勒运用LPC问卷可以将绝大多数作答者划分为两种领导风格。当然,据此他也发现有一小部分领导处于两者之间,他承认很难勾勒出这些人的个性特点。

菲德勒模型的下一步是根据三次环境变量进行评估:领导者与成员关系或好或差、任务结构或高或低、职位权力或强或弱。他指出:领导者与成员关系越好,任务的结构化程度越高,职权越强,则领导者拥有的控制力和影响力也越高;反之,领导者的控制力越低。总之,将三项权变变量加以不同的组合,便可得到8种不同的情境或类型(如图7-4所示),每个领导者都可以从中找到自己的位置。研究结果表明:任务取向型领导者在有利或不利的情境下工作更有利,也就是说,当面对1、2、3、8类型的情境时,任务取向型领导会干得更好;关系取向型领导在中间状态的情境,即4、5、6、7类型的情境中会干得更好。

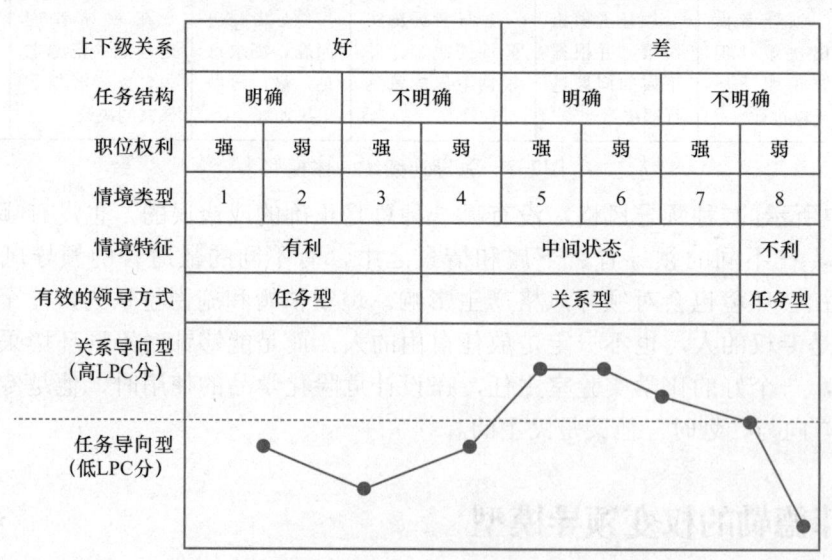

图7-4 菲德勒的权变领导模型

尽管有人批评菲德勒的权变领导模型在研究方法和理论上都存在错误或缺点,但该模型确实为领导方式的研究做出了很大贡献。它强调的是,领导方式本身无所谓好坏,一个管理者的领导风格在一种情况下可能有效,而在另一种情况下则可能会失败。

三、领导生命周期理论

领导生命周期理论是由科曼首先提出，后由保罗·赫塞和肯尼斯·布兰查德予以发展的理论，也称情境领导理论。这是一个重视下属的权变理论。赫塞和布兰查德认为，依据下属的成熟度，选择正确的领导风格，就会取得领导的成功。西方不少企业在培训其管理者的领导艺术时常使用这一理论，如《财富》杂志500强企业中的北美银行、IBM公司、美孚石油公司、施乐公司等，甚至美国军队中的一些部门也采用这一模型培训其军官。

赫塞和布兰查德重视下属在领导效果方面的作用，是因为下属可以接纳或拒绝领导者的命令，领导者的领导效果经常取决于下属的行为和活动。然而这一问题的重要性却被许多领导理论所忽视或低估。

赫塞和布兰查德将成熟度定义为：个体对自己的直接行为负责任的能力和意愿。它包括两项要素：工作成熟度与心理成熟度。前者包括一个人的知识和技能，工作成熟度高的个体拥有足够的知识、能力和经验完成他们的工作任务而不需要他人的指导；后者指的是一个人做某事的意愿和动机，心理成熟度高的个体不需要太多的外部激励，他们主要靠内部动机激励。

领导生命周期理论使用的两个领导维度与菲德勒的划分相同：工作行为和关系行为。但是，赫塞和布兰查德更向前迈进了一步，他们认为每一维度有低有高，从而组成四种具体的领导风格，如图7-5所示。

（1）命令型领导方式（高工作、低关系）：领导者定义角色，告诉下属应该干什么、怎么干以及何时何地去干。

（2）说服型领导方式（高工作、高关系）：领导者同时提供指导性的行为与支持性的行为。

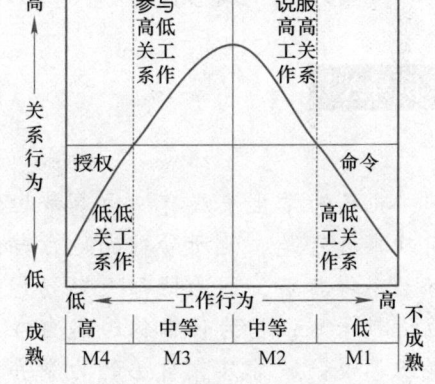

图7-5 领导生命周期曲线

（3）参与型领导方式（低工作、高关系）：领导者与下属共同决策，领导者的主要角色是提供便利条件与沟通。

（4）授权型领导方式（低工作、低关系）：领导者提供极少的指导或支持。

赫塞和布兰查德的领导生命周期理论对下属成熟度的四个阶段的定义是：第一阶段，这些人对于执行某任务既无能力又不情愿。他们既不胜任工作又不能被信任。第二阶段，这些人缺乏能力，但愿意执行必要的工作任务。他们有积极性，但目前尚缺足够的技能。第三阶段，这些人有能力，却不愿意做领导者希望他们做的工作。第四阶段，这些人既有能力又愿意做领导者让他们做的工作。

图7-5概括了情境领导理论的各项要素。当下属的成熟水平不断提高时，领导者不但可以不断减少对下属行为和活动的控制，还可以不断减少关系行为。在第一阶段（M1）中，下属需要得到具体而明确的指导；在第二阶段（M2）中，领导者需要采取高工作、高关系行为，因为高工作行为能够弥补下属能力的欠缺，高关系行为则试图使下属在心理上"领会"领导者的意图；对于在第三阶段（M3）中出现的激励问题，领导者运用支持性、非领导性的参与风格可获最佳解决；在第四阶段（M4）中，领导者不需要做太多事，因为下属

既愿意又有能力担负责任。

> **课堂讨论**
>
> 根据领导生命周期理论,如果你是领导,你更喜欢哪种成熟度的员工?

> **课堂讨论**
>
> 刘邦在起义初期,力量薄弱,他广纳贤才、激励士气,迅速聚集了一支忠诚的团队。楚汉相争时,面对强大的项羽,刘邦通过授权与信任,充分发挥韩信的军事才能,最终击败项羽,赢得天下。建汉初期,政局不稳,刘邦高度集中权力,削弱异姓诸侯王的权力,同时推行休养生息政策,恢复经济,巩固了西汉政权。刘邦在不同环境下灵活调整领导风格,对此,你有什么看法?

7.3 领导实务

案例导入

子贱放权

孔子的学生子贱有一次奉命担任某地方的官吏。他到任以后,经常弹琴自娱,不问政事,可是,他所管辖的地方却治理得井井有条,民兴业旺。这使那位卸任的官吏百思不得其解,因为他每天勤勤恳恳,从早忙到晚,也没有把那个地方治理好。于是他请教子贱:"为什么你逍遥自在、不问政事,却能把这个地方治理得这么好?"子贱回答说:"你只靠自己的力量去治理,所以十分辛苦;而我却是借助下属的力量来完成任务。"

对此,你有什么看法呢?

知识精讲

一个有效的领导者,应该懂得如何正确地发挥下属的才智、利用下属的力量,而不是事必躬亲、把一切事情都揽在自己身上。领导者要能够驾驭全局,从繁杂的事务圈中"超脱"出来,集中精力抓大事,从而牢固把握工作的主动权,这就要求领导者不仅要掌握基本的工作方法,还要具备高超的领导艺术。

7.3.1 统筹全局的艺术

领导者要养成对日常事务进行理性分析和分类处理的良好习惯,应根据工作的轻重缓急依次排队,不颠倒工作主次。从提高领导处事艺术的角度,可以把领导者的工作分成以下几类,并设计相应的处理方式。

1. 常规事情规范化

对常规事情，领导者自己无须事必躬亲，可授权下级人员去做；但要规定具体的要求、操作程序、考核指标和奖惩规则，使之规范化。

2. 一般事情案例化

一般事情是指有先例可循、有处理此事情的经验但对其规律尚未完全认识的工作事项。应该珍视以往处理此事情的经验教训，但又不囿于以往经验，形成工作方案后交部属去执行；然后听取汇报，进一步总结经验。

3. 例外事情决策化

例外事情是指新情况下的新问题、新矛盾，没有先例，单凭经验难以处理的事项。对此领导者要遵循决策程序组织力量，群策群力，制定方案，督导实施，检查考评，全程调控和调适，从中总结经验，摸索规律，使之走向案例化和规范化处理模式。

4. 重点事项亲自抓

所谓重点事项，一是关键性，二是薄弱性。关键性就是指与组织目标密切相关，并在一定程度决定领导工作成败的事项；薄弱性是指因主客观条件不充分，使工作受到延误或无起色，需要加强的事项。

7.3.2 用权的艺术

领导者所拥有的权力是领导者实施领导的基础和前提。领导者的权力主要有组织法定权和个人影响权两个方面。领导者只有在遵守组织法定权又不断培养个人影响力的情况下，才能有效地发挥用权的艺术。

1. 要谨慎用权

要严格遵守法定权限，不对上越权和对下侵权，这是权力规则的基本要求。不要轻易动用法定权力，如命令、指令等一般不宜过多和过细，要给下级自主活动的余地；奖赏惩罚不宜过频过宽。

2. 要善于授权

授权是指领导者将自己一定的职权授予下属去行使，使下属在其所承担的职责范围内有权处理问题、做出决定。授权的程度受三个因素的影响，即领导者的知识、经验、能力、精力和工作习惯；下级的思想业务水平及预期获得成果的大小；组织的规模以及任务的重要程度。领导者如果能合理地授权，不仅能使自己摆脱日常事务的缠绕，而且能够使被授权的人得到很好的锻炼和获得成就感。授权一般是一事一授，有关任务完成了就应及时收回权力。

7.3.3 协调的艺术

领导工作有60%是用在各方面的协调上。协调要讲究方法。

（1）上行协调时，尊重而不恭维、服从而不盲从、亲近而不庸俗，善于将自己的意见变成领导者的意见。

（2）下行协调时，要遵循公正、平等、民主、信任的原则。对"亲者"应保持距离，对"疏者"应当正确对待，对下级要尊重，对纠纷要公平、公正处理。

（3）平行关系协调时，互相尊重，平等相待；相互信任，坦诚相待；为人正直，光明正大；相互学习，彼此宽容。

课堂讨论

如果你是领导者，你平时不喜欢的下属为组织立下了功劳你会怎么做？如果你最信任的下属在工作上出现了严重错误，你会怎么做？

阅读材料

口红的颜色

在一家化妆品公司的操作间里，一位副总看见调色师正在调口红的颜色，走过去看了一眼，发现口红颜色太艳丽，便说："这口红的颜色会好看吗？"调色师听完以后，站起身来直视着他，回答道："第一，亲爱的黄副总，这个口红的颜色还没有完全定案，定案以后我会拿给你看，你现在不必那么担心。第二，我是一个专业的调色师，我有我的专业，如果你觉得你调得比较好，下个礼拜开始你可以调。第三，这个口红是给女人用的，而你是一个男人。如果所有的女人都喜欢用，而你不喜欢没有关系，如果你喜欢，别的女人却不喜欢，那就完了。"

副总听完调色师的话，心里很不高兴，心想，你也太不给我面子了，我可是公司副总，我说的话你都不听，他当时不动声色，回到办公室便叫来人事经理，找了个理由把调色师开除了，随后自己主持口红色系研发，没想到他认为可以大卖的口红，放到市场却无人问津。

这位副总也因为决策失误给公司带来的损失而被公司开除，为他的傲慢付出了代价。

课堂讨论

请综合运用领导理论和知识，分析该副总在领导职能发挥上存在哪些问题，如果是你，你会怎么做？

同步练习与测试

一、单项选择题

1. 布莱克和穆顿提出的领导行为理论是（　　）。
   A. 管理方格理论　　　　　　　　B. "四分图"理论
   C. 领导连续流理论　　　　　　　D. 领导权变理论
2. 属于组织领导个人权力的为（　　）。
   A. 专家权力　　B. 合法权力　　C. 奖赏权力　　D. 强制权力

3．影响领导者工作的三个基本方面有职位权力、任务结构和上下级关系，这是下列（　　）的基本观点。
　　A．菲德勒的权变领导模型　　　　B．管理方格理论
　　C．四分图理论　　　　　　　　　D．人性假设理论
4．根据管理方格理论，对工作高度关心而对人很少关心的管理是（　　）。
　　A．（1，1）型　　B．（9，9）型　　C．（1，9）型　　D．（9，1）型
5．菲德勒的权变领导模型中的三个权变因素是（　　）。
　　A．职位权力、任务结构、上下级关系
　　B．职位权力、任务结构、领导者素质
　　C．职位权力、下属素质、领导者素质
　　D．职位权力、下属素质、任务结构
6．管理方格理论中"领导者极少关心人或工作"属于（　　）。
　　A．（1，1）型　　B．（9，9）型　　C．（5，5）型　　D．（1，9）型
7．布莱克和莫顿提出的"管理方格理论"是建立在领导方式所依据的两个主要变数上的，这两个变数是（　　）。
　　A．对个人的关心程度，对组织的关心程度
　　B．对经济效益的关心程度，对社会效益的关心程度
　　C．对人的关心程度，对物的关心程度
　　D．对工作的关心程度，对人的关心程度
8．根据菲德勒的权变领导模型，对一个领导者的工作最有影响的因素不包括（　　）。
　　A．职位权力　　　B．任务结构　　　C．上下级关系　　　D．个人的特点
9．依据领导生命周期理论，适合于低成熟度员工的领导方式是（　　）
　　A．说服型　　　B．参与型　　　C．授权型　　　D．命令型
10．某公司销售经理被批评为"控制得太多，而领导得太少"。据此，你认为该经理在工作中存在的主要问题最有可能是（　　）。
　　A．对下属销售人员的疾苦没有给予足够的关心
　　B．对销售目标任务的完成没有给予充分的关注
　　C．事无巨细，过分亲力亲为，没有做好授权工作
　　D．没有为下属销售人员制定明确的奋斗目标
11．某公司财务经理授权会计科长管理应付款，会计科长由于太忙，不能亲自处理，便授权属下一位会计负责此事。会计科长对应付款的管理（　　）。
　　A．不再负有责任　　　　　　　　B．责任与原来相同
　　C．责任减轻　　　　　　　　　　D．不再负有主要责任
12．老李是单位的技术能手，不仅专业技术过硬，而且平易近人，工作中经常抢在前面，因此得到大家的认可。老李的这种影响力来源于（　　）。
　　A．奖赏权力　　B．强制权力　　C．个人权力　　D．合法权力

13．某公司总裁老张行伍出身，崇尚以严治军，注重强化规章制度和完善组织结构，尽管有些技术人员反映老张的做法过于生硬，但几年下来企业还是得到了很大的发展。根据管理方格理论，老张的作风最接近于（　　　）。

    A．（1，1）型　　　　　　　　B．（1，9）型
    C．（9，1）型　　　　　　　　D．（9，9）型

14．某企业多年来任务完成得都比较好，职工经济收入也很高，但职工和领导的关系却很差。该领导很可能是管理方格中所说的（　　　）。

    A．贫乏式　　　B．乡村俱乐部型　　C．任务式　　　D．中间道路式

二、判断题

1．领导和管理是密切相关的，但它们之间又有明显的区别，是两个不同的概念。（　　）

2．专家权力、感召和参考权力属于个人权力。（　　）

3．领导者不一定是管理者，管理者并不一定是领导者。（　　）

4．勒温的三种领导方式理论将领导类型划分为专制型领导、民主型领导、参与型领导。（　　）

5．领导行为四分图的两个维度分别是"抓组织"和"关心人"。（　　）

6．管理方格理论认为，（5，5）型领导，即中间道路式领导在五种典型的模式中是最理想、最有效的领导方式。（　　）

7．领导生命周期理论认为，依据下属的成熟度，选择正确的领导风格会取得领导的成功。（　　）

三、简答及论述题

1．权力有哪几种来源？
2．领导行为理论主要有哪些？
3．试论述领导生命周期理论及其运用。

管理技能训练

一、管理实战案例分析

一次人事任免

某钢铁公司领导班子会议正在研究一项重大的人事任免事项。总经理提议免去公司所属的、有2000名职工的主力厂——炼钢一厂厂长姚成的厂长职务，改任公司副总工程师，主抓公司的节能降耗工作；提名炼钢二厂党委书记林征为炼钢一厂厂长。姚、林二人都是公司的老同志了，从年轻时就在厂里工作，大家对他们的情况可以说是了如指掌。

姚成，男，48岁，中国共产党党员，高级工程师。20世纪60年代从南方某冶金学院毕业后分配到炼钢厂工作，一直搞设备管理和节能技术工作，勤于钻研，曾参与主持了几项

较大的节能技术改造，成绩卓著，在公司内引起较大震动。1983年他晋升为工程师，先被任命为一厂副总工程师，后又任生产副厂长，1986年起任厂长至今，去年被聘为高级工程师。该同志属技术专家型领导，对炼钢厂的生产情况极为熟悉，上任后对促使炼钢一厂能源消耗指标的降低起了巨大的推动作用。他工作勤勤恳恳，炼钢转炉的每次大修理他都亲临督阵，有时半夜入厂抽查夜班工人的劳动纪律，白天花很多时间到生产现场巡视，看到有工人在工作时间闲聊或乱扔烟头总是当面提出批评，事后通知违纪人所在单位按规定扣发奖金。但群众普遍反映，姚厂长一贯不苟言笑，没听姚厂长和他们谈过工作以外的任何事情，更不用说和下属开玩笑了。他到哪个科室谈工作，一进办公室大家的神情便都严肃起来，犹如"一鸟入林，百鸟压音"，大家都不愿和他接近。对他自己特别在行的业务，有时甚至不事先征求该厂总工程师的意见，直接找下属布置工作，总工程师对此已习以为常了。姚厂长手下几位很能干的"大将"却都没有发挥多大的作用。据他们私下说，在姚厂长手下工作，从来没受过什么激励，特别是当他们个人生活有困难需要厂里帮助时，姚厂长一般不予过问。用工人的话说是"缺少人情味"。久而久之，姚厂长手下的骨干都没有什么积极性了，只是推推动动，维持现有局面而已。

林征，男，50岁，中国共产党党员，高中毕业。在基层工作多年，前几年才转为正式干部，任车间党支部书记。该同志脑子灵活、点子多，宣传、鼓动能力强，具有较突出的工作协调能力。1984年出任炼钢二厂厂办主任，1986年调任公司行政处副处长，主抓生活服务，局面很快被打开。1988年炼钢二厂党委书记离休，林征又回炼钢二厂任党委书记。林征长于做人的工作，善于激励部下，据说对行为科学很有研究。他对下属非常关心，周围的同志遇到什么难处都愿意和他说，只要是厂里该办的，他总是很痛快地给予解决。他民主作风好，工作也讲究方式方法，该他做主的事从不推三阻四。由于他会团结人（用他周围同志的说法是"会笼络人"），工作力强，因此在群众中享有一定的威望。他的不足之处是学历低，工作性质几经变化，没有什么专业技术职称（有人说他是"万金油"），对工程技术理论知之不多，也没有独立指挥生产的经历。

姚、林二人的任免事关炼钢一厂的全局工作，这怎么能不引起公司领导的关注呢？公司领导心里在反复掂量，考虑着对炼钢厂厂长这一重大人事变动提议应如何表态。

问题：
1. 根据姚成的性格特点和技术专长，对他这次任免是否合适？
2. 对厂长的领导素质、领导风格应有什么要求？林征会成为一名合格的厂长吗？

二、领导技能实训

校园模拟指挥——培养现场指挥能力和应变能力

凌晨1点多钟，男生宿舍三楼的卫生间上水管突然爆裂，此时楼门和校门已经关闭，人们都沉睡在梦中，只有邻近的几个宿舍的学生被惊醒。水不断地从卫生间顺着走廊涌出，情况非常紧急。假如你身处其中，如何利用你的指挥能力化险为夷？

要求：课下先进行分组讨论，然后各小组分别表述本组应急方案，看看谁的方案最好。由教师与学生对各组的方案进行评价。

2. 请与你所认识的某一个企业的领导交流，倾听他的领导经验，了解他在领导工作中遇到的问题，并用你所学的领导理论与他一同探讨解决的办法。

三、管理技能自我测试

管理风格自我评估

请你回答如下问题：

1. 你喜欢经营咖啡馆、餐厅之类的生意吗？

是____　　不是____

2. 平时在实施决定或政策之前，你认为有说明其理由的必要吗？

是____　　不是____

3. 在领导下属时，你认为与其一方面跟他们工作，一方面监督他们，不如从事计划、草拟细节等管理工作。

是____　　不是____

4. 在你管辖的部门有一位陌生人，你知道那是你的下属最近录用的人，你会不介绍自己而先问他的姓名吗？

是____　　不是____

5. 流行风气接近你的部门时，你会让下属追求。

是____　　不是____

6. 让下属工作之前，你一定把目标及方法提示给他们。

是____　　不是____

7. 与部门过分亲近会失去下属的尊敬，所以还是远离他们的好，你认为对吗？

是____　　不是____

8. 郊游之日到了，你知道大部分人希望星期三去，但是从多方面来判断，你认为还是星期四去比较好，你认为不要自己做主，还是让大家投票决定好了。

是____　　不是____

9. 当你想要你的部门做一件事时，即使是一件按铃召人即可的事，你一定要自己去以身作则，以便他们跟随你做。

是____　　不是____

10. 你认为要撤一个人的职并不困难吗？

是____　　不是____

11. 越能够亲近下属，越能够好好领导他们，你认为对吗？

是____　　不是____

12. 你花了不少时间拟定了解决某个问题的方案，然后交给一个下属，可是他一开始就找该方案的毛病，你对此并不生气，但是对于问题依然没解决而觉得坐立不安。

是____　　不是____

13. 充分处罚犯规者是防止犯规的最佳方法，你赞成吗？

是____　　不是____

14. 假定你对某一情况的处理方式受到批评，你认为与其宣布自己的意见是决定性的，不如说服下属请他们相信你。

                    是____　　不是____

15. 你是否让下属为了他们的私事而自由地与外界的人们交往？

                    是____　　不是____

16. 你认为你的每个下属都应对你抱忠诚之心吗？

                    是____　　不是____

17. 与其自己亲自解决问题，不如组织一个解决问题的委员会，对吗？

                    是____　　不是____

18. 不少专家认为在一个群体中发生不同意见的争论是正常的；也有人认为意见不同是群体的弱点，会影响团结。你赞成第一种看法吗？

                    是____　　不是____

判断：
如果1、4、7、10、13、16题答"是"多，说明具有专制型倾向。
如果2、5、8、11、14、17题答"是"多，说明具有民主型倾向。
如果3、6、9、12、15、18题答"是"多，说明具有自由放任型倾向。

单元 8 激 励

学习目标

素养目标

1. 增强文化自信,激发家国情怀。
2. 培养管理伦理素养,增强共情能力。

知识目标

1. 理解激励的重要性,掌握激励过程模式。
2. 掌握主要激励理论的核心观点及其应用场景。
3. 理解激励的基本原则和方法。

能力目标

1. 能够有效运用激励理论来制定个性化的激励方案。
2. 能够综合运用多种激励方法以达到最佳激励效果。
3. 面对激励难题,能创新性地提出解决方案,优化激励机制。

知识导图

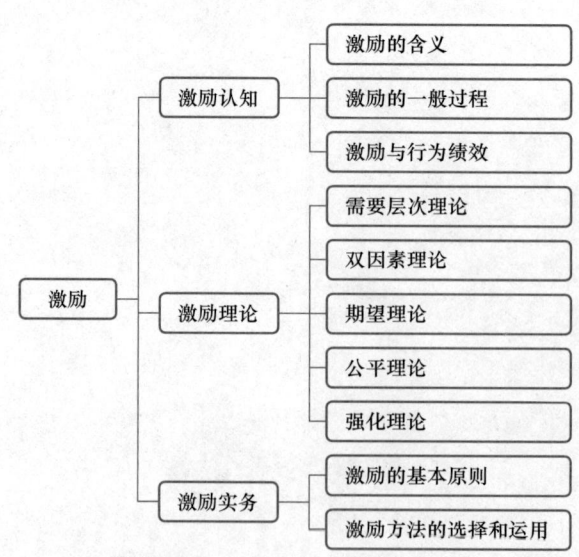

单元引例

猎人与猎狗的故事

一条猎狗将兔子赶出了窝，一直追赶它，追了很久仍没有捉到。牧羊犬看到此种情景，讥笑猎狗说："你们两个之间小的反而跑得快得多。"猎狗回答说："你不知道我们两个的跑是完全不同的！我仅仅为了一顿饭而跑，它却是为了性命而跑呀！"

这句话被猎人听到了，猎人想：猎狗说得对啊，那我要想得到更多的猎物，得想个好法子。于是，猎人又买来几条猎狗，凡是能够在打猎中捉到兔子的，就可以得到几根骨头，捉不到的就没有饭吃。这一招果然有用，猎狗们纷纷去努力追兔子，因为谁都不愿意看着别人有骨头吃，自己没得吃。就这样过了一段时间，问题又出现了。大兔子非常难捉到，小兔子好捉。但捉到大兔子得到的奖赏和捉到小兔子得到的骨头差不多，猎狗们善于观察，发现了这个窍门，专门去捉小兔子。慢慢地，大家都发现了这个窍门。猎人对猎狗说："最近你们捉的兔子越来越小了，为什么？"猎狗们说："反正没有什么大的区别，为什么费那么大的劲去捉那些大的呢？"

猎人经过思考后，决定不将分得骨头的数量与是否捉到兔子挂钩，而是每过一段时间，就统计一次猎狗捉到兔子的总重量。按照重量来评价猎狗，以此决定一段时间内的待遇。于是猎狗们捉到兔子的数量和重量都增加了。猎人很开心。但是过了一段时间，猎人发现，猎狗们捉兔子的数量又少了，而且越有经验的猎狗，捉兔子的数量下降得就越厉害。于是猎人又去问猎狗。猎狗说："我们把最好的时间都奉献给了您，主人，但是我们随着时间的推移会老，当我们捉不到兔子的时候，您还会给我们骨头吃吗？"

猎人做了论功行赏的决定。分析与汇总了所有猎狗捉到兔子的数量与重量，规定如果捉到的兔子超过了一定的数量后，即使捉不到兔子，每顿饭也可以得到一定数量的骨头。猎狗们都很高兴，大家都努力去达到猎人规定的数量。一段时间过后，终于有一些猎狗达到了猎人规定的数量。这时，其中有一只猎狗说："我们这么努力，只得到几根骨头，而我们捉的猎物远远超过了这几根骨头。我们为什么不能给自己捉兔子呢？"于是，有些猎狗离开了猎人，自己捉兔子去了……

请思考：猎人对猎狗的激励主要犯了哪些错误？从该案例中，您有哪些关于员工激励的启示？

激励问题永远是管理学中的主题之一，猎人如何去使用他的骨头，也是猎人永远的难题。猎人的困境在管理中同样存在。本单元的任务是阐述如何应用各种激励理论与方法去解决与猎人困境相类似的管理问题。本单元主要说明三个问题：第一，什么是激励——激励的概念和基本模式；第二，激励有哪些手段和方法——主要的激励理论的内容及综合应用；第三，如何激励——激励的原则和方法。

8.1 激励认知

案例导入

燕昭王的求贤"黄金台"

战国时期,燕国的第39任君主燕昭王(公元前335年—公元前279年)面临着一个重大挑战:如何让燕国重振雄风,成为强国之一。他深知,要想国家兴旺,必须有贤能之士的助力。于是,他开始四处招揽人才,但起初收效甚微。

这时,智者郭隗给他讲了一个故事:从前,有一位国君想买千里马,他派手下用千两黄金去购买。手下却只用五百两黄金买回了一匹死马。国君不解,手下解释说:"您愿意为一匹死马花这么多钱,那活马自然会有人送上门来。"果不其然,没过几天,就有人送来了三四千里马。

燕昭王听后豁然开朗,决定效仿这个办法。他下令在燕国都城建造一座高台,台上放着千两黄金,并公开宣布:"我愿以千金求贤士!"这个消息很快传遍了天下,人们都知道燕国愿意为人才一掷千金,给予他们优厚的待遇和崇高的地位。

黄金台的建立,让燕昭王爱贤敬贤的名声迅速传开。这种物质和精神上的双重激励,极大地激发了人才的积极性。他们纷纷投奔燕国,施展自己的才华和智慧。其中,有武将乐毅、剧辛,谋士邹衍等杰出人才,他们为燕国的军事、政治、文化等领域的发展做出了重要贡献。燕国也逐渐由衰转盛,成为战国七雄之一。

请思考:什么是激励?"黄金台"为什么能吸引大批人才纷纷投奔燕国?激励与行为绩效有什么关系?

知识精讲

激励作为提升组织效能与员工潜能的关键策略,是领导职能中的重要方面。

8.1.1 激励的含义

激励一词就是激发、鼓励的意思。作为管理学中的概念,激励就是激发人的动机,诱导人的行为,使其发挥内在潜力,为实现所追求的目标而努力的过程。简单地说,激励就是调动人的积极性的过程。

激励是现代管理的核心问题之一,贯穿于管理过程的始终。管理活动的首要任务是如何激励人们发挥出他们最大的潜能,以完成组织、部门的任务和目标。管理者必须运用正确的激励手段,不断开拓新的激励方式,充分发挥激励的作用,才能成为有效的管理者。

8.1.2 激励的一般过程

激励的本质就是激发人的动机的过程。而所谓动机,就是引起、维持并且指引某种行为去实现一定目标的主观原因。因此，要理解激励的本质，就必须研究下面三个问题：①什么因素引起人的行为？②什么因素指引着该行为朝着目标前进？③这种行为是如何坚持下去或最后终止的？

激励的一般过程模式如图8-1所示，从需要或动机出发，由此产生了要求，这种要求一时不能得到满足时，心理上会产生一种不安和紧张状态，这种不安和紧张状态会成为一种内在的驱动力，导致某种行为或行动，进而去实现目标，一旦达到目标就会带来满足，这种满足又会为新的需要提供强化激励。如果遭受挫折，就可能产生再一次的追求或放弃追求的行为。

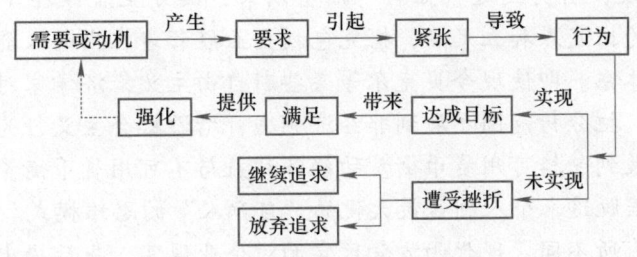

图8-1 激励的一般过程模式

8.1.3 激励与行为绩效

激励是推动个体付出努力的一种心理诱导。美国心理学家威廉·詹姆斯在对职工的激励的研究中发现，按时计酬的职工只需要发挥20%～30%潜力即可"称职"；而如果受到充分激励，则职工的潜力可以发挥到80%～90%，其中50%～60%的差距系激励所致。也就是说，同样一个人在通过充分激励后所发挥的能力相当于激励前的3～4倍。

美国心理学家奥格登在1963年进行了一个警觉实验，实验是这样进行的：用光源调节发光强度，记录测试者对光强度变化的辨别能力来测定他们的警觉性。实验分为4个小组，其中A组为控制组，不施加任何激励，只是一般地告知实验的要求和操作方法；B组是挑选组（个人竞赛组），该组的测试者被告知，他们是经过挑选的，觉察能力最强，错误率理应最少；C组是集体竞赛组，明确告知要以误差数量评定小组的优劣和名次；D组是奖惩组，每出现一次错误就罚款一次，每次反应正确就发少量奖金。实验结果统计如图8-2所示。

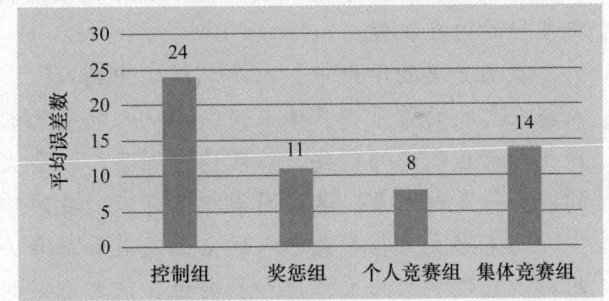

图8-2 实验结果统计

统计结果显示，有无激励，用什么方式激励，对人的行为的影响十分显著。

警觉实验表明，一个人在组织中的工作业绩可以用下面的公式表示：

$$工作业绩 = f（能力，激励水平）$$

即工作业绩取决于能力大小、激励水平的高低。根据这个公式，两个能力相近的人，他们的绩效高低取决于激励水平。

课堂讨论

美国心理学家奥格登开展的警觉实验的实验结果，对你有什么启示？管理者应该如何做才能有效激励员工？

阅读材料

哪些因素影响"现实中的人"的行为

关于人性的假设，自英国近代亚当·斯密以来，西方主流经济学一直以"性恶自私人"即"经济人"为出发点和立足点，探究包括企业经营者在内的人类经济行为，并由此构建了整个经济学体系。即使现今贝克尔等某些新自由主义经济学家对传统"经济人"假设进行了一些修补，把分析范围扩展到非经济领域，增添机会主义行为描述和信息成本约束，或者把含义扩展到包括可用货币衡量的经济利益与不可用货币衡量的精神利益两个层面，也没有根本上摆脱追求个人利益最大化的"自私人"的思维模式。

与西方经济学有所不同，现代西方管理学面对企业现实，先后提出"社会人""文化人""自我实现人""有限理性"等不少新的观点，以弥补明显有误的"自私经济人"和"完全理性"的主流说法。不过，即使是当代西方著名的管理学家西蒙，当他以企业家只能寻求"满意的利润"和"足够好"为例，来用"有限理性"否定"最大化的理性"时，也是难以完全驳倒旧"自私经济人"理性，在约束条件下寻求"满意的利润"和"足够好"，实质上就是理性所寻求的利益相对最大化。直到目前，西方经济学和管理学还难以从根本上克服"经济人"假设的缺陷。

在马克思看来，"人的本质不是单个人所固有的抽象物，在其现实性上，它是一切社会关系的总和。"人性的善与恶、利他与利己，是由社会存在、经济基础决定的。至于一个企业内部、整个经济系统乃至全社会，人性的善与恶、利他与利己哪种行为特征突出或占主导地位，首先或主要取决于社会制度和各种环境。因为人性的善与恶、利他与利己总是与特定的社会整体大环境和群体小环境相关联的，是一种社会网络中的互动行为，具有交互性的内在机理。

在马克思的学说中，人是"现实中的人"，现实中的人包括人与自然的关系，也包括人与人之间的关系。具体来说，影响人的行为的因素包括：人的生存需要、人类社会再生产（繁衍后代）的需要、心理情感因素、社会文化因素、现存的法律制度因素、个体自身的能力等多种因素，这些因素相互交织，共同作用于人的行为。

马克思主义哲学关于人的全面发展和社会关系的理论，为激励理论提供了深刻的哲学基础。它强调人的主体性和社会性，认为有效的激励应基于对员工个体需求和社会价值的双重关注，通过构建公平合理的分配机制、提供个人成长与实现价值的平台，促进员工全面发展，同时增强组织的凝聚力和向心力。

课堂讨论

马克思主义哲学关于人的本质、人的行为影响因素的观点，为激励理论提供了哪些有益的借鉴？

8.2 激励理论

案例导入

李英的困惑

李英现在已经快到40岁了。回首这20多年的工作经历，他很为自己早年艰苦而又自强不息的日子感叹不已。想当初，自己没有稳定的工作就结了婚，妻子是位孤女，有父母留下的一栋虽然面积不小但很破旧的平房。妻子在待业之中，两人常为生计发愁。后来，李英在某企业找到了一份固定的工作，并很快被提拔为工段长，接着又成为车间主任，进而升为生产部部长。他记得那段日子对他个人和公司来说，都是极重要的转折。他拼命为公司工作，很为自己是其中的一分子感到自豪。他的付出也给自己带来了丰厚的回报，他的工资收入已经相当可观了。更重要的是，他在不断的提拔、升职中得到了权力和地位，妻子也很为他自豪。

有段时间，他自己也沾沾自喜过，可现在细细想来，觉得自己并没有什么成就，心里老是空落落的。他现在是企业生产的总指挥官，可他看着企业一年比一年不景气，很想在开发新产品方面为企业做出更大的贡献。可他在研究开发和销售方面并没有什么权力。他多次给企业领导提议能否变革组织结构，使中层单位能统筹考虑产品的生产、销售及研究开发问题，以增强企业的活力和创新力。可领导一直没有这方面的想法。所以，李英想换一个单位，换一个职务不要太高但能真正发挥自己潜能的地方。可自己都步入中年了，"跳槽"谈何容易。

请思考：表面看来，李英已经功成名就了，但为什么他会觉得困惑而且还想"跳槽"呢？

知识精讲

8.2.1 需要层次理论

1. 需要的层次

需要层次理论是由美国心理学家马斯洛于1943年提出来的，是一种提出最早、影响最大的激励理论。

马斯洛把人的需要由低到高划分为5个层次，即生理需要、安全需要、社交需要、尊重需要和自我实现需要，如图8-3所示。

（1）生理需要，包括维持生活所必需的各种物质上的需要，如衣食、住房、医药等。这些是人们最基本的也是推动力最强大的需要。

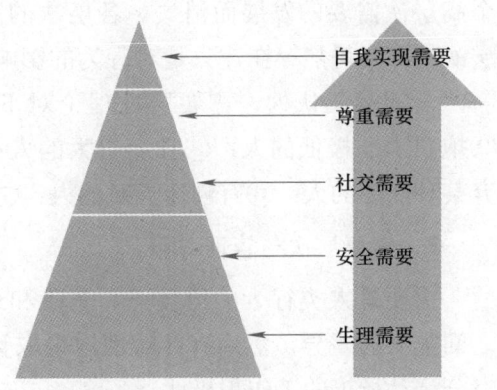

图8-3 需要层次理论

（2）安全需要，是有关免除危险和威胁的需要，包括人身安全与职业安全。

（3）社交需要，又称爱与归属需要，包括对人际交往、对某群体或家庭的依赖、同事的友谊和异性的爱情等方面的需要。

（4）尊重需要，包括自尊、他尊与权力欲三类。人们一般有自尊心、自信心、知识、成就、名誉和地位等方面的需要。

（5）自我实现需要，是最高层次的需要，指的是使人最大限度地发挥自己的能力，完成与自己能力相称的一切事情，实现自己的理想和抱负的需要。有自我实现需要的人，似乎在竭尽所能，使自己趋于完美。

需要层次理论认为，人们一般是按照图8-3所示的阶梯从低级向高级来追求各项需要的满足的。在一定的时期总有某一层次的需要在发挥主要的作用。例如，在图8-4中，A时期是生理需要占主导地位，B时期是尊重需要占主导地位。人们首先追求满足较低层次的需要，只有在较低层次的需要得到合理满足后，较高级别的需要才会发展并起激励作用。

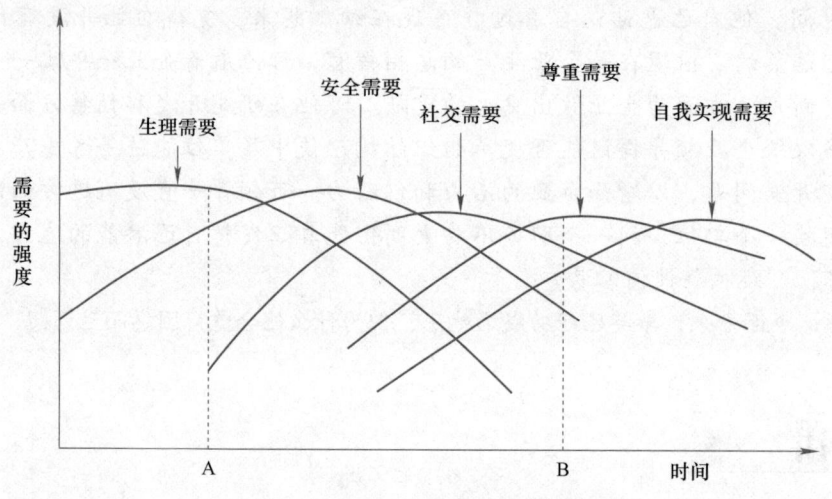

图8-4　需要与心理发展过程的关系

马斯洛认为，在同一时期内，不同层次的需要可以并存。任何一种需要并不因为下一个高层次需要的发展而消失。各层次的需要相互依赖与重叠，高层次的需要发展以后，低层次的需要仍然存在，只是对行为的影响力量减轻而已。

马斯洛还认为，需要层次理论对下列7种人不适用，这7种人是：①心理变态的人；②抱负水准极低的人；③狂妄自大的人；④身居高位，对低层次需要估计不足的人；⑤放弃某种需要的人；⑥有创造天赋的人；⑦有理想、有某种坚定信仰的人。

2．需要层次与管理对策

需要是人类行为的出发点、基础和最根本的原因，管理者要了解员工的需要以及员工之间需要的差异，然后有针对性地采取管理对策（见表8-1），才能收到良好的激励效果，充分调动员工的工作积极性。

表8-1　需要层次与管理对策

需要层次	激励因素	管理对策
生理需要	工资和奖金 各种福利 工作环境	工资和奖金制度、贷款制度、医疗保健、工作时间、健康的工作环境、住房与福利设施等
安全需要	职业保障 意外事故的防止	雇佣保证、退休养老金制度、意外保险制度、安全生产措施、危险工种的营养福利制度
社交需要	友谊（良好的人际关系） 团体的接纳 组织的认同	和谐的工作团队、协商和对话制度、互助金制度、团体活动计划、教育培训制度
尊重需要	名誉和地位 权利与责任	人事考核制度、职务职称晋升制度、表彰制度、责任制度、授权
自我实现需要	能发挥个人特长的环境 具有挑战性的工作	决策参与制度、提案制度、破格晋升制度、目标管理、创造性工作

> **课堂讨论**
>
> 如果你是一位企业人事主管，如何根据需要层次理论对不同的人员进行分类？请针对新毕业的大学生的需要，设计一套满足新就业的大学生需要的激励制度。

8.2.2　双因素理论

1．激励的双因素

双因素理论是由美国心理学家赫茨伯格提出来的，又称为"激励因素—保健因素"理论。赫茨伯格将工作本身和工作内容方面的因素称作"激励因素"，把工作环境和工作关系方面的因素称作"保健因素"。所谓保健因素，是指那些因素的作用类似卫生保健对身体健康所起的作用。卫生保健不能直接提高健康状况，但有预防效果。同样，保健因素不能直接起激励职工的作用，但能预防职工的不满情绪。只有激励因素才能产生使职工满意的积极效果。保健因素和激励因素主要内容见表8-2。

表8-2　保健因素和激励因素主要内容

保健因素	激励因素
金钱	工作本身
人际关系	成就
工作条件	赏识（认可）
公司政策与管理者	责任
监督	个人成长与发展
地位	

2．双因素理论的贡献与不足

（1）贡献。双因素理论告诉我们，要调动职工的积极性，不仅要有必要的物质利益和合适的工作环境等，更要注意对人进行精神鼓励，对职工的工作成绩及时给予表扬和认可，尽量使职工的工作具有一定的挑战性，为职工的成长、发展和提升提供机会。

(2) 不足。赫茨伯格所调查的对象代表性不够。不同阶层的人，对于激励因素和保健因素的反应是不一样的。

管理案例 / 表扬不能当饭吃

王强是富强油漆厂的供应科科长，最近，王科长跟人们谈起了他的一段有趣经历。他说："改革科室奖金制度，我琢磨好久了，可就是想不出什么好点子来。直到上个月，厂里派我去市管理干部学院参加一期中层管理干部培训班。有一天，他们不知从哪儿请来了一位美国教授，听说还挺有名，给我们做了一次讲演。"

"那位教授说，美国有位学者，叫什么来着？对，叫赫茨伯格，他提出了一个见解，说是企业对员工的管理，不能太依赖高工资和奖金。又说，钱并不能真正调动人的积极性。"

"那位教授继续说，能够影响人积极性的因素有很多，按重要性高低，他列出了一长串单子。最要紧的是工作的挑战性，就是指工作不能太简单，要艰巨点，让人得动脑筋，花力气，那活才有干头。再就是工作要有趣，要有些变化，多点花样，别老一套，太单调。他说，再就是要给自主权，给责任，要让人家感到有所成就，有所提高。还有什么表扬啦，跟同事们关系友好融洽啦，劳动条件要舒服安全啦，我也记不准记不全了。可是有一条我是记住了：工资和奖金是排在最后一位的，也就是说，最无关紧要。"

"短训班办完，回到科里，正赶上年终工作总结，要发年终奖金了。这回我有了新主意，我那科里，论工作，就数小李子最突出。大学生，大小也算个知识分子，聪明能干，积极肯吃苦，还能动脑筋，于是我把他找来谈话。"

"别忘了咱如今也学过点现代管理理论了。于是我先强调了他这一年的贡献，特别表扬了他的成绩，还仔细地讨论了明年怎么使他的工作更有趣、责任更重，也更有挑战性——瞧，学来的新名词，马上用上啦。我们甚至还确定了考核他明年成绩的具体指标。最后才谈到这最不紧要的事——奖金。我说，这回年终奖，你跟大伙一样。我心里挺得意，学过的新理论，马上就用到实际工作中来了。"

"可是，你猜怎么的？小李子竟然对我发起火来，他噌地站起来说：'什么，就给我那一点？说了那么一大堆好话，到头来我就值那么一点儿？得啦，你那一套好听的，收回去送给别人吧，我不稀罕。表扬又不能当饭吃！'"

"这是怎么回事？把我搞糊涂了，难道教授的理论是错的？"

请思考：王科长用双因素理论去激励小李却碰了个钉子，原因是什么？在中国文化与现实背景下应如何应用西方激励理论？

8.2.3 期望理论

期望理论是由美国心理学家维克托·弗鲁姆于1964年在《工作与激励》中提出的激励理论。

1. 期望理论的基本观点

期望理论认为个体的行为取决于他们对特定行为的期望值和效价，其公式为

$$激励力 = 效价 \times 期望值$$

其中：

激励力是指一个人受激励的程度。

效价是指一个人所预计的一定结果所带来的满足或不满足的程度。

期望值是指某一行动会导致一个预期成果的概率。

效价实际上是指一个人对某一行动结果的评价，它是一个由+1到-1的值。结果对某人越是重要，这个数值就越接近于+1；如果取得什么样的结果对某人无关紧要，他对结果也漠不关心，其数值就接近于零；如果某人不愿意让某种结果出现，则效价就是负数。

效价变动的范围如图8-5所示。

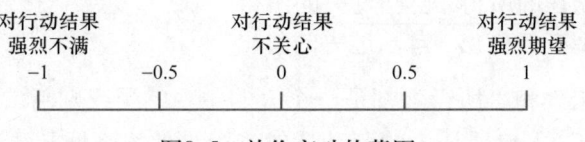

图8-5　效价变动的范围

期望值是一个概率，它是一个人根据个人的经验对某一行动导致某一结果的可能性大小的判断，其数值由0到1。

2．期望理论的应用

（1）选择合适的激励措施。管理者应了解员工的需求和期望，选择多数被组织成员认为效价最大的激励措施。例如，有些员工可能更看重晋升机会，而有些员工则可能更看重奖金或培训机会。管理者还应适当加大不同人实际所得效价的差值，以加大组织希望行为和非希望行为之间的效价差值。

（2）设定具体、可衡量的目标。在绩效管理中，管理者可以设定具体、可衡量的目标，同时提供支持和资源，以增加员工对绩效目标的期望值，从而提高绩效表现。这些目标应与员工的职责和能力相匹配，并确保员工明白这些目标的重要性以及实现这些目标对他们个人的意义。

（3）建立有效的反馈机制。管理者应建立有效的反馈机制，及时跟踪员工的绩效表现，给予具体的反馈和支持。这有助于员工明确自己的工作方向和目标，及时调整自己的行为，以更好地实现目标。

> **课堂讨论**
>
> 期望理论提出在进行激励时要处理好哪些关系？

8.2.4　公平理论

公平理论又称社会比较理论。该理论是由美国的斯戴西·亚当斯于1956年提出来的，是一种侧重于研究利益分配的合理性、公平性对员工的工作积极性和工作态度的影响的一种激励理论。

1．公平理论的基本观点

亚当斯认为，职工的工作态度和工作积极性不仅受其所得的绝对报酬（自己的实际收入）的影响，而且还受其所得的相对报酬（自己的所得与自己的付出之比值）的影响。职工不仅会将自己付出的劳动（或贡献）和所得的报酬之比值与他人付出的劳动（或贡献）和所得的报酬之比值进行横向比较，还会把自己现在付出的劳动（或贡献）和所得的报酬之比值与自己过去付出的劳动（或贡献）和所得的报酬之比值进行纵向比较。比较的结果，若两种比值是相等的，就会产生公平感。这一理论可以用公式表示为

$$\frac{自己的所得}{自己的付出} = \frac{他人的所得}{他人的付出} \quad （横向比较）$$

$$\frac{自己现在的所得}{自己现在的付出} = \frac{自己过去的所得}{自己过去的付出} \quad （纵向比较）$$

上述所说的"付出"和"所得"都是一个人的主观感受或判断。

"付出"指的是一个人自己认为的劳动量的多少、效率高低和质量好坏，还指自己所感受到的能力、经验、资历、学历、投资等贡献的高低或多少。

"所得"指的是一个人主观认识到的工作劳动后所得到的回报，如工资报酬、奖金、地位、权利、赞赏、表扬甚至自己体会到的成就感等。

上述公式中的比可能是非定量的和主观的，等式两边的比值并不是精确的，但是个人的态度却受之影响。当个人感到报酬公平，其心态就容易平衡；当个人发现自己的报酬相对低了，就会设法去消除不公。当个人感到自己相对他人报酬高于合理水平时，对多数人而言不会构成什么大问题。但经研究表明，处于这种不公平的情况下，有些人也会努力减少这种不公平。

综上所述，可以把公平理论的基本观点归纳如下：

（1）职工对报酬的满意程度是一个社会的比较过程。

（2）一个人对自己的报酬是否满意，不仅受到报酬的绝对值影响，而且也受到报酬的相对值影响。

（3）人需要保持分配上的公平感，只有产生公平感时才会心情舒畅，努力工作；而产生不公平感时，就会采取措施消除不公平感。

2．公平理论的应用

（1）建立公正的评估体系。制定科学合理的评估标准和指标体系，采用多元化的评估方法，确保员工的投入得到公正评价。

（2）确保薪酬与贡献匹配。建立明确的绩效评价标准，确保员工的薪酬与其实际贡献相匹配，避免"大锅饭"或过度倾斜的薪酬结构，导致员工产生不公平感。

（3）增强沟通与透明度。加强管理者与员工之间的沟通，提高工作的公开性和透明度，让员工对评估过程和结果有清晰的了解，从而增强员工的信任感和归属感。

（4）实施个性化激励。根据员工的个体差异和需求，制定个性化的激励方案，以满足员工的多样化需求，提高员工的工作积极性和满意度。

公平理论在中国比在外国更有实用价值，因为中国的传统观念中有"不患寡而患不均"的观念，包括"均贫富"等平等意识深入人心，在企业管理实践中会对管理者形成很

大的挑战。首先，要建立透明的薪酬和晋升机制，确保员工感知到过程的公平性。其次，强化内部沟通，了解员工对公平的期望和感受，及时调整管理策略。同时，倡导团队合作精神，通过团队奖励等方式减少个体间的不平等感。此外，管理者还需以身作则，展现公平正直的领导风格，成为员工效仿的榜样。通过这些措施，可以在尊重传统观念的同时，构建更加和谐、高效的工作环境。

管理案例　"空降兵"的失败

在企业管理中，"空降兵"是指企业从外部引进人才，特别是高级管理或者技术型人才，因为这些人才不是在企业内部培养的，故被人形象地称为"空降兵"。不少企业对"空降兵"寄予了厚望，也给他们提供了高级的职位和优厚的待遇，以此来吸引、激励和留住"空降兵"，然而，实际的情况却是这些"空降兵"在新的管理团队中常常表现出"水土不服"。为什么会水土不服？主要的原因是其高薪打破了公司原有的公平状态，强烈的不公平感改变了企业员工原有的工作态度和工作行为。

其他管理者心里会这样比较：我自己的月薪是5 000元，而"空降兵"的月薪却高达25 000元，是我整整5倍。而他一个人的投入能是我的5倍吗？强烈的不公平感由此而产生。

所以，企业在引进"空降兵"时，不但不能只想以高薪来留住他们，而且要考虑到薪酬差异对原管理团队的负面影响。"空降兵"薪酬越高越易水土不服。企业希望通过充分的激励使"空降兵"有足够的工作动力。但这种激励作用是一把双刃剑。薪资越高，对"空降兵"的激励作用越大，但原管理团队成员的不公平感、不被信任感和挫折感就越强，容易引发关系冲突。

在一个企业内部，员工常常将薪酬水平视为衡量地位和成功的重要标尺。管理人员在进行工资水平和职位结构决策时，需要关注和了解员工可能会对企业的薪酬政策进行两个方面的公平性比较。首先，员工会把自己的注意力转向外部，即外部公平性比较。员工对外部公平性的比较主要集中在对其他企业中从事和他相同工作的员工所获得的工资水平的考察和关注方面。这种比较的结果可以影响一位新的求职者做出是否加盟某家企业的决策。而对于企业现有的员工来讲，外部公平性比较所产生的公平性感受则影响他做出是继续留在本企业中，还是到其他企业另谋高就的决策。同时，员工也会把注意力转向内部，即内部公平性比较。此时，员工会与企业内部其他职位的员工进行对比。例如，员工常常把自己的工资与比自己级别低的职位、与自己级别相同的职位以及比自己级别高的职位所获得的工资进行对比。这种比较的结果主要影响员工在企业内部不同职位间的流动，影响一个人是否愿意被调换到同一个部门内其他新的职位上，影响一个人是否同意接受晋升，是否同意进行工作轮换，也影响员工之间的合作态度。

请思考：

1. 你认为企业在引进"空降兵"时，应采取哪些激励策略来确保他们顺利融入和高效工作？同时，如何减少这些策略对原管理团队的负面影响？

2. 请讨论企业在制定薪酬政策时，如何权衡内部公平性和外部公平性，以确保薪酬政策的合理性和有效性？

8.2.5 强化理论

强化理论

强化理论是管理学中的关键激励理论,由斯金纳提出,强调行为后果对行为的塑造作用。

1. 强化理论的基本观点

强化理论认为,人的行为是对外部环境刺激做出的反应,只要通过改变外部环境刺激,就可达到改变行为的目的。对管理者来说,要改变人的行为,至少有四种强化类型可供选择。

(1)正强化。正强化是指在行为发生之后,立即用物质的或精神的奖励来肯定这种行为。在这种刺激的作用下,个体感到这种结果是有利的和令人愉快的,从而增强以后的行为反应的频率。正强化通常包括增加工资、发给奖金和奖品、表扬、赞赏、让某人干更有意义的工作等。

(2)惩罚。惩罚是指对不良行为给予批评或处分。惩罚可以减少或阻止不良行为的重复出现;但却不能直接鼓励良好行为的产生,并且可能会引起怨恨和敌意,导致工作关系的紧张。此外,如果经常运用惩罚手段,随着时间的推移,其效果会大大减弱。

(3)负强化。负强化也称逃避性学习,是指一个人为避免自己所不希望的后果而不产生不良行为。例如,学生上课迟到要受到老师的批评,不想受到批评的学生会努力做到不迟到。由此可见,负强化不仅能使一些不良行为减少或结束,而且还能使积极行为得到强化。

(4)消除(自然消退)。消除是通过不提供个人所愿望的结果来减弱某种行为,特别是通过撤销原先的奖励来减少某种行为的发生。例如,一个工人因尝试一种新的操作方法而得到了管理者的奖励,从而导致所有工人都努力寻找新的操作方法。管理者发现这样做得不偿失,因而不再奖励或支持这种做法,以后工人寻找新方法的可能性就会大大减少,甚至完全消失。也可以对员工的某种行为不予理睬,以示对该行为的蔑视,从而使该种行为得以消除。

2. 强化理论的应用

(1)设立目标体系。管理者首先需要明确一个清晰、具体且可达成的目标体系。这些目标应该与企业的整体战略和员工的个人发展相结合,使员工能够明确自己的工作方向和努力的重点。

(2)及时反馈信息。管理者需要建立有效的沟通机制,及时了解员工的工作进展和绩效情况,并给予积极的反馈和指导。通过及时反馈信息,员工能够了解自己的工作表现是否得到认可,以便及时调整自己的工作策略和方法。

(3)奖惩结合、以奖为主。管理者应以正强化为主,通过设立奖励机制、提供晋升机会、给予物质和精神奖励等方式来激发员工的工作热情和创造力。同时,对于员工的错误行为,管理者也需要采取适当的惩罚措施进行纠正,但应注意方式方法,避免伤害员工的自尊心和积极性。

(4)关注员工需求,实施个性化激励。通过关注员工的个性化需求并实施个性化的激励措施,管理者能够更有效地激发员工的工作积极性和创造力。

> **课堂讨论**
>
> 设想你是一个部门主管,你怎样用强化理论来纠正一个销售员的懒惰?

8.3 激励实务

> **案例导入**
>
> **比亚迪的激励机制**
>
> 比亚迪是我国新能源汽车行业的领航者,它采取多元化激励手段有效激发了员工的工作热情和创造力,为比亚迪的稳健发展和持续创新提供了坚实保障。
>
> **一、利润共享奖金**
>
> 2024年,比亚迪实施了一项重大激励措施——利润共享奖金。部分员工因此获得了高达十万元以上的奖金,这一举措不仅彰显了比亚迪对员工贡献的高度认可,也是企业利润增长成果的直观体现。通过此举,比亚迪构建了一个积极向上、充满竞争活力的工作环境,使员工深切感受到努力与回报的直接关联,进而提升了工作满意度与忠诚度。
>
> **二、股权激励计划**
>
> 比亚迪推行股权激励政策,旨在增强员工的主人翁意识,促进企业的长远发展。该政策涵盖股票期权和限制性股票两种形式,前者赋予员工以优惠价格购买公司股票的权利,后者则要求员工达成特定业绩目标后方可解锁股票。股权激励将员工利益与企业命运紧密相连,推动了企业与员工的共同成长。
>
> **三、树立优秀员工典范**
>
> 比亚迪重视优秀员工的表彰,以马俊辉为例,他是第十四事业部的楷模。马俊辉勤勉尽责,总是最早到岗、最晚离岗,对设备呵护备至。他的卓越表现赢得了公司的认可与奖励,成为激励其他员工的鲜活例证。通过树立典型,比亚迪激发了全体员工的积极性和创造力,营造了积极向上的工作氛围。
>
> **四、全面员工关怀**
>
> 比亚迪实施全面的员工关怀计划,涵盖住宿、教育及文化活动等方面。公司建造了高档住宅区亚迪村,解决了中高层管理人员的住房难题;与优质教育资源合作,创办了亚迪学校和亚迪幼儿园,为员工提供从幼儿园至中学的一站式教育服务。这些举措体现了公司对员工的深切关怀,增强了员工的归属感和忠诚度。
>
> **五、创新激励体系**
>
> 比亚迪鼓励创新,构建了完善的创新激励机制。公司为新入职员工提供广阔的发展平台,鼓励其施展才华。同时,设立创新奖励基金、举办创新大赛,以物质和精神双重奖励激发员工的创新潜能。这些措施为比亚迪的持续创新和发展注入了强劲动力。
>
> 请思考:比亚迪的多元化激励手段如何协同作用,共同促进员工的工作热情和创造力?比亚迪的全面员工关怀计划对企业长远发展和员工忠诚度的提升有何具体影响?

知识精讲

有效激励员工没有简单的方法，也没有一个措施能够确保激励有效。管理者在制定激励制度时，应从整体上来把握组织的现状和想达到的目的，从而使众多激励措施、方案、制度之间相互衔接、补充、支持，赢得整体的激励效果。

管理者运用激励理论对员工实施激励时，应了解和掌握在实践中常用的激励原则和方法，并加以灵活运用。

8.3.1 激励的基本原则

1．组织目标与个人目标相结合原则

在激励体系中，设置目标是一个关键环节。这些目标不仅体现了组织的发展愿景，还充分考虑了员工的个人需求和发展规划。通过明确、具体且与员工个人发展紧密相连的目标设定，激发员工的积极性和创造力，推动组织与员工共同成长。

2．物质激励与精神激励相结合原则

物质激励是基础，精神激励是根本，两者相辅相成，共同作用于员工的行为和态度。这种结合不仅体现了对员工的全面关怀，也符合我国传统文化中"重义轻利"的价值观念。

3．公平性原则

公平是我国传统文化中的重要价值观念之一。在激励体系中，公平性原则体现在两个方面：一是分配的公平性，即根据员工的贡献和绩效进行奖励和惩罚，确保员工感到自己的付出得到了应有的回报；二是机会的公平性，即为员工提供平等的发展机会和晋升空间，让员工感到自己有机会实现个人价值。这种公平性有助于增强员工的归属感和忠诚度。

4．差异化与多样化原则

该原则是指针对不同员工的不同需求和特点，采取差异化的激励方式。例如，对于年轻员工，可能更注重职业发展机会和成长空间；对于中老年员工，则可能更注重稳定性和福利待遇。同时，激励方式也应多样化，包括物质激励、精神激励、目标激励等，以满足员工多样化的需求。这种差异化与多样化原则体现了对员工个体差异的尊重和理解。

5．引导性原则

引导性原则强调在激励过程中，要引导员工树立正确的价值观和职业观，将个人的发展与组织的发展紧密结合起来。在激励体系中，这通常通过企业文化、价值观教育等方式来实现。通过引导员工认同组织的使命、愿景和价值观，激发员工的内在动力，使员工在实现个人价值的同时，也为组织的发展做出贡献。

6．时效性原则

激励的时机对于激励效果具有重要影响。应注重把握激励的时机，及时给予员工正向的反馈和奖励。这种及时性有助于增强员工的成就感和满足感，激发员工的持续努力和创新精神。

8.3.2 激励方法的选择和运用

激励方法是组织管理中用于激发员工积极性、提高工作绩效的重要手段。按照激励中诱因的内容和性质，可以将激励方法分为工作激励、物质激励和社会心理激励三大类。

1．工作激励

工作激励主要通过设计工作本身来激发员工的工作积极性和创造力。具体方法包括：

（1）工作丰富化。让工作充满挑战，增加岗位的技术和技能含量、工作责任、赏识、发展前景、学习机会等，使员工感到工作有趣且充实。这有助于提升员工的工作满意度和成就感。

（2）岗位轮换。变换工作岗位，包括新员工轮换、老员工多面手培养和精英骨干管理人员轮换，让员工体验不同的工作内容，从而拓宽视野，提高综合素质。

（3）工作扩大化。通过横向扩大（同一层级不同工作）和纵向扩大（参与决策），让员工承担更多责任，提升工作满足感。这种方法有助于增强员工的责任感和归属感。

（4）灵活的工作日程。主要是让员工自己选择工作日程，对传统的固定的8小时工作制加以修改。主要修改内容如四天工作制、灵活工作时间和工作分担制等。灵活的工作日程最明显的特点就是可增加企业的吸引力，特别是对于吸收和留住知识工人、熟练的技术工人具有显著的益处。

（5）参与激励。定期举行座谈会，听取员工建议，并对员工的建议及时反馈。没有参与就没有积极性，让员工参与决策和管理，可以增强他们的主人翁意识，提高工作积极性。

（6）授权激励。赋予员工更高或更重要的权力，以激发他们的潜能，取得更优异的成绩。授权激励有助于提升员工的自信心和责任感。

2．物质激励

物质激励主要通过物质利益的分配来激发员工的工作积极性。具体方法包括：

（1）基本收入激励。提供具有竞争力的基本薪资，保障员工的基本生活需求。

（2）奖金激励。根据员工的工作绩效和贡献程度，给予相应的奖金奖励。这有助于激发员工的积极性和创造力。

（3）福利激励。提供完善的福利待遇，如社会保险、住房公积金、带薪休假等，以吸引和留住人才。

（4）员工持股计划。让员工持有公司股份，成为公司的股东之一，从而分享公司的成长和收益。这有助于增强员工的归属感和忠诚度。

（5）物质奖励。在团队成员完成任务，尤其是超额完成任务时，组织或上级给予一定物质回报。例如，一些销售团队甚至现场发放现金、轿车等物质奖励，来激发员工的工作热情。

3．社会心理激励

社会心理激励主要通过满足员工的心理需求和社会需求来激发他们的工作积极性。具体方法包括：

（1）目标激励。设置明确、具体、可衡量的目标，如做好员工职业生涯规划，激发员工的动机和动力。达成目标越困难，绩效水平往往越高。

（2）榜样激励。树立榜样，让员工看到成功的典范，激发他们的进取心。榜样的力量是无穷的，它可以激励员工不断追求卓越。

（3）荣誉激励。通过颁发奖状、证书、记功、通令嘉奖等方式，给予员工荣誉和认可。这有助于提升员工的自尊心和自信心。

（4）关怀激励。了解员工的所思所想和内心需求，提供必要的关怀和支持。这有助于增强员工的归属感和幸福感。

（5）信任激励。信任员工的能力和品格，给予他们充分的信任和支持。这有助于激发员工的积极性和创造力，提高工作绩效。

（6）教育激励。包括政治教育和思想工作，通过培训和教育提升员工的综合素质和业务能力。

（7）情感激励。通过强化情感交流沟通，协调上级与员工的关系，让员工获得情感的满足，如生日祝贺、团建等情感激励方式，可以增强员工的凝聚力和向心力。

（8）兴趣激励。为员工寻求工作的内在意义，让他们体会到工作的内在价值与意义。员工体会到工作的内在价值，才会真正为了这份工作而积极努力。

（9）认可激励。当员工完成了某项工作时，最需要得到的是上级对其工作的肯定。上级的认可就是对其工作成绩的最大肯定。

（10）危机激励。危机激励是指在面临困难、挑战或危机时，通过激发个体或团体的潜能和创造力，调动内外部资源，以积极应对和克服危机，从而实现自我提升和积极改变的一种激励方式。它强调将危机视为机遇，促进成长和学习。

阅读材料

源远流长的我国传统激励思想

激励理论一直是心理学和管理学研究的热点问题之一。许多人认为，激励理论是随着西方心理学、管理学的发展而产生的。然而，事实上，我国古代就有许多思想家、教育家、军事家对"激励"有过深刻的论述。了解我国古代传统的激励思想和方式，对探索一套适合当代我国国情的、行之有效的激励和管理模式将大有裨益。

一、儒家的"仁者爱人"与"重义轻利"

儒家思想强调"仁者爱人"，倡导在管理过程中要充满爱心和关怀，关注员工的情感需求，通过情感激励来增强员工的归属感和忠诚度。"重义轻利"的义利观是我国儒家文化的又一特色，这一观念承认人人都有追求富贵的愿望，但更强调"义"对"利"的制约。儒家的中庸之道还主张在事物发展过程中遵守一定的标准，既不过，亦不是不及。这种思想可以引导人们在追求目标时保持平衡和稳健，避免因过度追求而失去平衡。儒家还强调通过教育调动积极性，治理国家首先在于安民，通过政治、经济、文化、教育等相应措施来调动人的积极性。

二、道家的"无为而治"

道家主张"无为而治"，强调顺应自然规律，不过度干预。在管理学中，这可以理解为给予员工充分的自主权和信任，让他们在自己的职责范围内自我管理，从而激发其积极性和创造力。同时，道家也提倡"清净自治"，即创造一个安宁、和谐的工作环境，让员工能够安心工作，这也是一种有效的激励方式。

三、法家的"考核"和"赏罚分明"

法家强调的是功利主义的激励措施和赏罚分明的激励约束机制。认为人的行为的根本动力是追名逐利，因此直言不讳地提倡功利主义的赏罚理论。法家主张制定好企业的各项工作考核指标和奖惩细则，将工资、奖金与个人业绩挂钩，以此激励员工的积极性和责任感。

四、墨家的"法、理、情一体"

墨家强调的是多种方法综合应用的激励手段。认为管理文化是法、理、情融为一体，动之以情，晓之以理，严之以法，应该采取功利、文化、情感等多种激励方法综合使用。

五、兵家的赏罚"因人而异"和"公平"

兵家强调的是因人而异的激励方法。认为不同的员工，心态、个性各不相同，管理者要因人而异地进行管理与激励。如孙子兵法中的奖惩观，就强调赏罚应因人而异，同时要注重赏罚的公平性和分明性。

课堂讨论

西方激励理论在我国文化背景下的运用策略。

同步练习与测试

一、单项选择题

1．根据赫茨伯格的双因素理论，工作成就、赏识、艰巨的工作、责任感等因素是（　　）。

　　A．保健因素　　　　B．激励因素　　　　C．社交因素　　　　D．安全因素

2．双因素理论中的双因素指的是（　　）。

　　A．人和物的因素　　　　　　　　　　B．信息与环境的因素

　　C．保健因素与激励因素　　　　　　　D．自然因素和社会因素

3．弗鲁姆提出的激励理论认为（　　）。

　　A．激励力＝期望值×效价

　　B．激励不是一种简单的因果关系

　　C．对于主管人员来说，最重要的需求是成就需求

　　D．人是社会人

4．人的一切行为都是为了最大限度地满足自己的利益，工作动机是为了获取经济报酬，这是（　　）假设理论的观点。

　　A．经济人　　　　B．社会人　　　　C．自我实现人　　　　D．复杂人

5．根据双因素理论，工资福利属于（　　）。

　　A．积极因素　　　　B．消极因素　　　　C．保健因素　　　　D．激励因素

6．从管理学的角度看，激励就是指激发人的（　　）。

　　A．需要　　　　B．积极性　　　　C．动机　　　　D．行为

7. 煤矿企业增加了防尘、除硫、通风设备,减少了事故发生的可能性,这能更好地满足职工的(   )

  A. 生理需要 B. 安全需要 C. 尊重需要 D. 自我实现需要

8. 某企业规定,员工上班迟到一次,扣发当月50%的奖金,自此规定出台之后,员工迟到现象基本消除,这属于(   )方式。

  A. 正强化 B. 负强化 C. 惩罚 D. 忽视

二、判断题

1. 激励的本质是激发人的动机的过程。(   )
2. 按照需要层次理论,高层次的需要发展以后,低层次的需要不再存在。(   )
3. 马斯洛的需要层次理论中名誉和地位、权力和责任归为社交需要。(   )
4. 期望理论的数学公式为:激励力=期望值×效价。(   )
5. 公平理论的基本观点之一是员工的工作态度受绝对报酬的影响,报酬低会被认为是不公平。(   )
6. 公平理论认为,员工的公平感来自自己现在与过去所得与付出的纵向比较。(   )
7. 期望理论认为人们可以用强化的办法来影响行为的后果,从而修正其行为。(   )
8. 强化的原则要求要及时反馈和及时强化,强化方式和手段的运用应一视同仁。(   )
9. 消除是通过不提供个人所期望的结果来减弱某种行为。(   )

三、简答及论述题

1. 请简述激励理论主要包括哪些主要理论,请列举5个。
2. 请概述你感受最深的激励理论的主要内容,并说明其在管理实践中如何运用。

管理技能训练

一、管理实战案例分析

华为的激励体系设计

  华为作为全球领先的科技企业,其成功不仅源于技术创新和市场战略,更在于其内部管理体系的高效运作,尤其是激励机制的设计。华为的激励机制复杂而全面,旨在激发员工的积极性、创造力和对公司的忠诚度。

一、物质利益共享机制

  华为的物质利益共享机制是其激励体系的核心部分,通过合伙人制度、员工持股计划(ESOP及ESOP1)和时间单位计划(TUP)等多种方式,实现员工与公司利益的深度绑定。

1. 合伙人制度

  目的:激发核心员工的动力,将他们的利益与公司长期发展紧密相连。

  原则:坚持"四共"原则,即理念共识、责任共担、利益共享和价值共创。这一原则确保了合伙人与公司不仅在利益上共享,更在理念、责任和价值创造上保持高度一致。

实施要点:设立明确的合伙人等级与类别,如高级合伙人、普通合伙人等,并制定相应的资格标准,如连续工作年限、职级要求、绩效评价等。清晰界定合伙人的责任、权力和利益,采用饱和配股制进行利益分配,确保合伙人利益与公司业绩挂钩。构建动态的合伙人评价体系与退出机制,通过定期评估合伙人的贡献和绩效,确保公平性并避免食利阶层的滋生。

2. 员工持股计划(ESOP)及ESOP1

ESOP:员工通过购买"虚拟受限股"成为公司股东,享受公司分红。这些股票只能在公司内部使用,不能公开交易,从而避免了外部市场的波动对员工持股的影响。员工在购买时不需要支付全部股价,公司可提供贷款支持,降低了员工的持股门槛。

ESOP1:与ESOP类似,但授予规则更偏普惠,主要针对员工在职年限,鼓励长期服务。同样需要员工出资购买,但购买条件和分红规则可能更加灵活。

3. 时间单位计划(TUP)

定义:一种虚拟股权,不对应真实股权,每年获得分红,5年后获得股份增值收益。

特点:无须出资,主要激励绩效表现较好的年轻员工。TUP的设计旨在激发年轻员工的积极性和创造力,同时避免他们因资金限制而无法参与公司的利益分享。5年后清零的机制也促使员工保持持续的高绩效表现。绩效优秀的员工在获得TUP 2年后可以配股ESOP,进一步提升了他们的激励水平。

二、部门层面的利益共享机制

华为在部门层面也建立了完善的利益共享机制,通过自主经营机制、"军团作战模式"改革以及工资包与奖金包的设计,激发部门的积极性和创新性。

1. 自主经营机制

目的:转变部门工作观念,从"为公司干活"转变为"为自己工作"。

实施方式:合理分配权力和资源,赋予部门更多的自主权和管理责任。通过利益共享机制,如部门利润分享、成本节约奖励等,促进部门工作观念的转变,提高部门的工作效率和创新能力。

2. "军团作战模式"改革

背景:2019年,华为对消费者业务运营集团进行了"军团作战模式"改革。

内容:简化了管理流程,直接授予了该集团合理的"粮食包"(包括工资性薪酬包和奖金包)。这些"粮食包"与业务单元的内部管理和外部经营效果紧密相关,确保了业务单元能够快速响应市场变化,提高运营效率和市场竞争力。

3. 工资包与奖金包的设计

工资包:涵盖工资、福利及津贴等,可划分为经营性与战略性两部分。经营性工资包侧重日常运营,确保部门的基本运营需求得到满足;战略性工资包针对公司战略投入,鼓励部门参与公司的长期战略发展。

奖金包:采用获取分享制,按公司、系统和部门三级结构进行分配。奖金包的分配与部门收益增量挂钩,确保了部门绩效与奖励的直接关联,激励部门不断提高业绩。

三、精神驱动与物质驱动的组合效应

华为在激励机制中不仅注重物质激励，还关注员工的精神需求。通过提供良好的企业文化、发展空间和晋升机会等方式，满足员工的归属感和自我价值追求。

1．企业文化

华为强调以客户为中心、以奋斗者为本的价值观，营造积极向上的工作氛围。这种企业文化不仅激发了员工的责任感和使命感，还增强了团队的凝聚力和向心力。

2．发展空间

华为提供丰富的培训资源和学习机会，支持员工个人成长和职业发展。通过内部培训、外部合作、在线学习平台等多种方式，员工可以不断提升自己的专业技能和综合素质，为公司的长期发展贡献力量。

3．晋升机会

华为建立公平透明的晋升机制，鼓励员工通过努力工作和业绩表现获得晋升。这种晋升机制不仅激发了员工的进取心，还确保了公司内部的人才流动和合理配置。

4．荣誉奖励

华为设立了荣誉部门，专门负责对员工进行考核、评奖。金牌奖是奖励为公司持续商业成功做出重大和突出贡献的团队和个人，是公司授予员工的最高荣誉。

5．创新激励

华为坚持将不低于年收入10%的资金用于高精尖领域的研发，并允许50%的失败率，以保护员工的研发热情和创造力。此外，华为还对员工的创新成果给予特别奖励。

问题：

1．你认为华为使用了哪些激励方法来激励员工？效果如何？

2．华为如何通过多元化的激励机制和分层分类策略，满足不同层次员工的需求，提高员工的工作满意度和忠诚度？请结合具体案例进行分析。

3．华为的激励制度是否存在不足？请提出改进策略。

二、大学生模拟公司系列实训

大学生模拟公司员工激励方案设计实训

1．实训目的

旨在提升同学们对激励理论的理解与应用能力，以及团队协作与方案设计能力。

2．任务概述

各模拟公司需结合管理学课程中的激励理论与方法，深入研讨并确定本公司的主要激励措施，设计一套全面、可行的员工激励方案。

3．方案制定

要求每个模拟公司综合考量员工需求、公司目标及市场环境，制定一份详细的员工激励方案，包括但不限于薪酬激励、晋升机会、培训发展、情感关怀等方面。

4．文化交流与展示

班级组织一次交流会，每个模拟公司需推荐一名成员，就本公司的文化建设方案及其理论依据进行汇报，分享设计思路、实施计划及预期效果，以促进相互学习与启发。

三、管理技能自我测试

管理人员激励能力自我测试

评价标准：

非常不同意/不符合（1分）　　　不同意/不符合（2分）

比较不同意/不符合（3分）　　　比较同意/符合（4分）

同意/符合（5分）　　　　　　　非常同意/非常符合（6分）

测试问题：

1. 职工中工作做得非常好的，应给予奖励。
2. 好的工作写实很有价值，它使职工知道该做什么工作。
3. 要职工知道，公司的发展、前景与个人的酬金、发展息息相关。
4. 管理人员应关心职工的工作条件。
5. 管理人员应在人们当中尽力造成友好的气氛。
6. 工作绩效高于标准的职工，应予以表扬。
7. 在管理上对人漠不关心，会伤害人的感情。
8. 要使职工感到，他们的技能和能力都在工作上发挥出来。
9. 公司退休金、补贴和家庭幸福是使职工安心工作的重要因素。
10. 几乎每一种工作都可以使它具有激发性的挑战性。
11. 许多职工都想在工作上干得非常出色。
12. 管理当局应定期安排各类活动来促进员工之间的交流和团队凝聚力。
13. 一个人对工作感到自豪，就是一种重要的报酬。
14. 职工希望在工作上能称得上"佼佼者"。
15. 非正式群体中的良好关系是十分重要的。

【结论检测】

如果你的总分是：

75~90分，你十分了解激励对于管理的重要性，并且运用得很好。

60~74分，你知道激励对于管理的重要性，但是做得还不够。

59分以下，你不知道如何激励职工，需要加强激励理论与实务的学习。

单元 9 沟通

学习目标

素养目标

1. 培养人文意识和家国情怀。
2. 提升职业素养,懂得正能量沟通的方法与技巧。

知识目标

1. 理解沟通的含义、过程、作用、类型与原则。
2. 了解影响沟通的个体因素与沟通方式。
3. 熟悉组织正式沟通的渠道,组织非正式沟通的特点和作用。

能力目标

1. 能运用沟通相关知识克服沟通障碍进行有效的沟通。
2. 能运用倾听技术进行积极主动的倾听。
3. 善于运用沟通的各种方法,能够对组织沟通进行改善。

知识导图

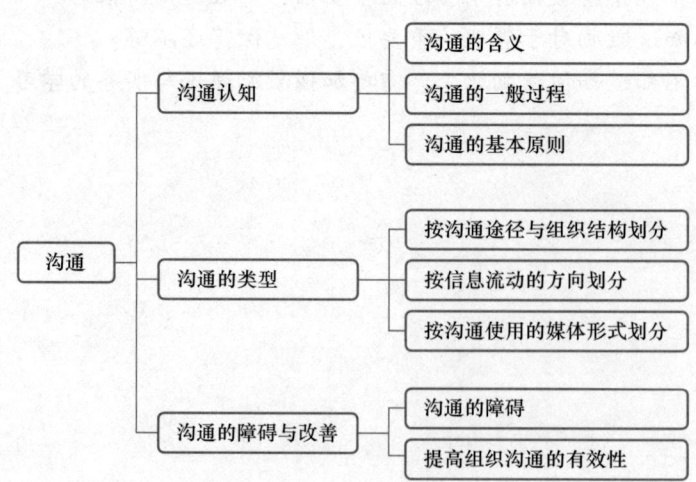

单元引例

秀才买柴

有个秀才去买柴,他对卖柴的人说:"荷薪者过来。"卖柴的人听不懂"荷薪者"三个字,但他听懂了"过来"两个字,于是把柴担到秀才面前。

秀才问他:"其价如何?"卖柴的人听不太懂这句话,但他听懂了"价"这个字,于是就告诉秀才价钱。

秀才接着说:"外实而内虚,烟多而焰少,请损之。"(木柴的外表是干的,里面是湿的,燃烧时会浓烟多,火焰少,请减些价钱吧)卖柴的人听不懂秀才说什么,于是担着柴就走了。

请思考:秀才为什么没买到柴?

在管理学中,沟通是任何组织内部人与人之间相互了解和信任、实现组织目标的基础。就像案例中秀才与卖柴人一样,组织管理中由于个人认知、信息获取等因素,误解无处不在,如果不进行良好的沟通,任由误解累积,容易产生不必要的矛盾和冲突,从而影响组织的凝聚力和组织目标的实现。本单元的任务是阐述如何应用沟通方法解决现实中的管理问题。本单元主要说明三个问题:第一,什么是沟通——沟通的概念和主要过程;第二,沟通有哪些类型——三种不同的分类;第三,如何更有效地沟通——沟通障碍与改善。

9.1 沟通认知

案例导入

向哲的职场经历

向哲在一家互联网公司担任程序员,他技术能力不错,但性格内向,不太善于表达自己。在一次重要项目中,他负责的模块与其他同事的模块需要紧密对接。然而,他在与同事沟通接口规范和数据传输方式时,没有清晰地表达自己的想法和需求,也没有主动询问对方的意见,导致双方理解出现偏差。在项目测试阶段,问题集中爆发,他所负责的模块与其他模块无法正常协同工作,严重影响了项目进度。领导对他的表现很不满意,多次找他谈话,希望他能改进沟通方式,提高工作效率。但向哲由于性格原因,未能有效改变自己的沟通习惯,在后续的项目中依然频繁出现类似问题。最终,公司决定辞退向哲。

请思考:是什么原因导致了向哲离职?如果你是向哲,你会怎么应对?

知识精讲

美国著名未来学家奈斯比特曾说过:"未来竞争是管理的竞争,竞争的焦点在于每个社会组织内部成员之间及其与外部组织的有效沟通上。"由此可见，沟通是个人事业成败和组织生死存亡的关键因素。

9.1.1 沟通的含义

一般来讲，沟通就是人与人之间进行信息交流的活动。如果从组织管理角度出发，可以把沟通定义为：沟通是信息凭借一定符号载体，在个人或群体间从发送者到接收者进行传递，并获取理解的过程。

根据这一概念，沟通有以下三个方面的含义：

（1）沟通是双方的行为，必须有信息的发送者和接收者，沟通双方既可以是个人，也可以是群体或组织。

（2）沟通是一个传递和理解的过程。

如果信息没有被传递到对方，则意味着沟通没有发生。而信息在被传递之后还应该被理解。一般来说，信息经过传递之后，接收者感知到的信息与发送者发出的信息完全一致或基本一致时，才是一个有效的沟通过程。

需要注意的是，有效的沟通不等同于意见一致，不能把有效的沟通与意见一致混为一谈。但在现实中，良好的沟通常常被误解为沟通双方达成协议；也有很多人认为良好的沟通是使别人接受我们的观点。实际上，沟通的一方可以非常明白另一方的意思而不同意对方的看法。例如，一场争论持续了相当长的时间，这段时间中进行了大量的有效沟通，每个人都充分理解了对方的观点和见解，但不等于完全接受对方的观点和意见。

（3）要有信息内容。

在沟通过程中，信息的传递是通过一些符号来实现的，如语言、身体动作和表情等，这些符号经过传递，往往都附加了传送者和接收者一定的态度、思想和情感。

因此，一席面谈、一次演讲、一封信函、一通电话都是沟通。不同的沟通渠道，其沟通效果是不同的，不同的信息内容应当选用不同的沟通渠道。

9.1.2 沟通的一般过程

沟通过程是指一个信息的发送者通过选定的渠道把信息传递给接收者。这个过程由如图9-1所示几个步骤组成。

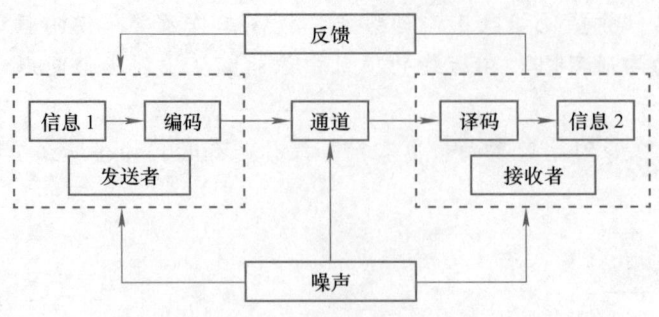

图9-1　信息沟通的一般过程

1．信息的发送

信息的发送是沟通过程的起点。信息沟通始于发送者确定了希望传递的意念或思想，然后将这些意念或思想编制成符号信息，这个过程称为"编码"。信息编码可以采用文字、数字、图画等多种方式但必须是发送者和接收者都能够理解的符号编码。

2．信息的传递

信息发送者需要通过特定媒介渠道将编码信息传递给接收者。信息传递可以使用口头或书面方式进行，如面谈、会议、备忘录和报告等，也可以采用各种设备进行传递，如电话、电报、电视、计算机、传真机等。不同的编码方式需要选择不同的传播渠道。每种传递渠道各有利弊，选择恰当的传递渠道会使信息沟通更为有效。

3．信息的接收

信息接收者通过传递渠道接收到编码信息后要将其还原为原来信息，这个过程称为"译码"。只有使用发送者和接收者都能够理解的符号编码，才能保证接收者理解信息含义，实现准确而有效的沟通。

4．噪声干扰

信息沟通会受到"噪声"的干扰。噪声泛指妨碍信息沟通的一切因素，包括嘈杂的环境、语义不清、文化差异、不恰当的传递渠道、发送者或接收者的主观成见等，都会构成沟通障碍，不仅会阻止信息的传递，也会在传递过程中扭曲信息，从而影响沟通的效果。

5．反馈

反馈环节旨在检验信息沟通的效果。在反馈环节，信息发送者可以了解到所发送的信息是否得到了有效的编码、传递、解码和理解，并在不断的反馈中，了解接收者对信息理解与接受的程度，最终与接收者达成共识。

9.1.3 沟通的基本原则

有效的沟通应建立在良好的信息沟通过程基础之上，从信息的发送，经过一定的信息通道传达直到信息的有效接收，要使信息保持完整和准确，就应当遵循互相信任、清晰准确、完整性和适时性等原则。

1．互相信任原则

有效的人际沟通应该从彼此信任的氛围中开始。信息沟通是发送者和接收者之间的"给"与"收"的过程，因此信息的传递是双方面的。特别是信息的发送者更应当真诚地满足信息接收者的愿望和要求，尽量使所传递的信息保持在接收者的兴趣和接收能力范畴之内；而信息的接收者则应抱有坦诚的态度来感知所接收的信息。双方的猜疑和不信任只能增加抵触情绪，减少坦诚交谈的机会，从而造成不能进行有效的沟通。

2. 清晰准确原则

在信息沟通过程中，信息的发送者所使用的符号、语言及传递方式只有在被接收者清楚而准确地理解时，沟通才具有价值。因此，在实际工作中，发送者在传递信息之前应将信息加以综合和整理，用清晰准确和容易理解的方式表达，并根据接收者的具体情况，选用适当的通道传送，接收者才有可能对信息产生准确的理解。这就要求发送者有较高的语言文字表达能力，并熟悉信息接收者所使用的语言。即使这样，有时还会出现接收者对发送者非常严谨的信息缺乏足够理解的情况，这时发送者可以用一种重复和询问的方式来得到反馈，验证信息是否已清晰准确地传递给接收者。

3. 完整性原则

信息沟通效果的好坏，与信息传递后接收者所得到的信息是否完整有直接的关系。因此，在信息的传递过程中，首先要将所传递的信息进行系统的概括和归纳，并且要考虑到所选择的信息沟通方式是否能够完整地传递所要表达的内容。其次要使得信息接收者和发送者对信息传递过程中的环境因素有全面的了解，以使信息在一定的情境中被更好地传递和理解。

4. 适时性原则

人际沟通还要选择适当的时机和适当的场所。对于重要的信息选择一些正规的地点和适当的场合进行沟通，有助于双方及时并集中注意力进行交流。有些思想、感情方面的沟通则要选择较为轻松、随便的场所，这样有助于双方消除隔阂；同时还要选择双方情绪都比较冷静的时候进行沟通，这样效果会更好。

> **课堂讨论**
>
> 你认为上述沟通过程中哪些环节容易出现问题？

管理案例 / **午夜惊铃**

市场部经理张总是一个工作狂，经常熬夜加班。他的下属小王则是一个作息规律的年轻人，习惯早睡早起。

一天凌晨一点，张总突然想起一个重要客户的需求需要紧急处理，便毫不犹豫地拨通了小王的电话。刺耳的电话铃声将熟睡中的小王惊醒，他迷迷糊糊地接起电话，听到张总急促的声音，交代他明天一早就要提交的方案需要增加一些内容。小王虽恼怒，但也只好强忍着困意，打开电脑开始工作，直到凌晨三点才完成任务。第二天，他顶着黑眼圈去上班，精神恍惚，在处理数据时出现了重大失误，给公司造成了巨大的损失。

张总得知后勃然大怒，严厉批评了小王。小王感到委屈和愤怒，认为张总不顾他的休息时间，才导致了这次失误。最终，小王选择了辞职，而张总也因为管理不善受到了公司的处分。

请分析，上述案例中，张总与下属的沟通出现什么问题导致了这个结果？

9.2 沟通的类型

案例导入

信件引发的风波

李珍妮是护理部主任，她负责管理9名值班主管以及115名注册护士和护士助理。这天早上她来到医院，看到一大群护士正三三两两聚在一起激烈地讨论着。当她们看到珍妮走进来时，立即停止了交谈。这种突然的沉默和冰冷的注视，使珍妮明白自己正是谈论的主题，而且看来她们所说的不像是赞赏之辞。

珍妮来到自己的办公室，半分钟后她的主管迪•马考斯走了进来。迪直言不讳地说道：“珍妮，上周你发出的那些信对人们的打击太大了，它使每个人都心烦意乱。”珍妮觉得很委屈，她说：“在主管会议上大家都一致同意向每个人通报我们单位财务预算的困难，以及裁员的可能性。我所做的只不过是执行这项决议。”

“可你都说了些什么？”迪显然很失望，"我们需要为护士们的生计着想。我们当主管的以为你会直接找护士们谈话，告诉她们目前的困难，谨慎地透露这个坏消息，并允许她们提出疑问。那样的话，可以在很大程度上减小打击。而你却把信寄到了她们的家里。整个周末她们都处于极度焦虑之中，她们还打电话告诉自己的朋友和同事，现在传言四起，我们处于一种近于骚乱的局势中，我从没见过员工的士气如此低沉过。"

请思考：珍妮在这次沟通中为什么会引起轩然大波，她犯了哪两个错误？

知识精讲

在组织中，沟通的方式和种类有很多，不同的沟通方式具有不同的沟通效果。应依据组织性质、人员特征、任务目标、时间限制等多方面因素来选择沟通类型，并且要根据组织所面临的内外部环境的变化及时改善。

人际沟通的基本方式

9.2.1 按沟通途径与组织结构划分

1．正式沟通

正式沟通是指在组织系统内，依据规章制度明文规定的原则进行的信息传递与交流，如组织间的公函来往、组织内部的公文抄报，会议传达，上下级之间的情报交换等。正式沟通的信息发布者代表组织，具有一定的权威性，因此，正式沟通具有严肃性、规范性和约束力，沟通信息量大，沟通效果较好。不足之处是信息采用层层传递方式，沟通速度一般较慢。

2．非正式沟通

非正式沟通是在正式沟通渠道以外的信息交流和传达方式。非正式沟通的信息发布者一般不代表组织，沟通的对象、时间、内容等具有随意性和非正规性的特点，并带有较强的感情色彩。非正式沟通是正式沟通的必要补充，与正式沟通相比，非正式沟通传递的信息与组织成员的利益相关或者是成员较感兴趣的问题，再加上不必受到规定程序或形式的限制，因此，信息传播速度较快，沟通效率较高。积极的非正式沟通还可以更好地满足组织成员的安全需要、社交需要和尊重需要，弥补正式沟通的不足。

非正式沟通是正式组织中不可能消除的沟通方式，但也要注意其负面影响。非正式沟通难以控制，且信息传递容易失真、被曲解，不实信息的散布，会对组织造成困扰，影响成员关系的稳定和团体的凝聚力，因而需要慎重对待。

9.2.2 按信息流动的方向划分

按信息流动的方向划分，沟通可分为上行沟通、下行沟通和横向沟通。

1．上行沟通

上行沟通是指自下而上的沟通，即下级按照规定向上级进行的信息传递，包括书面或口头的报告汇报等。上级领导为了了解组织的实际情况，做出正确的决策，应鼓励下属尽可能多地进行上行沟通。当然，这种沟通有时会受到不同层次管理者的阻塞，他们可能对信息进行过滤，去掉对自己不利的信息。

2．下行沟通

下行沟通是指自上而下的沟通，即上级向下级进行的信息传递，包括管理者向下级发布指示、安排计划、传达政策等。下行沟通有助于使下级明确组织的计划、任务、过程和步骤，但不足之处是通过层层转达，传递的信息可能会发生歪曲，甚至遗失，而且组织层级过多会导致信息传递过程迟缓。

3．横向沟通

横向沟通是指正式组织中同层次，不同业务部门之间的信息传递。横向沟通是在分工基础上产生的，有利于及时协调组织各部门之间的工作步调，减少矛盾。

9.2.3 按沟通使用的媒体形式划分

按所使用的媒体形式不同，沟通可分为语言沟通、书面沟通、非语言沟通和电子媒介沟通四种。不同媒体形式沟通方式的比较见表9-1。

表9-1　不同媒体形式沟通方式的比较

沟通方式	形式	优点	缺点
语言沟通	面谈、会谈、讨论、演讲	双向交流、即时反馈、信息量大、信息传递速度快	对信息传递者的语言表达能力要求较高，信息易失真，核实困难
书面沟通	文件、信件、合同	信息传递较为准确、权威，可长期保存，可核实	应变性较差，缺乏即时反馈
非语言沟通	体态、手势、面部表情、眼神	内涵丰富，隐晦，灵活	只可意会，不可言传，含义模糊，传递距离有限
电子媒介沟通	传真、闭路电视、计算机网络、电子邮件	信息容量大、传递速度快，可同时传递给多人，可实现远距离、跨地域的即时沟通	难以核查对方理解信息的情况，需要技术上的支持工作

1．语言沟通

语言沟通是借助于口头语言进行的信息传递，包括开会、正式面谈、聊天、讨论、演讲、辩论、电话等形式。它的优点是用途广泛，信息传递迅速，可在最短的时间里直接得到对方的反馈，并有机会进一步阐述自己的观点；其主要缺点是传递信息缺乏正式的渠道，易失真且核实困难。

2．书面沟通

以书面文字形式进行信息沟通往往显得比较正规和严肃。书面沟通包括报告、备忘录、信件、组织内发行的期刊、布告栏及其他任何传递书面文字或符号的手段。它的优点是严肃、准确，具有权威性，不易被歪曲；缺点是耗费时间较多、缺乏及时反馈。

3．非语言沟通

非语言沟通是指借助肢体语言、语气语调等方式进行的沟通方式，包括使用体态、手势、面部表情、眼神等传递的特殊内容。其优点是传递的信息内容丰富，而且形式隐晦，具有灵活性。研究者发现，在口头交流中，信息的55%来自面部表情和身体姿态，38%来自语调，而仅有7%来自实际的词汇。不足之处是所传递的信息往往只可意会、不可言传，含义模糊，容易被误解，而且传递距离有限。

4．电子媒介沟通

电子媒介沟通是建立在计算机技术和电子通信技术等信息交流技术基础上的沟通。其具有传递信息快、信息容量大、一份信息可以同时传递给多人等特点，可实现远距离、跨地域的即时沟通，大大降低了沟通成本；不足之处是无法核查对方的真实身份，也无法核查对方理解信息的情况。

> **课堂讨论**
>
> 书面沟通具有权威性，不易被歪曲的特点，所以在组织沟通中书面沟通效果优于语言沟通，这种说法对吗？为什么？

> **课堂讨论**
>
> 董事长希望收集员工对公司的看法，大多数员工认为：我们感到工作条件不好，工作任务不明确，保险计划很糟糕，同时我们更喜欢竞争性工资结构，我们认为公司有能力解决这些问题，但最终经过层层向上传递，最终董事长得到的信息是：管理和工资结构是非常出色的，福利和工作条件是好的，而且会更好。你认为问题出在哪里，该如何避免呢？

9.3 沟通的障碍与改善

案例导入

扁鹊见蔡桓公

我国春秋战国时期，有一位著名的医生，他的名字叫扁鹊。有一次，扁鹊谒见蔡桓公，站了一会儿，他看着蔡桓公的脸色说："国君，你的皮肤有病，不治怕要加重了。"蔡桓公笑着说："我没有病。"扁鹊告辞走了以后，蔡桓公对他的臣下说："医生就喜欢给没病的人治病，以便夸耀自己有本事。"过了十几天，扁鹊又前往拜见蔡桓公，他仔细看着蔡桓公的脸色说："国君，你的病已到了皮肉之间，不治会加重的。"蔡桓公见他尽说些不着边际的话，气得没有理他，扁鹊走后，蔡桓公还闷闷不乐。又过了十几天，蔡桓公出巡，扁鹊远远地望见蔡桓公，转身就走。蔡桓公特意派人去问扁鹊为什么不肯再来谒见，扁鹊说："皮肤上的病，用药物敷贴可以治好；在皮肉之间的病，用针灸可以治好；在肠胃之间，服用汤药可以治好；如果病入骨髓，那生命就掌握在司命之神的手里了，医生是无法可治的了。如今国君的病已深入骨髓，所以我不能再去谒见了。"蔡桓公还是不相信。5天之后，蔡桓公遍身疼痛，连忙派人去找扁鹊，扁鹊已经逃往秦国躲起来了。不久，蔡桓公便病死了。

请思考：蔡桓公贵为国君，又有名医扁鹊在侧，却因为小病送掉了性命，原因是什么呢？

知识精讲

沟通在组织活动过程中起着非常重要的作用。但在人们沟通信息的过程中，常常会受到来自内外部的各种因素的影响和干扰，使沟通难以顺畅进行。

9.3.1 沟通的障碍

沟通过程中的障碍主要是指信息在从发送者到接收者的传送和理解过程中所遇到的干扰和问题，使得信息丢失或发生曲解，影响了组织沟通的整体效果。对照沟通的一般过程，当发送者、信息传递过程、接收者、反馈过程、信息沟通环境等五个方面出现任何问题，都容易导致沟通障碍。

1. 发送者方面的障碍

（1）信息发送者对信息的内容和含义表达得含糊不清或隐晦难懂。准确的语言选择不仅包括选用恰当的词句、使用正确的语法，也包括采用书面沟通形式时清晰的字迹、简明的图表。

（2）语义障碍。语义障碍是指因对语义的不同理解引起的障碍。语言体系存在同形异义、同形异音、一词多义、方言土语等现象，对于同样的词语，由于理解上的差别，就会给沟通造成障碍。

（3）传递形式障碍。传递形式障碍是指由传递形式不协调产生的障碍。信息发送者在发送信息时所采用的语言符号和体语（手势、表情）要相互协调，如果不协调，接收者就无法理解所传送信息的内容。例如，口中讲训斥别人的语言，而面部表情在笑，这就使人无从猜测所传信息的真实性。

（4）社会环境与知识经验的局限产生的障碍。信息发送者与信息接收者双方不存在共同的经验区，沟通就会遇到障碍。例如，同一领域的科学家之间运用大量专业术语、数学公式、各种符号进行沟通，就非常简便实用；如果用这种方式同缺乏相应知识和经验的外行沟通，就很难取得良好的效果。如图9-2所示，AB区域为共同经验区。在双方共同经验区内沟通，不易产生误解。

2．信息传递过程中的障碍

（1）沟通渠道选择方面的障碍。信息在传递过程中，渠道或媒介的选择和信息符号的选择不匹配会导致信息无法有效传递或信息传递失误。例如，有些宜于采用口头沟通的形式，发送者却采用了书面沟通形式，往往达不到预期的沟通效果。

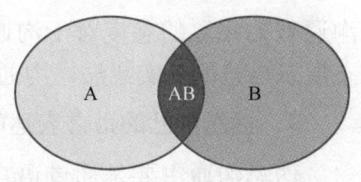

图9-2　沟通共同经验区图

（2）传递层次的障碍。信息在传递过程中会出现信息损耗现象，经过的环节越多，这种耗损现象就会越严重，甚至出现歪曲、曲解、篡改的情况。

（3）信息传递手段的障碍。信息传递手段发生故障时会影响沟通。例如，扩音设备的噪声太大、电话的中断、显示器画面不清等现象都会影响沟通效果。

3．接收者方面的障碍

接收者对信息"过滤"、理解能力的障碍，容易导致信息无法畅通传递；接收者对传送者怀有敌意、不信任或有某种偏见时等都会影响信息沟通。

4．反馈过程中的障碍

信息只有通过反馈才能建立一个双向沟通的过程，而这种双向沟通对信息传递的准确性和完整性有着重要的意义。在反馈过程中，由于反馈渠道本身的设置和使用以及反馈过程中可能出现的信息失真等，都有可能给有效沟通带来障碍。

5．信息沟通环境方面的障碍

（1）社会环境方面的障碍。各种不同文化价值观影响下的沟通行为有很大的不同。例如，在美国的社会文化背景下，组织中的上下级沟通显得较为民主，下级可以直接向上级或上级的上级提出自己的意见。而在日本的公司中则是等级森严，沟通一般都是逐层进行的，因此，在日本公司中，人们之间的正式交往显得非常慎重。

（2）组织结构方面的障碍。组织的结构形式对有效的组织沟通往往有决定性的作用。传统的组织结构具有严格的等级概念，所以组织中的命令和信息都是沿着正式的组织渠道层层传递的，过多的层次必然会导致信息过滤的增多。

（3）组织文化方面的障碍。企业文化在很大程度上影响着组织的信息沟通。例如，在一个崇尚等级制度、强调独裁式管理方式的官僚组织里，信息通常被高层管理者垄断，有用的信息得不到传递，而人与人之间沟通的过程缺乏互动性和开放性，自下而上的沟通行为通常不受重视。

9.3.2　提高组织沟通的有效性

信息发送者和信息接收者都要努力增强自己的人际沟通技能，管理者也要积极营造有利于沟通的环境，才能提高沟通的有效性。具体来讲，主要体现在以下几个方面。

1．改进沟通态度

信息沟通不仅是信息符号的传递，它还包含着很多的感情因素，所以在沟通过程中，沟通双方采取的态度对于沟通的效果有很大影响。只有双方坦诚相待，以积极、开放的心态展示自己的真实想法，沟通才能顺畅。若顾虑重重，则会导致很多误解。

2．提高自己的语言表达能力和理解能力

信息沟通主要是通过语言来完成的，无论是口头交谈还是采用书面交流形式，都要力求准确地表达自己的意思。同时，还要双方相互了解对方的接受能力，根据对方的具体情况来确定自己表达的方式和用语等；选择正确的词汇、语调、标点符号；注意逻辑性和条理性，对重要的地方要加上强调性的说明；借助体态语言来表达完整的思想和实现感情的沟通，加深双方的理解。

3．培养"倾听"的艺术

沟通中表达清楚是基本前提，学会倾听也同等重要。一些积极倾听的要点见表9-2。

表9-2　积极倾听的要点

要	不要
表现出兴趣	争辩
全神贯注	打断
该沉默时必须沉默	从事与谈话无关的活动
选择安静的地方	过快或提前做出判断
留适当的时间用于辩论	草率地给出结论
注意非语言暗示	被别人的情绪影响
当你没有听清楚时，请以询问的方式重复一遍	似懂非懂
当你发觉遗漏时，直截了当地问	若无其事

4．采用恰当的沟通方式

选用适当的沟通方式对增强组织沟通的有效性也十分重要。组织沟通的内容千差万别，针对不同的沟通需要，应该采用不同的沟通方式。从沟通的速度方面考虑，宜采用口头和非正式的沟通方法；从反馈性能来看，面对面的交谈可以获得立即反馈；从可控性来看，选择少数可以信赖的人，利用口头传达某种信息会更好。

5．建立合理的沟通网络

为了实现有效的组织沟通，管理者应在注重人际沟通的基础上，进一步考虑组织的行业特点和环境因素，结合正式沟通渠道和非正式沟通渠道的优缺点，通过对组织结构的调整，设计一套包含正式和非正式沟通的沟通网络，同时缩短信息传递的链条，以便使组织的信息沟通更加迅速、及时和有效。

> **课堂讨论**
>
> 在你的生活、学习中，是否遇到过与他人（如家人、老师、同学、朋友、陌生人等）存在沟通障碍问题？你是如何解决的？了解了提高沟通有效性的方法，对你解决问题有什么新的启发吗？

阅读材料

难以推进的工作

开拓公司是一家生产电子产品的企业,最近研发了一款新型智能手表,准备投入市场。公司任命市场部经理李明负责该产品的市场推广工作。李明需要与技术部、销售部、公关部等多个部门合作,共同完成这项任务。但李明却进展得并不顺利。

他与技术部沟通,想要了解产品的功能特点、技术优势等信息,以便制定市场推广策略。然而,技术部的工程师们习惯使用专业术语,而李明对技术细节并不熟悉,导致沟通存在障碍。例如,技术部提到"采用最新的生物识别技术",李明却不知道具体指的是什么功能,无法准确地向消费者传达产品优势。

找销售部了解市场需求、竞争对手情况等信息时。销售部负责人由于与李明存在潜在岗位竞争关系,消极抵触,推诿敷衍,李明向销售部询问目标客户群体的消费习惯,销售部却以工作繁忙为由,迟迟没有提供相关资料。

他与公关部沟通,制订媒体宣传计划,提升产品知名度。李明希望邀请科技领域的KOL进行产品测评,这比较符合当下的潮流,但公关部人员年龄偏大、经验丰富,则认为应该按照传统方式,邀请娱乐明星代言,双方争执不下,导致宣传计划迟迟无法确定。

课堂讨论

请综合运用沟通理论和知识,分析该案例存在哪些沟通问题,并提出解决策略。

同步练习与测试

一、单项选择题

1. 从某种意义上讲,组织就是一个信息沟通网络,处在这个信息网络中心并对网络的畅通负有责任的人是(   )。
   A. 信息系统管理员 B. 高层管理者   C. 一线员工   D. 主管人员
2. 有反馈的信息传递,属于发送者和接收者相互之间进行信息交流的(   )。
   A. 正式沟通   B. 单向沟通   C. 非正式沟通   D. 双向沟通
3. 能够快速传递、快速反馈、信息量大的沟通方式是(   )。
   A. 书面沟通   B. 非语言沟通   C. 口头沟通   D. 上行沟通
4. 书面沟通是一种重要的沟通方式,下列表述正确的是(   )。
   A. 沟通速度快   B. 所传达信息的严谨性不高
   C. 接收者比较重视   D. 便于与接收者交流信息
5. 益丰公司采用意见箱、合理化建议、态度调查等方式征询全体员工的意见,该沟通方式属于(   )
   A. 横向沟通   B. 外向沟通   C. 上行沟通   D. 下行沟通
6. "小张,我一点也不同意这种观点,但是,我能理解你,我们的意见出现分歧是有原因的。"小李的这段话并没有得到小张的任何回应。根据这种情况,小李与小张之间的沟通过程是（　　）。

  A．双向的   B．有效的   C．完整的   D．无效的

7．Y公司的生产部主管认为原材料质量存在问题，向采购部主管提出改进建议。依据沟通的分类，这属于（　　）

  A．上行沟通   B．下行沟通   C．横向沟通   D．斜向沟通

8．如果发现一个组织中小道消息很多，而正式渠道的消息较少。这意味着该组织（　　）。

  A．非正式沟通渠道中信息传递很通畅，运作良好

  B．正式沟通渠道中信息传递存在问题，需要调整

  C．其中有部分人特别喜欢在背后乱发议论，传递小道消息

  D．充分运用了非正式沟通渠道的作用，促进了信息的传递

二、判断题

1．信息只有被接收到，沟通过程才算完整。（　　）

2．沟通过程中的噪声是指妨碍信息沟通的任何因素。（　　）

3．沟通是为了达到传递信息，交流情感的目的，所以，信息量越大越好。（　　）

4．不同意见之间的争论也是一种有效的沟通。（　　）

5．人际沟通最常采用的信息传递方式是口头沟通及非语言沟通。（　　）

6．正式沟通是组织内部信息传递的主要方式。（　　）

7．正式沟通渠道可依其信息流向分为上行沟通、下行沟通、横向沟通和斜向沟通。（　　）

8．非正式沟通是以社会关系为基础，但需要遵循组织结构原则的沟通方式。（　　）

9．非正式沟通具有代替正式沟通的功能，可以传递正式沟通不愿传递的消息。（　　）

10．对信息进行"过滤"是信息传递中发送者方面的障碍。（　　）

11．信息只有通过反馈才能建立一个双向沟通的过程。（　　）

12．改进沟通态度，培养"倾听"的艺术有助于人际沟通技能。（　　）

三、简答及论述题

1．沟通的基本方式有哪些？

2．简述人际沟通的基本原则。

3．沟通中的主要障碍有哪些？如何提高组织沟通的有效性？

管理技能训练

一、管理实战案例分析

AC航班坠落事件

  一个初春的19点40分，AC航班正飞行在离目的地K市不远处的高空。机上的油量还可维持近两个小时的航程。在正常情况下，像AC这样的航班，由此飞行到降落K机场，仅需不到半小时的时间。但没有想到，AC航班在降落前遭遇了一系列耽搁和问题。

  首先，20点整，K机场航空交通管理员通知AC航班飞行员，由于机场出现了严重的

交通问题，他们必须在机场上空盘旋待命。20点45分，AC航班的副驾驶员向机场报告他们飞机的"燃料快用完了"。交通管理员收到了这一信息，然而，在21点24分之前，飞机并没有被批准降落机场。而在此之前，AC航班机组成员没有再向K机场传递任何情况十分危急的信息，只是飞机座舱中的机组成员在相互紧张地通告说他们的燃料供给出现了危机。

21点24分，AC航班第一次试降失败。由于飞行高度太低及能见度太差的原因，飞机安全着陆没有保证。当机场指示AC航班进行第二次试降时，机组成员再次提到他们的燃料将要用尽，但飞行员还是告诉机场交通管理员说新分配的飞行跑道"可行"。几分钟后，准确时间是21点32分，飞机有两个引擎失灵了，1分钟后，另外两个也停止了工作。耗尽燃料的飞机终于在21点34分坠毁于K市，机上73名人员全部遇难。

当事故调查人员考察了飞机座舱中的磁带并与当事的机场交通管理员交谈之后，他们发现导致这场悲剧的原因实际上很简单：机场方面不知道AC航班的燃料会这么快耗尽。

下面是有关人员对这一事件所做的调查。

第一，飞行员一直说他们"燃料不足"，交通管理员则告诉调查者，这是飞行员们惯用的一句话。当因故出现降落延误时，管理员认为，每架飞机都不同程度地存在燃料不足的问题。但是，如果飞行员发出"燃料危急"的呼声，管理员有义务优先为其导航，并尽可能迅速地允许其着陆。一位管理员这样指出："如果飞行员表明情况十分危急，那么，所有的规则程序都可以不顾，我们会尽可能以最快的速度引导其降落。"事实是，AC航班的飞行员从未说过"情况危急"，由此导致K机场交通管理员一直未能理解飞行员所面临的真正问题。

第二，AC航班飞行员的语调也并未向交通管理员传递有关燃料危急的严重信息。机场交通管理员普遍接受过专门训练，可以在多数情况下捕捉到飞行员声音中极细微的语调变化。尽管AC航班机组成员内部也表现出对燃料问题的极大担忧，但他们向K机场传达信息时的语调却是冷静而职业化的。

另外也应当指出，AC航班的飞行员不愿意声明情况紧急是有一些客观原因的。例如，按条例规定，驾驶员在飞行中做了紧急情况报告之后，他们事后需要补写出长篇的、正式的书面汇报交给有关方面。还有，紧急情况报告后，如果飞行员被发现在估算飞行中需要多少油量方面存在严重的疏漏，那么，飞行管理局就有理由吊销其驾驶执照。这些消极的强化因素，在相当程度上阻碍着飞行员发出紧急呼救。在这种情况下，飞行员的专业技能和荣誉感便会变成一种"赌注"。

根据案例所提供的情况，请回答下列问题：

1. AC航班的不幸坠毁在根本上是因为（　　）。
   A. 飞机燃料储备不足以及飞行员在计算剩余油量方面疏忽大意
   B. 机场交通管理员在工作中的玩忽职守、推卸责任
   C. 飞机燃料危急的信息没有被清晰地传递又未被充分地接受，因而造成飞机失事的真正原因是信息沟通过程中的障碍
   D. AC航班飞行员在信息沟通过程中的用语不当

2. AC航班飞行员在向机场要求准许降落时使用了"油量不足""燃料用完"之类的话

语，这些在机场交通管理员心中被认为不过是飞行员们的老生常谈和惯用伎俩。这种情况说明，处于紧急状态之中的AC航班飞行员本应该格外注意（　　）。

　　A. 使用恰当的编码　　　　　　B. 选择合适的沟通渠道
　　C. 选择合适的信息发送者　　　D. 选择合适的信息接收者

3. 从机场交通管理员的角度来说，既然他们认为AC航班飞行员对"燃料用完"的报告难以令人相信其飞机正处于紧急状态中，这个时候，为稳妥和安全起见，他们最好需要（　　）。

　　A. 对报告情况的飞行员进行及时的信息反馈
　　B. 自己在接收信息时也同时成为信息发送者
　　C. 开展双向的信息沟通
　　D. 以上所有方面

4. 事故调查者在收听录音磁带时发现，AC航班飞行员的报告在语调上没有传递出情况紧急的信息，这可以说是（　　）方面的典型实例。

　　A. 不擅长使用口头沟通方式
　　B. 不擅长使用书面沟通方式
　　C. 不擅长使用非语言沟通方式
　　D. 这根本上就与沟通语言的使用问题无关

二、沟通技能实训

实地交际与沟通

要求学生主动同一位相关专业的陌生人士交往，交流某个专业问题；或者同一位认识的人，通过沟通解决一个难题。要求学生完成附表，运用交际与沟通理论，讲究交际与沟通的艺术。可在课上由班级组织一次交流，每个模拟公司推荐两人介绍交际与沟通过程及体会。

附表　沟通实录卡

沟通主体		沟通对象		单位及职务	
沟通目标		时间		地点	
沟通前计划					
沟通过程实录					
沟通后体会					
教师评估					

三、管理技能自我测试

倾听技能自我评估

以下每一题请选择一个答案，请按照你平时的所作所为进行选择，而不是你认为在该情况下应怎么做。

1. 当你与一位朋友进午餐时，你会（　　）。
   A. 注意菜单和所提供的服务
   B. 问你朋友生活中的事情并注意倾听
   C. 在进餐的同时相互交流彼此发生的一些事情

2. 当某人不停说话时，你会（　　）。
   A. 适时提问以使对方将话题集中在讨论的事件上
   B. 找个借口结束谈话
   C. 努力耐心并理解对方的谈话

3. 如果某群体成员抱怨其同事，恰好你也认为这个人的存在不利于群体，你会（　　）。
   A. 注意该成员的话，但保留你的观点
   B. 谈一些你的看法和你对该雇员的感觉
   C. 肯定该成员的情绪并询问他有什么建议

4. 如果某人对你很挑剔，你会（　　）。
   A. 不做反应或不沮丧
   B. 不自觉地变得非常好奇并想了解更多
   C. 仔细地听并试图为自己辩解

5. 你很忙，有人要你改变你惯常的做事方式。你认为该人的意见是错的，你会（　　）。
   A. 感谢他，但我行我素
   B. 试图找出他为何要让你改变的原因
   C. 同意，也许他是对的，但要告诉他你很忙，以后会改

6. 当你准备对别人做出反应时，你会（　　）。
   A. 如果有必要，你会打断他
   B. 总是在别人结束谈话之前插话
   C. 总是在确信别人讲完时才做出反应

7. 当你与某个整天在一起工作的人争论一番后，你会（　　）。
   A. 安定下来并试图理解对方的立场然后再重申自己的观点
   B. 让这一切过去，该做什么还做什么
   C. 继续坚持你的立场

8. 某同事告诉你，他因为被任命了一项新工作而沮丧，你会（　　）。
   A. 问他是否能想出解决该问题的方法
   B. 向他保证他工作得很好，这些工作最后也会很好地完成
   C. 让他知道你可以体会他的糟糕情绪

9. 如果一个朋友总是向你抱怨他的问题，却对你的问题只字不提，你会（　　）。
   A. 试图找出共同感兴趣的领域
   B. 总是表示理解或关注他的事情，尽管可能你并不感兴趣
   C. 支持他的抱怨并提出你自己的烦恼

10. 在一场争论中，保持冷静的最好方式是（　　）。
    A. 以平和但坚定的方式不断重申自己的立场
    B. 重复说你的信仰就是对方的立场
    C. 告诉对方说，你更愿意在双方冷静下来的时候探讨该问题

每一问题的得分如下：

1. （A）0   （B）10 （C）5
2. （A）10 （B）0   （C）5
3. （A）5   （B）0   （C）5
4. （A）5   （B）10 （C）0
5. （A）0   （B）10 （C）5
6. （A）5   （B）0   （C）10
7. （A）10 （B）5   （C）0
8. （A）5   （B）5   （C）10
9. （A）0   （B）10 （C）5
10. （A）0   （B）10 （C）5

【结论检测】

总分相加：

80～100分，你是一个积极的、优秀的倾听者。你在倾听和提问间有非常好的平衡并努力理解他人。

50～75分，你是一个良好的倾听者。你能较好地倾听，尽管你有可能在他人尚未结束时就插入你的反应。

25～45分，你有一些倾听技巧但有待提高。你可能在听他人谈话时经常会感到不耐烦，希望他们能闭嘴让你来发表意见。

0～20分，你一般不听别人说话。你可能希望你是谈话场合的主角，并在等别人表达自己的意见时感到极端不耐烦。

单元 10 控 制

学习目标

素养目标

1. 具备系统思维与风险管理意识,增强组织责任感。
2. 树立科学管理理念,践行社会主义核心价值观中的"公正"与"法治"。

知识目标

1. 明确管理控制的含义及其在组织管理中的重要作用。
2. 熟悉控制过程每个步骤的具体任务,理解关键控制点,掌握控制的基本类型。
3. 掌握主要的控制技术和方法。

能力目标

1. 能根据组织目标设计合理的控制标准与流程,能初步建立基本的公司控制制度。
2. 能初步运用人员控制、预算控制、作业控制等技术进行管理控制。
3. 能够运用控制方法解决实际管理问题。

知识导图

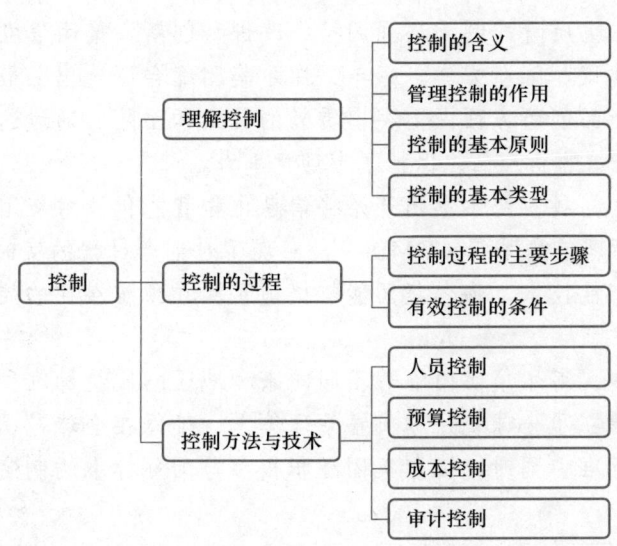

单元引例

海尔集团的"零缺陷"质量控制

海尔集团成立于1984年,最初是濒临破产的青岛电冰箱厂。经过几十年的发展,海尔集团已成为全球领先的家电制造商之一,其成功的关键之一在于其卓越的质量控制体系。海尔集团提出了"零缺陷"质量管理理念,通过严格的过程控制和持续改进,确保产品和服务的高质量。这一理念不仅帮助海尔集团在国内市场站稳脚跟,还使其成功打入国际市场,成为全球消费者信赖的品牌。

1984年,张瑞敏接手青岛电冰箱厂时,工厂面临着严重的质量问题。当时,工厂生产的电冰箱不合格率高达20%,市场投诉不断,客户满意度极低。张瑞敏意识到,如果不立即采取措施改善产品质量,工厂将无法生存。

为了彻底改变员工对质量的态度,张瑞敏做出了一个惊人的决定。1985年,他召集全体员工,将76台不合格的电冰箱当众砸毁。张瑞敏强调:"有缺陷的产品就是废品,我们不能让任何一台不合格的产品流入市场。"这一举动震惊了全体员工,也传递了一个明确的信息:海尔集团绝不容忍任何不合格产品,同时标志着海尔"零缺陷"质量管理的开端。这一事件成为海尔集团质量管理史上的转折点,不仅提升了员工的质量意识,也为海尔集团树立了"质量第一"的企业文化,标志着海尔集团开始走上严格质量控制之路。

在"砸冰箱"事件后,张瑞敏引入了全面质量管理(TQM)的理念。TQM强调从产品设计、原材料采购、生产制造到售后服务等各个环节都要进行严格的质量控制。海尔集团成立了专门的质量管理小组,负责监督和评估每个环节的质量表现。

为了进一步提升质量管理水平,海尔集团引入了六西格玛(Six Sigma)管理法。六西格玛是一种以数据为基础的质量管理方法,旨在通过减少生产过程中的变异,将产品缺陷率控制在百万分之三点四以下。海尔集团通过实施六西格玛管理法,成功地将产品不合格率降低到了极低水平,大大提升了客户满意度。

海尔集团不仅注重质量控制,还强调持续改进和创新。集团设立了"创新基金",鼓励员工提出改进建议和创新方案。每年,海尔集团都会评选出"最佳创新奖",奖励那些在质量改进和产品创新方面做出突出贡献的员工和团队。通过这种机制,海尔集团不断推出符合市场需求的新产品,保持了市场竞争力。

随着信息技术的发展,海尔集团开始将信息化和智能化技术应用于质量管理。集团引入了先进的质量管理信息系统(QMIS),实现了对生产过程的实时监控和数据分析。通过大数据和人工智能技术,海尔集团能够提前预测和预防潜在的质量问题,进一步提升了质量管理水平。

在全球化进程中,海尔集团面临着不同国家和地区的质量标准和要求。为了应对这一挑战,海尔集团建立了全球统一的质量管理体系,确保在全球范围内生产的每一件产品都符合最高质量标准。同时,海尔集团还积极参与国际标准的制定,推动全球质量管理水平的提升。

请思考：

1. 海尔集团"零缺陷"质量管理模式的核心是什么？它如何帮助海尔集团实现从本土企业到全球品牌的跨越？

2. 在数字化时代，质量控制面临哪些新挑战？企业应如何利用技术创新提升质量控制水平？

3. 结合案例，分析全员参与在质量控制中的作用。

控制是管理过程中的一个重要环节，它确保组织的各项活动能按照预定的计划和标准进行。一个有效的控制系统可以保证各项活动朝着组织目标的方向前进，而且，控制系统越完善，组织目标就越易实现。本单元主要探讨三个问题：第一，什么是控制——控制的概念和基本原则；第二，如何控制——控制的过程；第三，有哪些控制手段——控制的方法与技术。

10.1 理解控制

案例导入

魏文王与名医扁鹊

春秋战国时期，魏文王与名医扁鹊的一段对话，揭示了管理学中控制职能的核心逻辑。

魏文王问名医扁鹊说："你们家兄弟三人，都精于医术，到底哪一位医术最好呢？"

扁鹊回答说："大哥最好，二哥次之，我最差。"

文王再问："那么为什么你最出名呢？"

扁鹊答说："我大哥治病，擅长在疾病尚未显现时，通过观察患者的气色、饮食、作息等细微变化，调整其生活方式以消除隐患，其医术核心是'预防'，通过消除风险源头避免问题发生，但因其成果无形，常人难以感知，故名声不显，只有我们家里的人才知道。我二哥治病，是治病于病情初起阶段及时介入，通过针灸、汤药等手段遏制病情恶化，其特点是快速响应，在问题扩大前将其解决，一般人以为他只能治轻微的小病，所以他只在我们的村子里才小有名气。而我扁鹊治病，是治病于病情严重之时，一般人看见的都是我在经脉上穿针管来放血、在皮肤上敷药等大手术，所以他们以为我的医术最高明，因此名气响遍全国。"

请思考：什么是控制？您认为扁鹊三兄弟的医术谁的医术最高明，为什么？在现代企业管理中如何通过信息化手段提升事中控制的效率和效果？

知识精讲

扁鹊与魏文王的故事告诉我们，控制不仅仅是事后的"救火"，更是事前的"防火"

和事中的"控火"。管理者应树立系统控制思维,将事前、事中和事后控制有机结合,确保组织目标的实现。

10.1.1 控制的含义

控制是管理职能中的核心环节,是指管理者通过制定标准、衡量实际绩效、分析偏差并采取纠正措施,确保组织活动按计划进行并最终实现目标的过程。

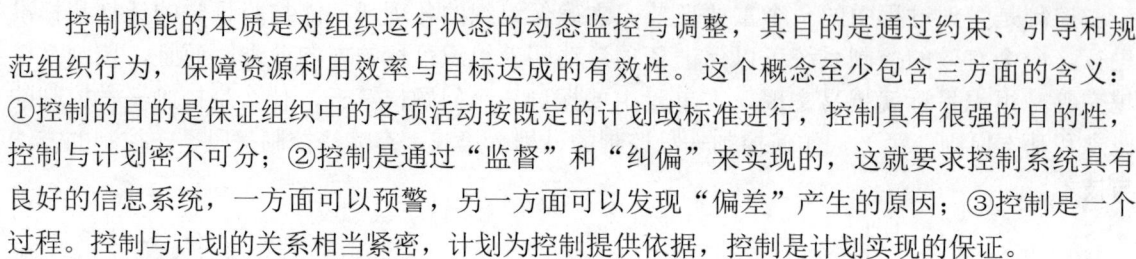

控制职能的本质是对组织运行状态的动态监控与调整,其目的是通过约束、引导和规范组织行为,保障资源利用效率与目标达成的有效性。这个概念至少包含三方面的含义:①控制的目的是保证组织中的各项活动按既定的计划或标准进行,控制具有很强的目的性,控制与计划密不可分;②控制是通过"监督"和"纠偏"来实现的,这就要求控制系统具有良好的信息系统,一方面可以预警,另一方面可以发现"偏差"产生的原因;③控制是一个过程。控制与计划的关系相当紧密,计划为控制提供依据,控制是计划实现的保证。

10.1.2 管理控制的作用

在现代管理活动中,管理控制工作的作用主要有两个:限制偏差的累积和适应环境的变化。

1. 限制偏差的累积

任何工作的开展都不可避免地会出现一些偏差。虽然小偏差和失误或许不会立即给组织带来严重的损害,但在组织运行一段时间后,随着小差错的积少成多和积累放大,最终可能会对计划目标的实现造成威胁,甚至给组织酿成灾难性的后果。防微杜渐,及早地发现潜藏的错误和问题并进行处理,有助于确保组织按预定的轨迹走下去。所以,有效的管理控制系统应当能够及时地获取偏差信息、及时地采取矫正偏差措施,以防止偏差的累积而影响组织目标的顺利实现。

2. 适应环境的变化

组织计划和目标在制定出来后要经过一段时间的实施才能够实现。在这段实施过程中,组织的内部条件和外部环境可能会发生一些变化,如组织内部人员和结构的变化、政府可能出台新的政策和法规等,这些变化的内外环境不仅会妨碍计划的实施进程,甚至可能影响计划本身的科学性和现实性。因此,任何组织都需要构建有效的控制系统,帮助管理人员预测和把握内外环境的变化,并对这些变化带来的机会和威胁做出正确、有力地反应。

管理控制通过其"纠偏"功能,使计划执行中的偏差得以防止或缩小,从而确保组织的稳定运行;同时通过其"调适"功能,积极调整原定标准或重新制定新的标准,以确保组织对内外运行环境的适应性。这两类控制功能的不同作用,可从图10-1和图10-2的对比中得到清楚的说明。

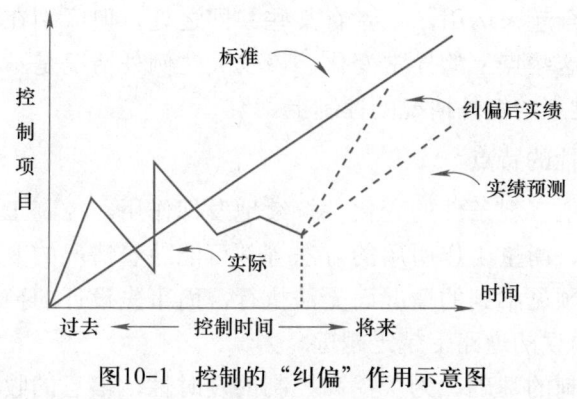
图10-1 控制的"纠偏"作用示意图

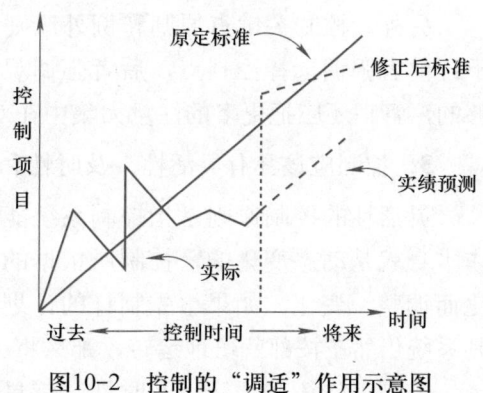
图10-2 控制的"调适"作用示意图

10.1.3 控制的基本原则

任何组织要想实现计划目标，都必须有一个适宜有效的控制系统作保证，构造这个系统应遵循以下基本原则。

1. 控制必须与计划和组织相适应

管理的各项职能相互关联、相互制约。既然控制的目标是为了保证计划得以顺利实现，它就需要依靠组织中的各单位、各部门及全体成员来实施。所以，控制系统和控制方法应当与计划和组织的特点相适应。

不同的计划具有不同的特点，计划越是明确、全面、完整，控制系统越能反映计划，控制就越有效。所以，在设计控制系统时，每个管理者都必须紧紧围绕计划进行，要根据计划的特点确定控制标准、衡量方法和纠偏措施。

控制也必须适应特定的组织结构。计划需要人来执行，组织结构决定了职责和分工，因此，控制必须符合结构的要求。只有组织结构的设计明确、完善，控制系统符合组织的职责分工，控制的效用才能充分发挥。

2. 控制应该突出重点，强调例外

任何控制都不可能面面俱到，不应事无巨细同等对待，而是应根据具体情况选择关键点实行重点控制以取得事半功倍的效果。

在一个完整的计划执行过程中，组织通常需要选出若干关键点，把处于关键点的工作预期成果及其影响因素作为控制的重点。按照"次要的多数、关键的少数"原理，管理人员不必完全了解计划执行中的全部具体细节就可能达到对组织活动的有效控制。而且，由于控制的对象减少了，控制工作的成本也就相应降低了。因此，控制要突出重点，抓关键。管理者不能也没有必要对组织活动的各方面都进行控制，而是要针对重要的、关键的少数因素实施重点控制。

控制也应当强调例外原则。管理者将控制工作的重点放在计划实施中出现得特别好或特别坏的"例外"情况上，可以使他们把有限的精力集中于真正需要引起注意和重视的问题方面。当然，"例外"并不能仅仅依据偏差数值的大小来确定，而要考虑客观的实际情况。

另外，控制关键点原则和例外原则应结合起来运用，二者有某些共同之处，但区别在于：前者强调选择控制点，后者强调观察在这些点上的异常变化。仅仅关注例外情况是不够的，管理还应把更多的注意力集中在对关键点的例外情况的控制上。

3. 控制应该具有灵活性、及时性和经济性的特点

灵活性的控制原则是指控制系统能适应主客观条件的变化，持续地发挥作用。控制工作本身就是动态变化的，控制所依据的标准、衡量工作所用的方法等都可能随着情况的变化而调整、变化。如果事先制订的计划因为预见不到的情况而无法执行，而事先设计的控制系统仍然在按部就班地运转，那么将会在错误的道路上越走越远。

控制工作还必须注意及时性。信息是控制的基础。为了提高控制的及时性，信息的收集和传递必须及时。如果信息的收集和传递不及时，信息处理时间又过长，偏差就得不到及时纠正。

为进行控制而支出的费用和由控制而增加的收益，两者都直接与控制的程度相关。这意味着控制工作一定要坚持适度、适量的原则，以便提高控制工作的经济性。换句话说，从经济性角度考虑，控制力度并不是越大越好，控制系统也不是越复杂越好。控制系统越复杂、控制工作力度越大，只意味着控制的投入越大。在许多情况下，这种控制投入的增加并不一定会导致计划的更顺利实施。有时，自然消退也是一种行之有效的控制方法。

4. 控制应注意控制事物的发展趋势

有时控制现状是比较容易的，但控制现状所预示的变化趋势则比较困难。要使控制有效，控制变化趋势则重要得多。一般来说，趋势是多种复杂因素综合作用的结果，是在一段时间内逐渐形成的，并对管理工作成效有着长期的影响。趋势往往容易被现象所掩盖，它不易被觉察，也不易控制和扭转；而且当趋势已经明朗时，再进行控制就晚了。

所以，有效的控制系统应有预警功能，能在出现某种趋势苗头时，迅速采取措施，跟上趋势或将其消灭在萌芽状态。

5. 控制工作应注重培养组织成员的自我控制能力

广大员工在生产和业务活动的第一线，是各种计划、决策的最终执行者。所以，员工进行自我控制是提高控制有效性的根本途径。

自我控制具有很多优点。首先，自我控制有助于发挥员工的主动性、积极性和创造性。其次，自我控制可以减轻管理人员的负担，减少企业控制费用的支出。再次，自我控制有助于提高控制的及时性和准确性。

控制有关管理人员和执行人员的素质，可以通过提高有关人员的工作能力和业务水平，使出现偏差的概率下降；由于有关人员的素质提高了，其自觉控制的能力也将大大增强，在出现偏差时自觉地迅速采取行动，能使损失降到最低。

10.1.4 控制的基本类型

管理控制工作可以从不同的角度进行分类，以下是几种典型的管理控制分类。

1. 根据控制点的时间不同，控制可分为前馈控制、现场控制、反馈控制

任何系统的运行过程均为输入——转换——输出。根据控制点所处的不同时间，控制可分为前馈控制、现场控制、反馈控制三种，其关系如图10-3所示。

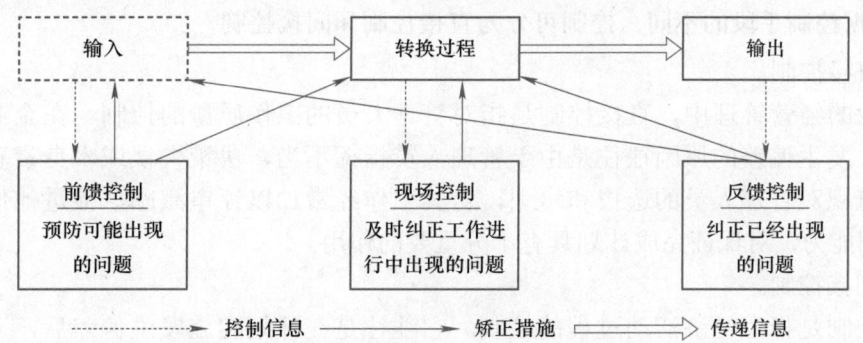

图10-3　前馈控制、现场控制和反馈控制之间的关系

（1）前馈控制。

前馈控制是在系统运行的输入阶段就进行控制，也叫预先控制。由于前馈控制早于行动，所以又称面向未来的控制。前馈控制"先发制人""未雨绸缪"，事事想在前面、准备在前面，把握将来的发展势态，把偏差消灭在萌芽状态，损失最小、效率最高，是最科学、最经济的控制方法，但也是最难的方法。它需要充分准确的信息、准确的分析预测、准确的决策。要做好前馈控制就要做到"料事如神"，一切都在预料之中。

（2）现场控制。

现场控制是在计划的执行中同步进行控制，也叫现时控制。现场控制能及时发现偏差，及时纠正偏差，立竿见影，使损失控制在较低程度。现场控制也是一种经济有效的方法，但对控制人员的素质要求较高，要求控制人员要有敏锐的判断力、快速的反应能力和灵活多变的控制手段。

（3）反馈控制。

反馈控制是在计划完成后进行控制，也叫事后控制。反馈控制有一个致命的弱点就是滞后性。从衡量结果、比较分析到制定纠偏措施及实施都需要时间，很容易贻误时机，增加控制的难度，而且损失往往在此过程中就已经发生了。事后控制虽然有一些不足，但常常是能采用的唯一控制，因为很多事件只有在发生后才可能看清结果。另外，许多事情的发展是循环往复的，呈螺旋状推进，事后控制能给后面的工作以提醒和借鉴，以便改进工作。此时，亡羊补牢，为时并不过晚。

2. 根据控制力量来源的不同，控制可分为外在控制和内在控制

（1）外在控制。

外在控制是指一个单位或个人的工作目标和标准的制定，以及为了保证目标和标准的顺利实现而开展的控制工作，是由其他的单位或个人承担，自己只负责检测、发现问题和报告偏差。

（2）内在控制。

与外在控制不同，内在控制不是"他人"的控制（它既不是来自上级主管的"人治"，也不是来自程序规则的"法治"），而是一种自动控制或自我控制（称之为自治）。自我控制的单位或个人，不仅能自己检测、发现问题，还能自己订立标准并采取行动纠正偏差。

3．根据控制手段的不同，控制可分为直接控制和间接控制

（1）直接控制。

在企业的经营管理中，直接控制是指对管理人员的工作质量的控制。在企业的生产经营活动中，发生偏差的原因往往是由于管理人员指挥不当、决策失误或本身素质太差造成的。因此重视对管理人员的选拔和培训，对其工作经常加以评审激励，促进他们提高管理水平和控制能力，对保证完成计划具有十分重要的作用。

（2）间接控制。

间接控制是指对经济活动过程的控制。它往往是在计划实施发生偏差后，才由有关的管理人员对偏差实施控制。间接控制的特点在于它有一定的弹性和灵活性，通过一定的渠道和手段达到控制的目的。

4．根据控制的集中程度，控制可分为集中控制、分散控制和分层控制

（1）集中控制。

集中控制是指在组织中建立一个控制中心，由它来对所有的信息进行集中、统一的加工、处理，并由这一控制中心发出指令，操纵所有的管理活动。如果组织的规模和信息量不大，且控制中心对信息的取得、存储、加工效率及可靠性都很高时，采用集中控制的方法有利于实现整体的最优控制。企业中的生产指挥部、中央调度室等都是集中控制的例子。

（2）分散控制。

当组织的规模和信息量极大时，就难以通过一个控制中心进行信息存储和处理。在这种情况下，集中控制就会拉长信息传递时间，造成反馈时滞，使组织反应迟钝，延误决策时机，此时需采用分散控制方式。

分散控制对信息存储和处理能力的要求相对较低，易于实现；由于反馈环节少，因而反应快、时滞短、控制效率高、应变能力强。但由于采用分散决策方式，可能难以取得各分散系统的相互协调，难以保证各分散系统的目标与总体目标相一致，从而会危及整体的优化，严重的甚至会导致失控。

（3）分层控制。

分层控制是一种把集中控制和分散控制结合起来的控制方式。它有两个特点：一是各子系统都具有各自独立的控制能力和控制条件，从而有可能对子系统的管理进行独立处理；二是整个管理系统分为若干层次，上一层次的控制机构对下一层次各子系统的活动进行指导性、导向性的间接控制。在分层控制中，要特别注意防止缺乏间接控制、不自觉地滥用直接控制，并多层次地向下重叠实施直接控制的弊病。

> **课堂讨论**
>
> 根据控制点的不同时间，控制可分为前馈控制、现场控制、反馈控制，魏文王与名医扁鹊的对话对你有什么启示？管理者应该如何做才能更好地做好组织的控制工作？

> **阅读材料**

格力电器：以"完美质量"为核心的全流程控制体系

珠海格力电器股份有限公司（以下简称"格力电器"）成立于1991年，是一家集研发、生产、销售、服务于一体的国际化家电企业，其产品远销190多个国家和地区。格力电器取得如此辉煌的成绩，离不开其以"完美质量"为核心的全流程控制体系。

一、以"完美质量"为目标，构建全面控制体系

格力电器始终坚持"质量是企业的生命"的理念，将"完美质量"作为企业追求的终极目标。为了实现这一目标，格力电器构建了涵盖研发、采购、生产、销售、服务等各个环节的全面控制体系，将质量控制贯穿于企业运营的全过程。

研发环节：格力电器建立了完善的产品研发体系，设立了多个研究院和实验室，拥有上万名研发人员。在产品设计阶段，格力电器就充分考虑产品的可靠性、耐用性和易用性，并制定了严格的设计规范和标准。同时，格力电器还积极引进国际先进技术，并与国内外知名高校和科研机构开展合作，不断提升产品的技术含量和质量水平。

采购环节：格力电器建立了严格的供应商管理体系，对供应商进行严格的筛选和评估，确保原材料和零部件的质量。同时，格力电器还建立了完善的原材料检验制度，对进厂的原材料进行严格的检验，确保不合格的原材料不进入生产环节。

生产环节：格力电器引进了先进的生产设备和工艺，并制定了严格的生产工艺流程和操作规程。在生产过程中，格力电器实行全员质量管理，每个员工都对自己的工作质量负责。同时，格力电器还建立了完善的质量检测体系，对生产过程中的每一个环节进行严格的质量检测，确保不合格的产品不流入下一道工序。

销售环节：格力电器建立了完善的销售网络和服务体系，为消费者提供优质的产品和服务。同时，格力电器还建立了完善的客户反馈机制，及时收集和处理消费者的意见和建议，不断改进产品质量和服务水平。

服务环节：格力电器建立了完善的服务体系，为消费者提供全方位的售后服务。同时，格力电器还建立了完善的服务质量监督机制，对服务质量进行严格的监督和考核，确保消费者享受到优质的服务。

二、以"零缺陷"为标准，实施精细化控制

格力电器将"零缺陷"作为质量控制的标准，并以此为目标，实施精细化的控制措施。

制定了严格的质量标准体系，涵盖了产品设计、原材料采购、生产制造、销售服务等各个环节。这些标准不仅符合国家和行业标准，而且部分指标还高于国家和行业标准。

实行全员质量管理，每个员工都对自己的工作质量负责。公司通过培训、考核、激励等措施，不断提高员工的质量意识和技能水平。

运用先进的质量管理工具和方法，如六西格玛管理、精益生产等，不断提升质量管理水平。

建立了完善的质量追溯体系，可以对产品的生产、流通、销售等各个环节进行追溯，确保产品质量的可控性。

三、以"持续改进"为动力，实现控制体系优化

格力电器始终坚持"持续改进"的理念，不断优化和完善控制体系。

建立了完善的质量改进机制，鼓励员工积极参与质量改进活动，并设立了质量改进奖励基金，对在质量改进方面做出突出贡献的员工进行奖励。

建立了完善的质量信息管理系统，对质量信息进行收集、整理、分析和利用，为质量改进提供科学依据。

积极开展质量对标管理，学习借鉴国内外先进企业的质量管理经验，不断提升自身的质量管理水平。

课堂讨论

1. 格力电器是如何将控制职能贯穿于企业运营的全过程的？
2. 格力电器实施精细化控制的具体措施有哪些？格力电器是如何实现控制体系持续改进的？
3. 结合案例，谈谈你对控制职能的理解。

10.2 控制的过程

案例导入

"老字号"餐饮企业的转型升级

"老字号"餐饮企业A公司成立于20世纪50年代，以一道招牌菜闻名全国，鼎盛时期在全国拥有数百家门店。然而，随着时代发展，餐饮行业竞争日益激烈，A公司面临着成本上升、利润下降、市场份额被新兴品牌挤压等严峻挑战。新任总经理上任后，决心通过加强成本控制，提升企业竞争力，实现转型升级。

新任总经理深知，成本控制并非一味地削减开支，而是要在保证产品质量和服务水平的前提下，提高资源利用效率。为此，他带领团队制定了详细的成本控制标准。

（1）采购成本控制标准：建立供应商评估体系，选择性价比高的优质供应商；推行集中采购，提高议价能力；加强原材料验收，杜绝以次充好。

（2）生产成本控制标准：优化生产流程，减少浪费；制定标准化的菜品制作流程，控制原材料损耗；加强厨房设备维护，降低维修成本。

（3）人力成本控制标准：优化人员配置，提高人效；加强员工培训，提升工作效率；建立绩效考核制度，将成本控制纳入考核指标。

（4）运营成本控制标准：加强能源管理，减少水电消耗；推行无纸化办公，降低办公费用；优化物流配送路线，降低运输成本。

为了及时掌握成本控制情况，A公司建立了完善的成本核算体系，并利用信息化手段，实时监控各项成本数据。定期对比不同供应商的报价，分析采购价格波动原因；每日统计原材料消耗情况，分析成本差异原因；每月分析人力成本构成，评估人员配置合

理性；每月统计各项运营费用，分析成本变化趋势。

根据成本核算结果，A公司及时采取措施纠正偏差：对于价格波动较大的原材料，寻找替代供应商或调整采购策略，对于验收不合格的原材料，坚决予以退货；对于浪费严重的环节，优化生产流程或加强员工培训，对于损耗率高的原材料，寻找替代品或调整菜品配方；对于人效低的岗位，优化人员配置或调整工作流程，对于绩效考核不达标的员工，进行培训或调整岗位；对于能耗高的设备，进行节能改造或更换，对于费用超支的部门，分析原因并制定整改措施。

经过一年的成本控制，A公司取得了显著成效：采购成本同比下降5%，生产成本同比下降3%，人力成本同比下降2%，运营成本同比下降4%；在营业收入基本持平的情况下，净利润同比增长10%；成本下降使A公司产品更具价格优势，市场份额逐步回升。

请思考：
1. A公司在成本控制过程中遇到了哪些挑战？是如何克服的？
2. 除了成本控制，A公司采取了哪些措施提升竞争力？
3. 在数字化时代，如何利用信息技术提升成本控制效率？

知识精讲

10.2.1 控制过程的主要步骤

控制过程一般可分为以下四个步骤：①确定控制标准；②衡量实际绩效；③比较标准与实际绩效的差异；④评估差异结果并采取必要的修正行动。整个控制工作过程，如图10-4所示。

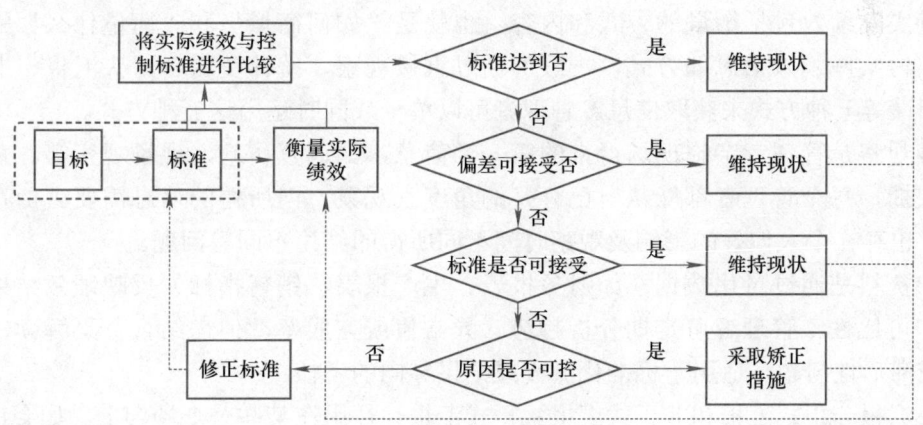

图10-4 控制工作过程

1. 确定控制标准

所谓标准，就是评定成果的尺度和准绳。在管理学的控制职能中，标准是衡量实际绩效的基准，是控制过程的核心要素之一。标准可以分为定性标准和定量标准两种类型，二者在管理控制中各有特点和作用，共同构成了完整的控制标准体系。

（1）定性标准。定性标准是指用描述性语言或非数值化的方式来表达的绩效衡量标准。它通常用于衡量那些难以量化或无法直接用数字表示的管理活动或结果。定性标准侧重于对工作质量、行为表现、态度、能力等方面的评价，通常以文字描述、等级划分或主观判断的形式呈现。

定性标准具有主观性较强、灵活性高、衡量难度较大等特点，通常应用于员工绩效评价、服务质量评估、企业文化评估、创新能力评价等场景，往往适用于行为描述、专家评估等。

（2）定量标准。定量标准是指用具体的数值或数据来表示的绩效衡量标准。它通常用于衡量那些可以量化或易于用数字表示的管理活动或结果。定量标准侧重于对工作数量、效率、成本、时间等方面的评价，通常以具体的数值、比率或百分比的形式呈现。

定量标准具有客观性强、可操作性强、衡量结果直观等特点，通常应用于生产管理、成本控制、销售管理、时间管理等场景，制定定量标准时通常采用历史数据法、行业标杆法、科学计算法等方法。

定性标准和定量标准是控制职能中不可或缺的两个组成部分。定性标准侧重于对非量化因素的衡量，具有较强的主观性和灵活性；定量标准侧重于对量化因素的衡量，具有较高的客观性和可操作性。在实际管理中，管理者应根据具体情况，合理选择和使用定性标准和定量标准，以实现全面、有效的控制。通过科学制定和动态调整控制标准，企业可以更好地实现管理目标，提升竞争力。

2．衡量实际绩效

在管理控制过程中，衡量实际绩效是连接确立标准和纠正偏差的桥梁，是确保控制目标得以实现的关键环节。衡量实际绩效是指管理者通过收集、整理和分析相关信息，将组织实际运行状况与预先设定的标准进行比较，从而评估组织目标的达成程度，并为后续的纠正偏差提供依据。

衡量实际绩效包括衡量的方式和内容，也就是"如何衡量"和"衡量什么"的问题。管理者取得实际绩效信息的方式，一般可通过直接观察、统计资料、口头汇报、书面汇报及电子回馈等五种方式来获取信息。管理者可以单一或同时运用这五种方式。

直接观察是管理者亲临现场得来的第一手信息，如调查访问、现场观察等。直接观察真实、快捷，每个管理者都能从自己喜好的角度去观察，但所得的信息需要去伪存真、分析判断，也存在个人偏好的影响及观察时间不同所得的结论不同等问题。

统计资料是通过量化数据（如财务报表、生产报表、销售指标）反映绩效结果，具有客观性和可比性。管理者可定期分析趋势、异常值或完成率，但需结合背景解读，避免数据孤岛或滞后性问题，适用于标准化流程或结果导向的考核。

口头汇报分正式汇报和非正式汇报。正式汇报往往用在某些公众场合上，如会议等；非正式汇报往往是一对一的，情况通报和信息沟通式的，如电话交谈、个别交谈等。口头汇报方便、快捷，还可以通过语气、用词和身体动作来表达某些信息，但不易保存，容易误传。

书面汇报往往在计划结束后或告一段落后形成，如工作总结、会计报表、有关统计报表等。书面汇报比较全面和准确、易于保存，但在时间上显得有些滞后。

电子回馈是借助信息系统、传感器或数字化工具自动采集实时数据（如库存量、网站流量），高效精准且支持远程监控。电子回馈依赖技术稳定性，需防范数据过载或安全风险，适用于大规模、分散化运营的智能化管理。

随着计算机使用的普及，信息还可以通过计算机获得，从中可得到相关数据和统计报表。通过计算机获得的信息丰富全面、易于查询、便于分析、及时快捷，但其效率取决于信息系统的完善程度和数据分析功能，如果产生过多无序的数据反而会让人无所适从。

3．比较标准与实际绩效的差异

管理者通过比较的程序，来决定标准和实际绩效之间的差距。由于要求标准和实际绩效完全相符是不切实际的，因此管理者必须容忍一定范围的变动区间，而比较的步骤则包含决定标准和实际绩效之间可接受的变动范围。决定标准与实际绩效的变动区间是非常重要的。

过度狭窄的区间会使指标过度敏感，过分宽广的区间则失掉控制的意义。如图10-5所示，管理者观察变动区间时，只对脱离容忍范围的差距才加以注意，而这正是"例外管理"的含义。

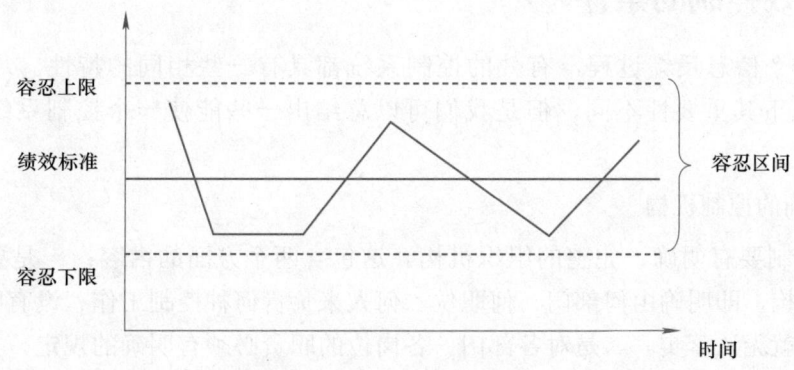

图10-5　绩效的容忍区间

4．评估差异结果并采取必要的修正行动

控制职能的核心在于通过评估实际绩效与既定标准之间的差异，分析差异产生的原因，并采取必要的修正行动，以确保组织目标的实现。评估差异结果并采取修正行动是控制过程中承上启下的关键环节，直接影响控制效果的好坏。

评估差异结果是指将实际绩效与既定标准进行比较，确定差异的性质、程度和影响范围。评估差异结果时，需要注意及时性、准确性、全面性。

根据差异分析的结果，采取必要的修正行动，是控制过程的最终目的。一般造成偏差的原因有三大类：操作原因、计划不合理原因和外部环境发生重大变化原因。

（1）操作原因。

当由于计划执行者的自身操作原因使偏差发生时，如工作不认真、缺乏责任心或能力不够、不能胜任工作等，这时应采取纠偏措施，如重申规章制度、明确责任、明确激励措施、按规定处罚有关人员或调整工作人员、加强员工培训、改组领导班子等。

（2）计划不合理原因。

有时制订计划时不切实际、好高骛远、盲目乐观，把目标定得过高，根本达不到，如制定过高的利润目标、市场占有率目标等。这时应根据具体情况，及时调整目标，使之保持在合理的水平；也有在制定目标时，过于保守，低估自己的实力，把目标定得太低，不能起到激励作用，这时也应进行调整。

（3）外部环境发生重大变化原因。

外部环境发生重大变化会使计划实施产生偏差，如国家政策法规调整、国际政治发生变动，或遭遇自然灾害等。由于这些因素往往是不可控的，我们只能在深入分析的基础上采取调适措施，以尽量消除不良影响，然后调整策略，避开问题的核心，或变换目标，另辟蹊径。

> **课堂讨论**
>
> 请根据控制的四个步骤，针对大学生的学习生涯，讨论应该如何设定学习生涯有效控制的全过程。

10.2.2 有效控制的条件

控制是一个信息反馈过程，有效的控制系统都具有一些相同的特性。尽管这些特性在不同的情况下其重要性不同，但是我们可以总结出一些能使一个控制系统变得更有效的条件。

1．有明确的控制机构

计划的控制要有明确、完整的组织机构。这包含两个方面的内容：一是要有专司控制职能的组织结构，即明确由何部门、何职位、何人来负责何种控制工作。没有明确的控制机构，控制职能就无法落实。二是对各部门、各岗位的职责必须有明确的规定。只有这样，通过控制工作发现偏差，才能明确应由谁来承担责任和应由谁来采取必要的纠正措施。

2．有合理的控制标准

控制标准是开展控制工作的依据。制定控制标准的依据是计划、组织目标以及具体工作的专业规范。这些标准包括质量标准、消耗标准、利润标准等。控制的标准必须是合理的而且能够达到的。如果标准太高或不合理，则不会起到激励作用。雇员通常不愿意指责上级要求得太高而显得无能。因此，控制标准应该是一套富有挑战性的、能激励员工表现得更好的标准，而不是让人感到泄气或鼓励欺诈的标准。

3．有准确、及时的信息

一个提供不准确信息的控制系统将会导致管理层在应该采取行动的时候未能及时行动，或在根本没有出现问题的时候贸然行动。因此，一个准确且可靠的控制系统至关重要，它必须能提供正确的数据。控制系统应该能及时地引导管理层的注意力，防止个别部门出现可能对组织造成严重伤害的行为。再好的信息，如果过时了，也将毫无用处。因此，一个有效的控制系统必须能够提供及时的信息。

4．有操作的经济性

控制系统在运作过程中，从经济角度看，其合理性至关重要。任何控制系统的效益都必须与其成本进行比较。为了使成本最小化，管理层应致力于采用最精简的控制手段，以达成预期目标。

5．有灵活的措施

控制系统应该具有足够的灵活性以适应各种不利的变化或利用各种新的机会。几乎没有处于极稳定的环境而不需要适应性的组织，即使是高度机械式的结构，也需要随时间和条件的变化调整其控制方式。

6．有易懂的标准和控制手段

一个不容易理解的控制是没有价值的。因此，需要用简单的控制手段来代替复杂的控制手段。一个难以理解的控制系统会导致不必要的错误、会挫伤员工的积极性，以致最终会被遗弃。

7．有战略高度

管理层不可能控制一个组织中的每一件事，即使能够这样做，也将是得不偿失。由此看来，管理层应该控制那些对组织行为有战略性影响的因素。控制应该包括组织中关键性的活动、作业和事件。也就是说，控制的重点应放在容易出现偏差的地方，或放在偏差造成的危害很大的地方。

8．有强调例外的方式

由于管理层不可能控制所有的活动，因此他们的控制手段应该顾及例外情况的发生。一种例外系统可以保证当出现偏差时管理层不至于不知所措。

9．有多重标准

管理者与普通员工一样，都希望寻找一种"好看"的标准。如果管理者真采用一个单一的衡量标准（如单件利润），那么员工就会在这方面下功夫并使之看起来很好。而具有双重效果的多重标准则会减少这种狭隘的工作方式。由于多重标准比单一标准更难以人为操控，因此它可以防止工作中出现做表面文章的现象。此外，实际工作是很难用单一标准进行客观评价的。所以，多重标准能够更准确地衡量实际工作。

10．有纠正行动

一个有效的控制系统不仅可以指出一个显著偏差的发生，而且还可以建议如何纠正这种偏差。也就是说，它应该在指出问题的同时给出解决问题的方法，其实现方法常常依赖于建立一种"如果……那么……"的原则。

管理案例 / 三鹿奶粉事件

三鹿集团曾是我国奶粉生产企业之一，其产品"三鹿奶粉"一度占据国内奶粉市场18%的份额，并荣获"中国名牌产品"称号。然而，2008年爆发的"三鹿奶粉事件"却让这家明星企业轰然倒塌，成为我国食品安全史上的一大污点。

三鹿奶粉事件的发生并非偶然，而是其长期以来质量管理失控的必然结果。具体表现为：

控制标准缺失：三鹿集团虽然制定了产品质量管理制度，但内容空洞、缺乏可操作性。例如，未建立严格的供应商评估体系，对奶源的品质把控不严，导致含有三聚氰胺的问题原料奶流入生产环节；未制定标准化的生产操作规程，对生产过程中的关键控制点缺乏有效监控，导致三聚氰胺混入奶粉；检验标准不明确，检验流程不规范，未将三聚氰胺纳入检测范围，导致问题奶粉流入市场。

绩效衡量滞后：三鹿集团对产品质量问题的重视程度不够，未能建立有效的质量监控体系，导致问题无法被及时发现和处理，如仅对部分原料奶进行抽检，且检验项目不全，无法全面把控原料奶质量；缺乏对生产过程的实时监控，无法及时发现和纠正生产过程中的违规操作；检验手段落后，检验结果滞后，无法有效拦截问题奶粉。

纠正措施不力：即使发现了产品质量问题，三鹿集团也未能及时采取有效措施进行纠正，导致问题不断恶化，如对问题奶粉的召回不及时、不彻底，导致问题奶粉继续在市场上流通，造成更大的负面影响；对相关责任人的处罚力度不够，未能起到警示作用，导致类似问题屡禁不止；对整改措施的落实情况缺乏监督，导致整改流于形式，问题得不到根本解决。

由于质量管理失控，三鹿集团最终爆发了严重的食品安全危机。三鹿奶粉事件是一起典型的控制失败的案例，其教训深刻，发人深省。

请思考：
1. 三鹿集团在质量管理方面存在哪些问题？
2. 如果你是三鹿集团的管理者，你会如何改进质量管理？
3. 在食品安全问题日益受到关注的今天，食品企业应该如何加强质量管理？

10.3 控制方法与技术

案例导入

华为公司的全面预算管理与成本控制

华为技术有限公司（以下简称"华为"）是全球领先的信息与通信技术（ICT）解决方案供应商，业务遍及170多个国家和地区。作为一家全球化运营的高科技企业，华为在快速发展的同时，也面临着复杂的市场环境和激烈的竞争压力。为了确保企业在高速扩张中保持稳健的财务管理和高效的资源配置，华为在管理控制职能中采用了多种控制方法相结合的策略，取得了显著成效。

一、人员控制：绩效导向与组织活力激发

华为将人员控制视为企业核心竞争力的来源，通过严密的绩效管理与激励机制保障组织效率。

华为推行"271绩效考核法"：20%员工评为优秀（高激励），70%为中等（需改进），10%为末位（面临淘汰或转岗）。例如，2021年某产品线因市场表现不佳，末位员工被调整至售后支持部门，团队重组后产品迭代速度提升40%。

采用"虚拟受限股"模式，超过10万名员工持有公司股份（截至2022年），个人收益与企业长期价值挂钩。2020年美国制裁期间，华为通过内部股票回购计划稳定核心团队，研发人员流失率仅3.2%（低于行业平均8%）。

二、预算控制：战略牵引的弹性资源配置

华为的预算管理体系以"战略投入优先，资源动态调配"为原则，支撑业务连续性。

每年将营收的15%以上投入研发（2022年研发费用238亿美元），其中30%预算定向分配给"前沿技术"（如5G、人工智能），麒麟芯片研发初期连续5年亏损，仍通过预算保障持续投入。每月根据市场变化滚动调整预算，如2022年俄乌冲突爆发后，欧洲市场预算削减8%，亚太区增加15%。

三、成本控制：全价值链的精细化管控

华为构建了覆盖研发、生产、运营的全链条成本控制网络。

研发端，集成产品开发（IPD）体系，将研发周期缩短30%，通信基站产品通过模块化设计降低物料成本25%；生产端，东莞松山湖工厂应用5G+AI技术，实现物料自动配送与缺陷检测，人工成本降低47%，良品率提升至99.8%；运营端，全球建立7个财务共享中心，统一处理各国家账务，运营成本降低28%。

四、审计控制：三位一体的风险防御体系

华为建立"业务审计+财务审计+合规审计"立体化控制机制。

审计委员会直接向董事会汇报，每年对30%以上业务单元开展深度审计。2021年云业务审计发现资源错配问题，推动成立"云资源统筹部"，次年毛利率提升6个百分点；组建600人合规团队，2022年通过欧盟GDPR审计，避免潜在罚款超5亿欧元；引入毕马威、德勤双重审计，2022年修正海外子公司4.3亿美元收入确认误差。

华为通过一系列的举措，实现了对企业经营活动的有效控制。

请思考：

1. 华为采取了哪些控制的方法与技术以实现对企业经营活动的有效管理控制？
2. 华为的"末位淘汰制"在激发员工动力的同时可能带来哪些潜在风险？企业应如何平衡绩效压力与员工稳定性？
3. 结合华为案例，分析中国企业全球化过程中应如何设计审计控制体系以应对多国合规要求？

知识精讲

控制职能的实现依赖于科学的方法与技术，控制的方法与技术是多种多样的，主要包括人员控制、预算控制、成本控制与审计控制等。

10.3.1 人员控制

人员控制是管理控制职能的重要组成部分，其核心是通过对员工行为的引导、监督和评价，确保组织目标的实现。人员控制不仅关注员工的工作绩效，还注重员工的能力发展、工作态度和组织认同感。在现代管理中，人员控制已从传统的"命令—服从"模式转向"激励—参与"模式，强调以人为本、双向沟通和持续改进。

1. 人员控制的重要作用

人员控制在组织中的重要作用主要体现在以下三个方面：

（1）确保目标一致性：通过明确岗位职责、绩效标准和行为规范，使员工行为与组织战略保持一致。

（2）提升工作效率：通过监督与反馈，及时发现并纠正员工工作中的偏差，减少资源浪费。

（3）促进员工发展：通过培训、考核和激励，帮助员工提升能力，实现个人与组织的共同成长。

2. 人员控制的主要方法

（1）制度控制。

制度控制是通过制定和实施规章制度来规范员工行为的方法。其核心是明确"做什么"和"怎么做"，具体包括：

1）岗位职责说明书：要清晰界定每个岗位的任务、权限和责任，避免职责不清导致的推诿或重复劳动。

2）行为规范与奖惩制度：如考勤制度、保密协议、安全生产条例等，对合规行为给予奖励，对违规行为进行惩戒。

3）标准化操作流程：通过详细的操作步骤和标准，确保员工行为的一致性和可控性。

（2）绩效控制。绩效控制是通过设定目标、评估结果和反馈改进来实现对员工行为的引导。常用工具包括：

1）关键绩效指标（KPI）：将组织目标分解为可量化的个人目标，如销售额、客户满意度、生产效率等。

2）平衡计分卡（BSC）：从财务、客户、内部流程、学习与成长四个维度综合评价员工绩效。

3）360度反馈：通过上级、同事、下属和客户的多维度评价，全面反映员工表现。

（3）文化控制。文化控制是通过塑造共同的价值观和行为规范，引导员工自觉遵守组织要求。其核心是"软约束"，具体方法如：组织文化建设，通过愿景、使命和核心价值观的宣导，增强员工认同感；榜样示范，树立先进典型，发挥模范带头作用；团队活动，通过团建、培训等活动增强团队凝聚力。

（4）技术控制。技术控制是通过信息化手段对员工行为进行实时监控和分析。常用工具包括考勤系统、工作日志系统、行为分析软件。

10.3.2 预算控制

预算控制是管理控制的重要方法之一，是指通过编制、执行和调整预算，对组织资源进行合理配置，并对实际运营结果与预算目标进行对比分析，以实现组织目标的过程。预算控制的核心在于将组织的战略目标转化为具体的财务和非财务指标，并通过动态监控确保资源使用效率最大化。

1. 预算控制的类型

根据预算的内容和用途，预算控制可分为以下几类：

（1）经营预算：包括销售收入预算、生产成本预算、销售费用预算等，主要用于规划日常经营活动。其特点是以短期目标为主，强调资源的日常配置和成本控制。例如某制造企业2024年销售收入预算为5亿元，生产成本预算为3亿元，销售费用预算为5 000万元。

（2）财务预算：包括现金预算、资本支出预算、资产负债表预算等，用于规划资金流动和财务状况。其特点是以资金管理为核心，确保组织的财务稳健性。例如某公司2024年资本支出预算为2 000万元，用于购置新设备和改造生产线。

（3）专项预算：针对特定项目或活动编制的预算，如研发预算、市场推广预算等。其特点是以项目为导向，强调资源的专项使用和效果评估。例如某科技公司2024年研发预算为800万元，用于开发新产品。

2. 预算控制的实施流程

（1）预算编制。采用"自上而下"与"自下而上"相结合的方式，高层确定战略目标和总预算框架，各部门根据实际情况提交详细预算方案，经财务部门汇总调整后形成最终预算。

（2）预算执行。将预算指标分解到各部门和个人，明确责任主体，并通过信息化系统实时监控预算执行情况。

（3）预算监控。建立定期报告制度，对比实际结果与预算目标，分析偏差原因并采取纠正措施。

（4）预算调整。根据内外部环境变化，对预算进行动态调整，以确保预算的合理性和可行性。

10.3.3 成本控制

成本控制指企业在生产经营过程中，通过科学的管理方法和技术手段，对成本形成过程进行规划、调节和监督，以确保成本目标的实现。成本控制的核心在于以最低的资源消耗实现既定的经营目标，从而提高企业的经济效益和市场竞争力。

1. 成本控制的类型

根据成本控制的对象和方法，成本控制可分为以下几类：

（1）标准成本控制。通过制定标准成本（如材料标准成本、人工标准成本、制造费用标准成本），将实际成本与标准成本进行对比，分析差异原因并采取纠正措施。其特点是强调事前控制和过程控制，适用于生产流程稳定的企业。

（2）目标成本控制。根据市场需求和竞争环境，设定产品的目标成本，并通过设计优化、工艺改进等手段实现目标成本。其特点是以市场为导向，强调全生命周期成本管理，适用于竞争激烈的行业。

（3）作业成本控制。通过识别和分析作业活动，将成本分配到具体的作业和产品上，从而发现并消除低效作业。其特点是强调成本动因分析，适用于间接费用较高的企业。

2．成本控制的实施流程

（1）成本预测与计划。根据历史数据、市场环境和经营目标，预测未来成本水平，并制订成本控制计划。

（2）成本核算与分析。采用适当的成本核算方法（如分批法、分步法、作业成本法），准确计算实际成本，并与标准成本或目标成本进行对比分析。例如某公司采用作业成本法核算发现，某产品的包装作业成本过高，通过优化包装设计降低成本10%。

（3）成本监控与调整。建立成本监控体系，实时跟踪成本执行情况，发现偏差并及时调整。例如某企业每月召开成本分析会，对超支项目进行专项审查，并采取纠正措施。

（4）成本考核与激励。将成本控制指标纳入绩效考核体系，对成本控制成效显著的部门和个人给予奖励。

10.3.4 审计控制

审计控制旨在通过系统化的审查和评估，确保组织的财务、运营和管理活动符合既定的政策、程序和法律法规。其核心目标是通过独立的审查，发现潜在的风险和问题，提出改进建议，从而提升组织的整体效率和效果。

1．审计控制的类型

根据审计的主体和对象，审计控制可分为以下几类：

（1）内部审计。由组织内部的审计部门或专职审计人员实施，主要关注组织的运营效率、风险管理和内部控制。其特点是强调事中控制和过程控制，具有较强的灵活性和针对性。

（2）外部审计。由独立的第三方审计机构实施，主要关注组织的财务报表和合规性。其特点是强调事后控制和结果控制，具有较强的独立性和权威性。

（3）专项审计。针对特定项目或活动实施的审计，如工程审计、环境审计、信息系统审计等。其特点是以项目为导向，强调专项问题的深入分析和解决。

2．审计控制的实施流程

（1）审计计划。根据组织的战略目标和风险状况，制订年度审计计划，明确审计范围、重点和方法。

（2）审计实施。通过查阅文件、访谈人员、实地观察等方法，收集审计证据，并进行初步分析。例如某零售企业在采购审计中，发现某供应商的合同条款存在漏洞，导致采购成本增加5%。

（3）审计报告。根据审计结果，编写审计报告，指出存在的问题和改进建议。例如某公司审计报告指出，库存管理存在账实不符问题，建议引入ERP系统加强管理。

（4）审计跟踪。对审计发现的问题进行跟踪检查，确保整改措施得到落实。例如某企业在审计跟踪中发现，某部门的整改措施未完全落实，进一步督促其完成整改。

> **阅读材料**
>
> **我国传统思想中的控制智慧**
>
> 控制职能是管理活动的重要组成部分，其核心在于通过监督、约束与调节，确保组织目标的实现。我国传统文化源远流长，儒家、法家与道家等流派的思想中蕴含着丰富的控制智慧。这些思想不仅为古代社会治理提供了理论指导，也为现代企业管理提供了深刻的启示。本文从儒家"礼治"、法家"法治"与道家"无为而治"三个维度，探讨中国传统思想中的控制理念及其现代意义。
>
> **一、儒家思想中的控制智慧：以"礼"为核心的内化控制**
>
> 儒家强调"礼"作为社会秩序的基础，主张通过道德教化与行为规范实现控制。《礼记》云："礼者，天地之序也。"礼不仅是外在的行为准则，更是内在的道德约束。孔子提出"克己复礼为仁"，强调通过自我约束实现社会和谐。儒家"礼治"思想启示企业通过文化建设实现内化控制；儒家强调"君子慎独"，启示企业通过道德教育提升员工自律性。
>
> **二、法家思想中的控制智慧：以"法"为核心的外在约束**
>
> 法家主张"以法治国"，强调通过明确的法律与制度实现控制。《韩非子》云："法不阿贵，绳不挠曲。"法家认为，只有通过严格的法令与赏罚，才能确保秩序与效率。商鞅提出"刑无等级"，主张法律面前人人平等。法家"法治"思想启示企业通过制度建设实现外在控制；法家强调"赏罚分明"，启示企业通过绩效考核与激励机制实现目标导向。
>
> **三、道家思想中的控制智慧：以"无为"为核心的柔性调节**
>
> 道家主张"无为而治"，强调通过顺应自然规律实现控制。《道德经》云："道常无为而无不为。"道家认为，过度干预会破坏事物的自然秩序，管理者应通过柔性调节实现平衡。老子提出"治大国，若烹小鲜"，强调治理应遵循事物发展的内在规律。道家"无为而治"思想启示企业通过柔性管理实现控制；道家强调"天人合一"，启示企业通过生态协同实现可持续发展。
>
> 我国传统思想中的控制智慧为现代企业管理提供了丰富的理论资源。儒家"礼治"强调内化控制，法家"法治"注重外在约束，道家"无为"倡导柔性调节。这些思想在文化引导、制度建设与生态协同等方面具有重要的现代意义。
>
> **课堂讨论**
>
> 1. 儒家"礼治"思想如何帮助企业实现员工行为的自我约束？
> 2. 法家"法治"思想在现代企业管理中的应用面临哪些挑战？如何平衡制度的刚性与灵活性？
> 3. 道家"无为而治"思想对创新驱动型组织的管理有何启示？结合具体企业实践进行分析。

同步练习与测试

一、单项选择题

1. 纠正偏差属于管理的（　　）职能。

A．计划 B．组织 C．领导 D．控制

2．"工作人员成绩评定"属于（   ）。

A．前馈控制 B．现场控制 C．反馈控制 D．同期控制

3．"防患于未然"体现的是（   ）方法的结果。

A．前馈控制 B．现场控制 C．同步控制 D．反馈控制

4．下列（   ）活动不属于预先控制。

A．市场调查 B．现金预算 C．产品质量检测 D．安全教育

5．下列（   ）工作的纠正措施适用于正在进行的计划执行过程。

A．前馈控制 B．反馈控制 C．现场控制 D．直接控制

6．进行控制时，首先要建立标准。关于建立标准，下列四种说法中（   ）有问题。

A．标准应该越高越好 B．标准应考虑实施成本

C．标准应考虑实际可能 D．标准应考虑客观需求

7．下列（   ）不属于前馈控制的情况。

A．猎人把瞄准点定在飞奔的野兔的前方

B．企业根据现有产品销售不畅的情况，决定改变产品结构

C．汽车在上坡时，驾驶员要提前做好准备，以防止溜车

D．根据虫情预报，农业物资供应公司做好农药储备

二、判断题

1．管理控制工作的主要作用是"限制偏差的累积"和"适应环境的变化"。（   ）

2．计划是控制的前提，计划是完成控制的保证。（   ）

3．通过比较分析，发现了实际与计划的偏差，必须立即予以纠正。（   ）

4．现场控制主要表现为监督和指导两项职能。（   ）

5．主管人员通过深入现场亲自监督检查、指导和控制下属人员的活动，称为前馈控制。

（   ）

6．反馈控制的目的是防止已经发生或将出现的偏差继续发展或今后再度发生。（   ）

7．前馈控制好于同步控制和反馈控制。（   ）

8．任何组织都需要控制，且控制越多越好。（   ）

9．预算是一种计划技术，也是一种控制技术。（   ）

10．对组织活动的审计既可由组织内部人员进行，也可由组织外部人员进行。（   ）

三、简答及论述题

1．简述控制的主要步骤。

2．简述控制的基本原则。

3．根据控制的不同时间，控制可分为哪些类型？

管理技能训练

一、管理实战案例分析

天安公司的管理创新

天安公司是一家以生产微波炉为主的家电企业。2025年该厂总资产5亿元，而五年前，

该公司只不过还是一个人员不足200人、资产仅300万元且濒临倒闭的小厂，五年间企业之所以有了如此大的发展，主要得益于公司内部的管理创新。主要是：

（1）生产管理创新。公司对产品的设计设立高起点，严格要求；依靠公司设置的关键质量控制点对产品的生产过程全程监控，同时，利用PDCA方法，持续不断地提高产品的质量；加强了员工的生产质量教育和岗位培训。

（2）供应管理创新。天安公司把所需采购的原辅材料和外购零部件，根据性能、技术含量以及对成品质量的影响程度，划分为A、B、C三类，并设置了不同类别的原辅材料和零部件的具体质量控制标准，进而协助供应厂家达到质量控制要求。

（3）服务管理创新。公司通过大量的市场调研和市场分析活动制定了售前决策，进行了市场策划，树立了公司形象；与经销商携手寻找最佳点共同为消费者提供优质服务；公司建立了一支高素质的服务队伍，购置先进的维修设备，建立消费者投诉制度和用户档案制度，开展多形式的售后服务工作，提高了消费者满意度。

问题：

1. 案例中的控制类型有哪些？请分别指出。
2. 天安公司"设置不同类别的原辅材料和零部件的具体质量控制标准"属于哪类控制标准？为什么？
3. 案例中"公司所设置关键质量控制点"，体现了有效控制原则中的哪一项？为什么？

二、大学生模拟公司系列实训

大学生模拟公司控制制度设计实训

1. 实训目的

通过设计模拟公司控制制度，帮助学生掌握控制职能的基本原理与方法，提升其在实际管理中运用控制手段的能力。

2. 任务概述

各模拟公司需根据公司战略目标，设计一套完整的控制制度，涵盖预算控制、绩效评估、风险管理和反馈机制等内容，确保公司运营的有效性和效率。

3. 方案制定

首先，明确公司战略目标，并据此制定年度预算和关键绩效指标；其次，设计绩效评估体系，包括定期考核、奖惩机制和反馈流程；接着，建立风险管理机制，识别潜在风险并制定应对措施；最后，设计信息反馈系统，确保各部门及时沟通与调整。方案需包含具体实施步骤和时间表。

4. 设计分享

各模拟公司举办"控制制度设计分享会"，通过PPT展示、情景模拟等形式，分享控制制度的设计思路、实施难点及解决方案。评委从制度完整性、可操作性和创新性等维度进行点评，并组织"控制与创新"主题讨论，探讨如何在控制中保持灵活性，促进相互学习与启发。

三、管理技能自我测试

基层工作环境和员工敬业度测评

说明： 盖洛普Q12测评是基层工作环境和员工敬业度的关键绩效指标考核法，以评测为基础的管理体系。

Q01 我知道公司对我的工作要求
☐非常不同意　☐不同意　☐一般　☐比较同意　☐完全同意
Q02 我有做好我的工作所需要的材料和设备
☐非常不同意　☐不同意　☐一般　☐比较同意　☐完全同意
Q03　在工作中我每天都有机会做我最擅长做的事
☐非常不同意　☐不同意　☐一般　☐比较同意　☐完全同意
Q04 在过去的七天里，我因工作出色受到表扬
☐非常不同意　☐不同意　☐一般　☐比较同意　☐完全同意
Q05 我觉得我的主管或同事关心我的个人情况
☐非常不同意　☐不同意　☐一般　☐比较同意　☐完全同意
Q06 工作单位有人鼓励我的发展
☐非常不同意　☐不同意　☐一般　☐比较同意　☐完全同意
Q07 在工作中，我觉得我的意见受到重视
☐非常不同意　☐不同意　☐一般　☐比较同意　☐完全同意
Q08 公司的使命/目标使我觉得我的工作很重要
☐非常不同意　☐不同意　☐一般　☐比较同意　☐完全同意
Q09 我的同事们致力于高质量的工作
☐非常不同意　☐不同意　☐一般　☐比较同意　☐完全同意
Q10 我在工作单位有一个最要好的朋友
☐非常不同意　☐不同意　☐一般　☐比较同意　☐完全同意
Q11 在过去的六个月内工作单位有人和我谈及我的进步
☐非常不同意　☐不同意　☐一般　☐比较同意　☐完全同意
Q12 过去一年里我在工作中有机会学习和成长
☐非常不同意　☐不同意　☐一般　☐比较同意　☐完全同意

【结论检测】

记分：
非常不同意1分　　不同意2分　　　一般3分
比较同意4分　　　完全同意5分
平均分释义（基层工作环境和员工敬业度）：
45分以上　　　　优秀
35～45分　　　　良好
25～34分　　　　一般
24分以下　　　　较差
对你自己：
12项题目汇总得分的评估：
45分以上　　　　工作很愉快
35～45分　　　　感觉还可以
25～34分　　　　不在状态中
24分以下　　　　很不愉快了

参考文献

[1] 罗宾斯,库尔特. 管理学[M]. 刘刚,梁晗,程熙镕,等译. 15版. 北京:中国人民大学出版社,2022.

[2] 罗宾斯,库尔特. 罗宾斯管理艺术[M]. 李原,孙健敏,黄小勇,译. 北京:中国人民大学出版社,2015.

[3] 王凤彬,李东. 管理学[M]. 6版. 北京:中国人民大学出版社,2021.

[4] 德鲁克. 管理的实践[M]. 辛弘,译. 北京:机械工业出版社,2025.

[5] 陈传明. 管理学[M]. 北京:高等教育出版社,2019.

[6] 贝尔宾. 团队角色在工作中的应用[M]. 李和庆,蔺红云,译. 2版. 北京:机械工业出版社,2022.

[7] 尤里奇,曾格,斯莫尔伍德. 结果导向的领导力[M]. 赵实,译. 北京:机械工业出版社,2022.

[8] 埃德加·沙因,彼得·沙因. 组织文化与领导力[M]. 陈劲,贾筱,译. 5版. 北京:中国人民大学出版社,2020.

[9] 周三多,陈传明,刘子馨,等. 管理学:原理与方法[M]. 8版. 上海:复旦大学出版社,2024.

[10] 韦里克,坎尼斯,孔茨. 管理学:全球化创新与创业视角[M]. 马春光,译. 14版. 北京:经济科学出版社,2015.

[11] 罗宾斯,贾奇. 组织行为学[M]. 孙健敏,朱曦济,李原,译. 18版. 北京:中国人民大学出版社,2021.

[12] 单凤儒,管理学基础[M]. 8版. 北京:高等教育出版社,2024.

[13] 石伟. 组织文化[M]. 2版. 上海:复旦大学出版社,2020.

[14] 哈蒙德,基尼,雷法. 决策的艺术[M]. 王正林,译. 北京:机械工业出版社,2024.

[15] 方振邦,包元杰,管理学原理[M]. 2版. 北京:中国人民大学出版社,2020.

[16] 周树立,胡建宏,管理学原理与实务[M]. 3版. 北京:清华大学出版社,2020.

[17] 芮明杰. 管理学:现代的观点[M]. 4版. 上海:复旦大学出版社,2023.

[18] 徐国华,张德,赵平. 管理学[M]. 3版. 北京:清华大学出版社,2021.